Manuel Torres Remón

# PROGRAMACIÓN VBA CON EXCEL

## FUNDAMENTOS



Marcombo

EDITORIAL MACRO®

**Programación VBA con Excel: fundamentos**


Primera edición: Empresa Editora Macro EIRL, Lima – Perú, junio de 2024

Primera edición: MARCOMBO, S.L. 2026


Gran Via de les Corts Catalanes 594, 08007 Barcelona
Contacto: info@marcombo.com



ISBN: 978-84-267-4064-9
D.L.: B 17175-2025

Impreso en Servicepoint
*Printed in Spain*

Libro ecológico
Impreso con papel procedente de bosques gestionados de manera eficiente, libre de cloro.

# Manuel Torres Remón

Manuel Torres Remón es ingeniero de Sistemas Computacionales y licenciado en Educación en la especialidad de Computación e Informática, cuenta con veinte años experiencia en consultoría y docencia en áreas de tecnología. Esta amplia maestría le ha permitido brindar formaciones en las instituciones más importantes de Lima, Perú.

Su formación académica y tecnológica se inició en el Instituto Manuel Arévalo Cáceres, la cual complementó al estudiar Ingeniería de Sistemas Computacionales en la Universidad Privada del Norte, y obtuvo su grado de licenciado a nombre de la Universidad Alas Peruanas. El aprendizaje adquirido de estas instituciones le ha proporcionado una buena formación profesional, lo que le ha permitido desempeñarse satisfactoriamente en las diversas instituciones donde trabaja.

Actualmente, se desempeña como docente de Tecnología en instituciones educativas como la Escuela Superior de Tecnología del SENATI, IEST "Manuel Arévalo Cáceres" y Cibertec. En estas instituciones imparte cursos de Tecnología, especialmente de Programación, Bases de Datos y Análisis de Sistemas.

Para cualquier duda o consulta sobre el material la puede realizar al email manuel.torresr@hotmail.com.

# ÍNDICE

ÍNDICE

ÍNDICE

ÍNDICE

## CAPÍTULO 5: ESTRUCTURAS REPETITIVAS



## CAPÍTULO 6: MODELO DE OBJETOS EN VBA

ÍNDICE

# Presentación

El libro *Programación VBA con Excel: fundamentos* le ayudará a crear aplicaciones comunes usando el lenguaje VBA de Excel.

Para cumplir con dicho objetivo, el libro ha sido dividido en siete capítulos.

El primer capítulo define los conceptos básicos referentes a VBA (Visual Basic for Applications) y su integración con Excel.

El segundo capítulo hace referencia a los fundamentos de programación, por lo que es muy importante seguirlo y repasarlo varias veces, pues será la base de los demás capítulos.

El tercer capítulo se centra en la implementación de funciones y procedimientos, los cuales resultan de vital importancia en el desarrollo de aplicaciones VBA.

El cuarto capítulo hace uso de las estructuras condicionales, las cuales le permitirán desarrollar aplicaciones enfocadas a la producción.

El quinto capítulo hace uso de las estructuras repetitivas, las cuales le facilitarán generar aplicaciones mucho más enriquecidas con menos líneas de código.

El sexto capítulo explica el uso de los objetos VBA y cómo estos se pueden asociar a la hoja de cálculo integrando las estructuras condicionales y repetitivas.

Finalmente, en el séptimo capítulo se hace referencia al uso de los formularios de manera básica, estos le permitirán tener un mejor enfoque al desarrollar aplicaciones VBA profesionales.

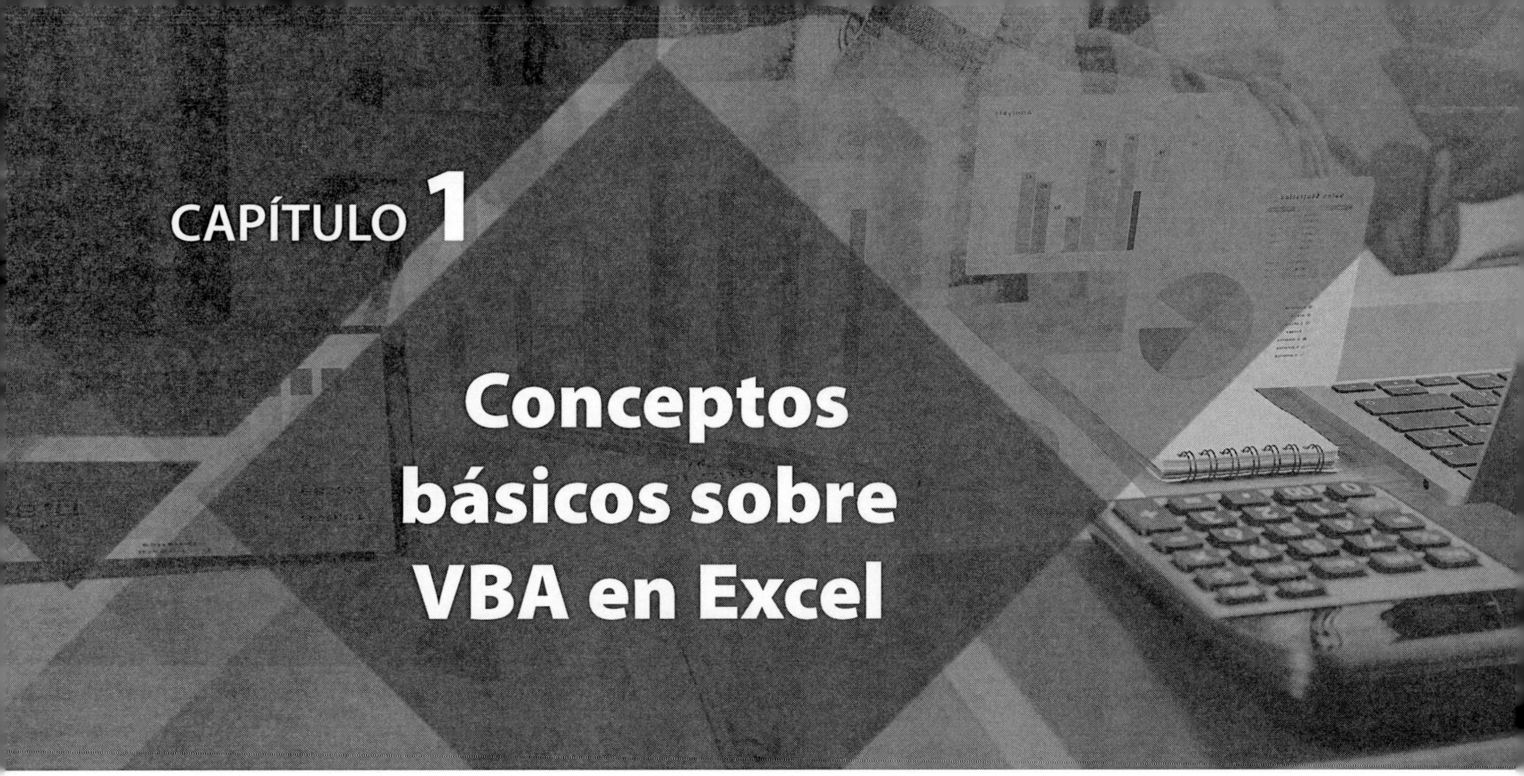

# CAPÍTULO 1

# Conceptos básicos sobre VBA en Excel

## 1.1 Introducción

En la actualidad, el uso de la tecnología permite solucionar situaciones simples y complejas. Por lo tanto, es necesario para cualquier empresa contar con personal capacitado en el uso de herramientas que manejen la información, puesto que la que se produce en una organización, ya sea pequeña o grande, es de suma importancia para esta, y por ello debe ser gestionada de la mejor manera. Este manejo de información genera en los colaboradores el aprendizaje de diferentes habilidades, como la búsqueda de métodos para mejorar el uso de la información, la mejora del razonamiento ante nuevos problemas, el planteamiento de nuevos conflictos, la solución ante cuestiones cotidianas y la toma de decisiones ante diferentes situaciones. Bien es cierto que esto siempre se ha presentado, incluso antes de la era informática; sin embargo, la tecnología incrementa la productividad y eficiencia en las tareas siempre y cuando se sepa usarla.

En este sentido, Excel es la solución que las empresas tanto buscan, puesto que tiene muchas características inteligentes: recolección, almacenamiento, organización y análisis de datos. Además, cuenta con la capacidad de realizar cálculos simples y complejos; ofrecer herramientas precisas y dinámicas con el alcance de realizar gráficas y obtener estadísticas complejas. Asimismo, es un programa hecho a medida, es decir, solo se pueden realizar acciones permitidas por el creador de Excel. Sin embargo, se puede aprovechar aún más esta aplicación, y a un nivel más avanzado usando programación VBA bajo el entorno de Excel.

Finalmente, se debe considerar que para aprender a programar VBA no se necesita ser un experto en programación. De hecho, el reto de crear rutinas de código permite desarrollar la capacidad de solucionar problemas a nivel profesional. Por lo tanto, este material está enfocado a aquellas personas que deseen mejorar sus conocimientos de Excel e ir más allá haciendo uso de la programación VBA.

## 1.2 Aplicaciones para Visual Basic for Applications (VBA)

La sigla VBA hace referencia a Visual Basic for Applications, el cual es el entorno de desarrollo considerado como lenguaje de macros que permite crear aplicaciones para Windows dentro de un entorno como Office y otras plataformas de ingeniería.

***Figura 1.*** Logo de Visual Basic for Applications (VBA)

Fuente. https://masterofficevba.com/vba-coding-constructs/best-practices-for-excel-vba-code/

Asimismo, es relevante mencionar que VBA no existe como plataforma independiente, ya que se encuentra integrada dentro del paquete de Office, es decir, se podrán realizar aplicaciones VBA para Excel, Word, PowerPoint, etc. Estas tendrán el resultado esperado por la aplicación de origen. Entonces, se podrían gestionar los datos de Excel y controlar la información de los documentos de Word mediante VBA.

Finalmente, se concluye afirmando que VBA permite automatizar las tareas que se realicen en cualquier aplicación de Office, lo que convierte un escenario complejo en una tarea dinámica e interactiva.

## 1.3 Comparando VB con VBA

Visual Basic (VB) es un lenguaje de programación desarrollado por Microsoft. Es considerado un dialecto de Basic, el cual es un lenguaje de programación de alto nivel, por lo que puede ser desarrollado de manera sencilla y entendible. Además, cuenta con un entorno de desarrollo integrado que permite crear un ambiente de programación amigable y sencillo. La principal característica es su capacidad de crear aplicaciones independientes de su entorno, en otras palabras, una aplicación desarrollada en Visual Basic puede ser ejecutada como un archivo independiente, el cual puede generar un archivo ejecutable.

Debido a que VBA es considerado como un lenguaje de programación residente de Microsoft Office, o sea, para ejecutar una aplicación VBA se necesita un programa de acogida (Word, Excel, PowerPoint o Access). Entonces, se abarcará la acogida en Excel por ser una de las aplicaciones más usadas por los profesionales.

Finalmente, se debe considerar que para ejecutar las aplicaciones VBA siempre se necesitará realizarlo dentro de Excel. Esto con la finalidad de que el resultado pueda mostrarse directamente en la aplicación o en una hoja de Excel, y no fuera de su entorno. Tanto VB como VBA generan aplicaciones similares en apariencia, pero usted debe tener claro que normalmente el resultado de una aplicación VBA siempre será sobre Excel, Word o PowerPoint.

***Figura 2.*** Formulario de registro de información con VBA

El formulario anterior fue diseñado exclusivamente con VBA bajo el entorno de Excel. La idea es registrar información de los clientes y enviarla como registro a la hoja de Excel, o también podría recogerla desde la hoja de Excel. Es aquí donde se trabaja bajo la demanda de cómo usted quiere controlar la información.

CONTROL DE REGISTRO DE INFORMACIÓN DE CLIENTES - 2024

| Nº | FECHA DE REGISTRO | APELLIDOS | NOMBRES | TELÉFONO | DIRECCIÓN | DISTRITO |
|---|---|---|---|---|---|---|
| 1 | 3/01/2024 | Gallegos Silva | Karla Milagros | 987456321 | Av. El Sol 655 | Chorrillos |
| 2 | 3/01/2024 | Vilchez de la Cruz | Janeth | 963258741 | Jr. Lampa 576 | Cercado |
| 3 | 3/01/2024 | Rojas Mendoza | Marcos Jesús | 951236874 | Av. Los Alisos 982 | Los Olivos |
| 4 | 3/01/2024 | Fernández Díaz | Roberto Julio | 951236963 | Jr. Los Amarantos 986 | Independencia |
| 5 | 3/01/2024 | De la Cruz Santos | Fernanda Ximena | 963258963 | Av. Carlos Wiesse 1254 | Zarate |

***Figura 3.*** Listado de información de clientes en Excel

Hay que suponer que, través de un formulario VBA, se registra la información de los clientes y estos son enviados a la hoja de cálculo de Excel. Pero cómo llega el número de registro del cliente o la fecha de registro a Excel si en el formulario no se encuentran referenciados. En este punto, se usa el trabajo de la programación VBA: primero hay que calcular cuántos clientes se encuentran registrados para determinar el número del nuevo cliente. Luego, establecer las fechas, que es mucho más sencillo de lo que parece, puesto que en VBA existen funciones para obtenerlas. Esto y mucho más lo veremos en este manual.

# 1.4 Macros y su relación con VBA

Una macro en Excel permite automatizar tareas repetitivas, de modo que el usuario grabe las tareas cotidianas y las ejecute cuando crea conveniente. De igual forma, se debe tener en cuenta que una macro para VBA es un conjunto de instrucciones llamado código fuente que trabajan en segundo plano de Excel. Finalmente, se puede afirmar que una macro puede ser manipulada o adaptada a las necesidades del usuario con un poco de sentido común y conocimiento básico de las instrucciones.

Se observa que desde la hoja de Excel se invoca a un formulario de registro de la lista de personal, el cual permitirá obtener información del empleado, que luego será enviado al listado en Excel por medio del botón **Grabar información**.

# 1.5 Componentes de un proyecto en VBA

Un proyecto es considerado como una planificación que consiste en un conjunto de actividades que se encuentran interrelacionadas con algún propósito, es decir, con el fin de alcanzar resultados específicos en el marco de las limitaciones impuestas por la aplicación, en la cual se está ejecutando el proyecto para el caso de Excel.

## 1.5.1 VBAProject

Representa a un proyecto VBA dentro de Excel, tal como se observa en la siguiente imagen. Asimismo, se debe tener en cuenta que un libro de Excel contiene un conjunto de hojas que tienen un mismo objetivo; por lo tanto, el proyecto VBA y el libro de Excel representan lo mismo, solo que en diferentes entornos. Cabe agregar que un proyecto en VBA puede contener objetos como hojas, formularios, módulos y módulos de clase.

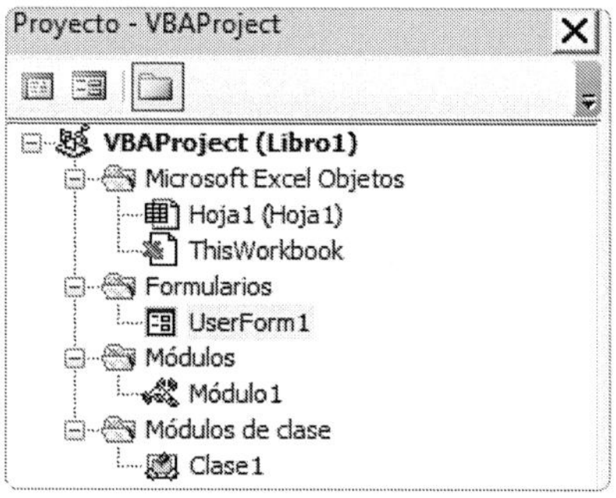


## 1.5.2 Microsoft Excel Objetos

Se consideran objetos a todas las hojas que puede incluir Excel, incluso al mismo libro. Se debe tener en cuenta que los objetos son elementos tomados de la realidad, es decir, tienen características propias y estas pueden ser modificadas desde la ventana de propiedades.

| PROPIEDAD | DESCRIPCIÓN |
|---|---|
| (Name) | Es el nombre que se le asigna como objeto. |
| Name | Es el nombre con el que Excel lo reconocerá. |

## 1.5.3 Formularios (UserForm)

Es considerado como un objeto del proyecto VBA, el cual permite generar prototipos de soluciones gráficas, o sea, es una ventana que representa un remedio a un determinado problema. Hay que tener ciertos criterios al diseñar formularios en el proyecto VBA. Por ejemplo:

**a.** Considerar que el diseño del formulario debe ser enfocado al usuario final, el cual probablemente no tenga los conocimientos que usted tiene.

**b.** Considerar que el diseño debe ser lo más entendible posible y debe enfocarse a la simplicidad y comodidad del usuario final.

c. Tener cuidado con los colores que use en el diseño, puesto que cada empresa tiene su propia política de uso de colores.
d. Considerar que no debe saturar de elementos dentro del formulario, por eso, el objetivo es usar la técnica japonesa más es menos.

A continuación, se verá un UserForm en su forma inicial:

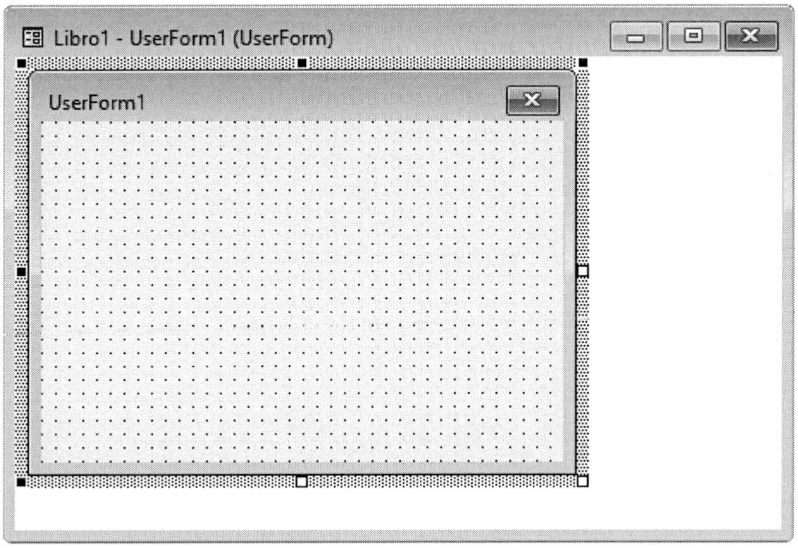


El formulario inicial siempre aparece con una rejilla que permite administrar los elementos que componen el formulario, es decir, todo elemento que se le agrega tendrá que acomodarse a las rejillas. Sin embargo, al ejecutar el formulario, el aspecto es totalmente distinto, tal como se visualiza en la siguiente imagen:

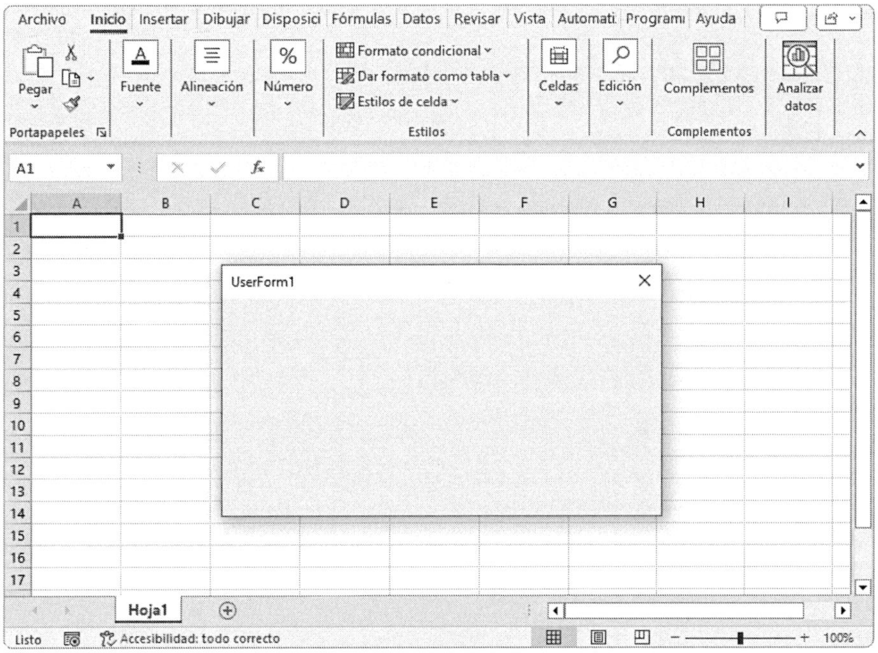

### 1.5.4 Módulo (Module)

Es un espacio donde se escribe el código VBA que afectará directamente a las hojas de Excel. Un proyecto VBA puede tener un conjunto de módulos donde se pueden escribir diferentes macros o funciones de VBA. Un proyecto VBA podría tener mucho código enfocado a diferentes procesos y, conforme avanza en el tiempo, podría aumentar dicho código y, en consecuencia, generaría un desorden en el proyecto que es típico para los programadores. Es aquí donde el concepto de módulo entra con fuerza, pues ayudará a la organización de los códigos separando la lógica de solución en bloques de funciones y subrutinas.

Por ejemplo, si se tienen los siguientes procesos:

a. Realizar cálculos estadísticos.
b. Realizar cálculos contables.
c. Generar un gráfico a partir de información estadística.
d. Generar un gráfico dinámico.
e. Imprimir indicadores.
f. Imprimir informes de Excel.

Se podrían agrupar en los siguientes módulos:

| PROPIEDAD | DESCRIPCIÓN |
|---|---|
| Modulo_calculos | Realizar cálculos estadísticos.<br>Realizar cálculos contables. |
| Modulo_graficos | Generar un gráfico a partir de información estadística.<br>Generar un gráfico dinámico. |
| Modulo_impresion | Imprimir indicadores.<br>Imprimir informes de Excel. |

### 1.5.5 Módulos de Clase (Class Module)

Dentro del proyecto VBA también se pueden agregar módulos de clases, los cuales contienen la lógica de un determinado proceso, que pueden ser usados en módulos o formularios del proyecto. Si hay un código que se va a usar en muchos módulos o formularios, estos no se están copiando y pegando; sino que se invocarán generando menos espacio de código y aumentando la velocidad de los procesos.

Los módulos de clase trabajan con el objeto Class, el cual contiene un código que permite recibir, enviar y gestionar la información mediante una instancia que se puede realizar desde cualquier otro objeto, como módulos, formularios u otro módulo de clase.

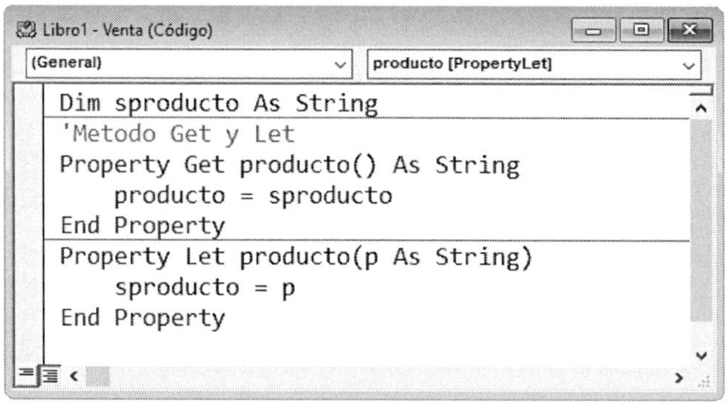

# 1.6 La ficha Programador de Excel

Esta ficha es considerada como trabajo avanzado en Excel, por eso inicialmente no aparece. Por tanto, es en ese momento en que se debe activar, ya que contiene controles de acceso al entorno VBA, así como al diseño de formularios en una hoja de Excel y principalmente el control de las macros.

## 1.6.1 Activar la ficha Programador

Es importante entender que la ficha Programador presenta herramientas vitales para el desarrollo de aplicaciones con VBA. Además, se debe considerar que todas las versiones de Excel tienen una forma distinta de activar la ficha Programador. Para Excel, realice los siguientes pasos para activarla:

1. Haga clic en el botón **Archivo** de la cinta de opciones de Excel.
2. De la lista de opciones mostrada en el lado izquierdo de la ventana, seleccione **Opciones**.
3. Le aparecerá la ventana de **Opciones de Excel**, aquí deberá seleccionar **Personalizar cinta de opciones**.

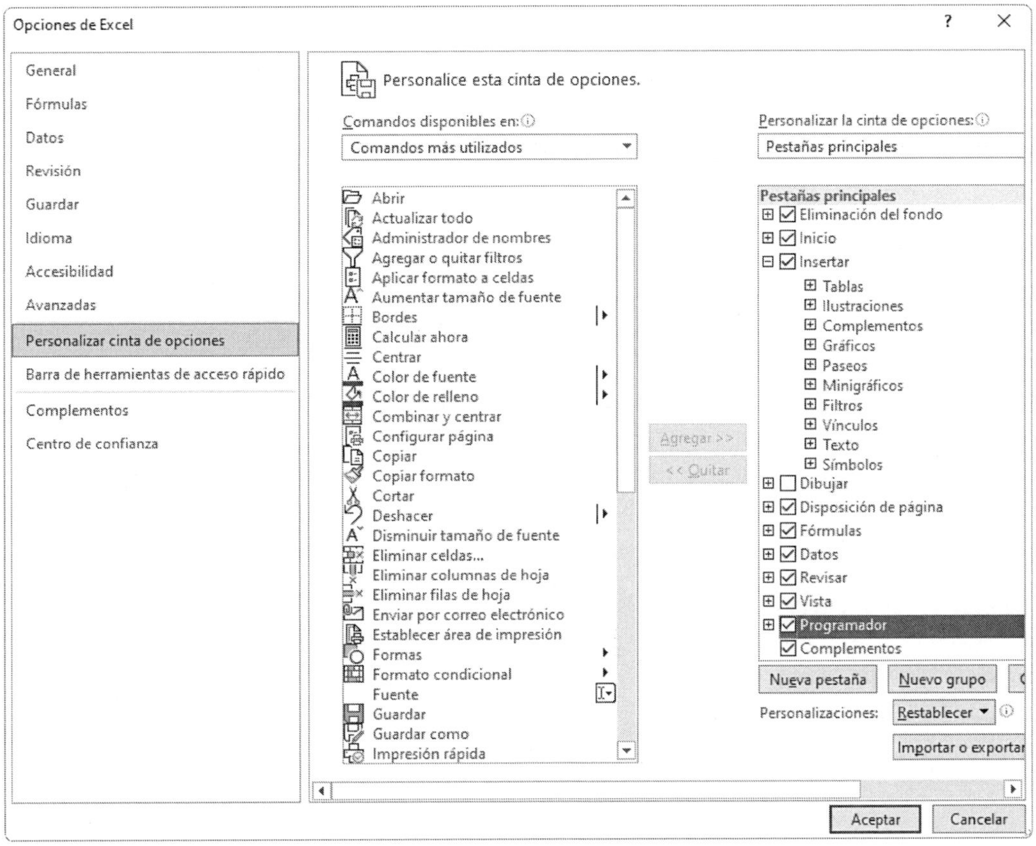


4. Finalmente, debe activar el *check* en **Programador** y presionar el botón **Aceptar**. Se debe visualizar la ficha **Programador** después de la ficha **Vista**.

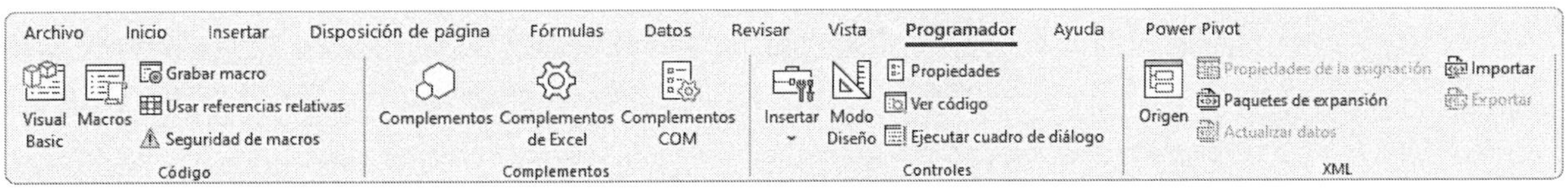

### 1.6.2 Principales botones

Para una buena gestión del código VBA en Excel se definirán los principales botones de la ficha Programador:

| Botón | Descripción o funcionalidad | Tecla de acceso rápido |
|---|---|---|
| Visual Basic | Apertura de la ventana editora de VBA; desde aquí se pueden iniciar las aplicaciones VBA tanto en código como de modo visual. | ALT+F11 |
| Macros | Apertura de la ventana de diálogo de selección de macros; desde aquí se puede seleccionar una macro para ejecutarla, inspeccionarla paso a paso, modificarla, eliminarla y/o crear una nueva. | ALT+F8 |
| Grabar macro | Permite iniciar la grabación de una macro a partir de un documento de Excel. Aquí se debe ser cuidadoso, pues, al iniciar la grabación, todo lo que realice en la hoja quedará registrado en la macro. | - |
| Seguridad de macros | Permite personalizar la configuración de la seguridad en la macro. Además, al iniciar una aplicación VBA debe configurar la seguridad de las macros. Más adelante se explicará este punto. | - |
| Insertar | Muestra controles para el diseño de formularios en la hoja de Excel. En este caso, se usará el control **Botón** para crear un puente entre la hoja de Excel y el código VBA. | - |

## 1.7 Modos de Acceso al VBA

Existen diversas formas de acceder al editor VBA, para esto se verán tres maneras de realizarlo:

a. **Primera forma: ficha Programador > Visual Basic**.
b. **Segunda forma:** combinación de teclas **ALT+F11**.
c. **Tercera forma: ficha Programador > Ver código**.

En cualquiera de los accesos se debe presentar la siguiente ventana:

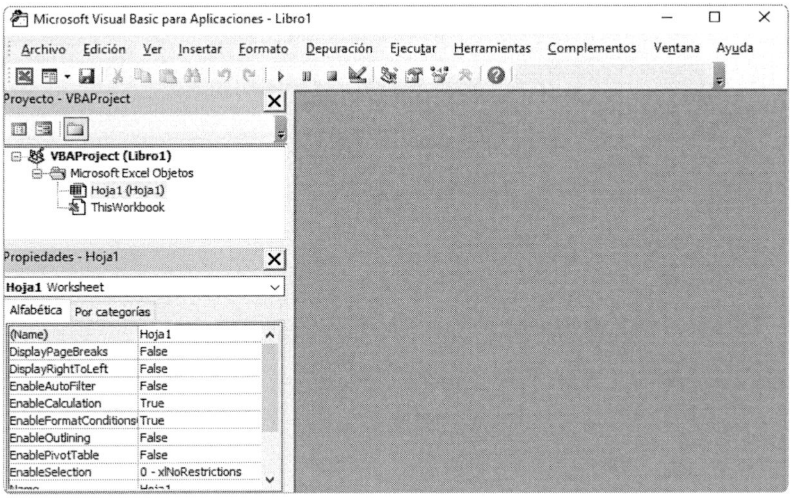


# 1.8 Personalizar la seguridad de la macro

Cuando se desarrolla una aplicación con VBA, Excel asume un tipo de archivo distinto al estándar, el cual tiene por extensión **.xlsm**, lo que indica que es un archivo de tipo macro —de ahí proviene la letra **m**—. Por otro lado, cuando se intenta abrir este tipo de archivo aparece un mensaje de banda amarilla que indica **ADVERTENCIA DE SEGURIDAD**, **Las macros se han deshabilitado** y un botón de **Habilitar contenido**, como se muestra a continuación:

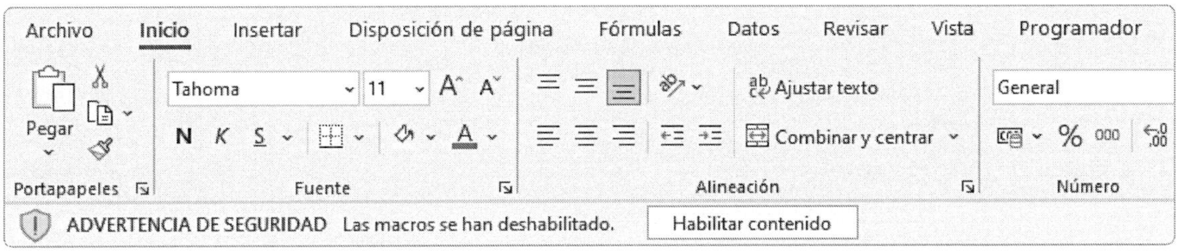


Esto se repetirá tantas veces como se abra un documento que contenga el código VBA, por lo tanto, será necesario configurar de manera adecuada la seguridad de la macro. Debe realizar los siguientes pasos para habilitar las macros en Excel:

1. Seleccione la ficha **Programador**.
2. Presione el botón **Seguridad de macros**, se debe mostrar la siguiente ventana:

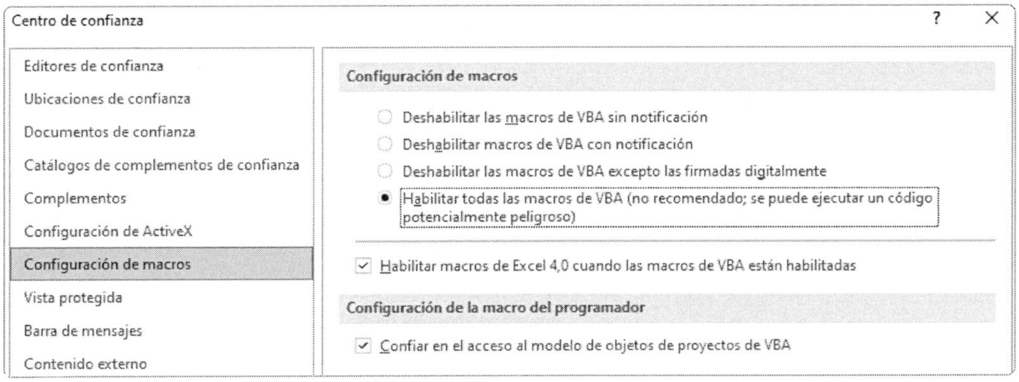

3. Seleccione la opción **Habilitar todas las macros de VBA**, con esta opción ya no aparecerá la advertencia de seguridad de color amarillo.
4. Active el *check* **Confiar en el acceso al modelo de objetos de proyectos de VBA**, con esta opción se podrán usar los objetos VBA como formularios, clases y otros elementos que se compone.

# 1.9 Grabar una aplicación VBA

Antes de entrar completamente al desarrollo de aplicaciones con VBA debe tener en cuenta cómo se guarda un documento de Excel, el cual contiene VBA, y considerar que existen diferentes formas de realizar esta actividad. Para este caso seleccionará solo dos opciones:

**A. Opción 1: desde Excel**

1. Una vez diseñada la aplicación en Excel con VBA.
2. Presione **F12** o también **Archivo > Guardar como**.
3. Asigne un nombre adecuado al archivo.
4. Seleccione el tipo de archivo **Libro de Excel habilitado para macros (*.xlsm)**.

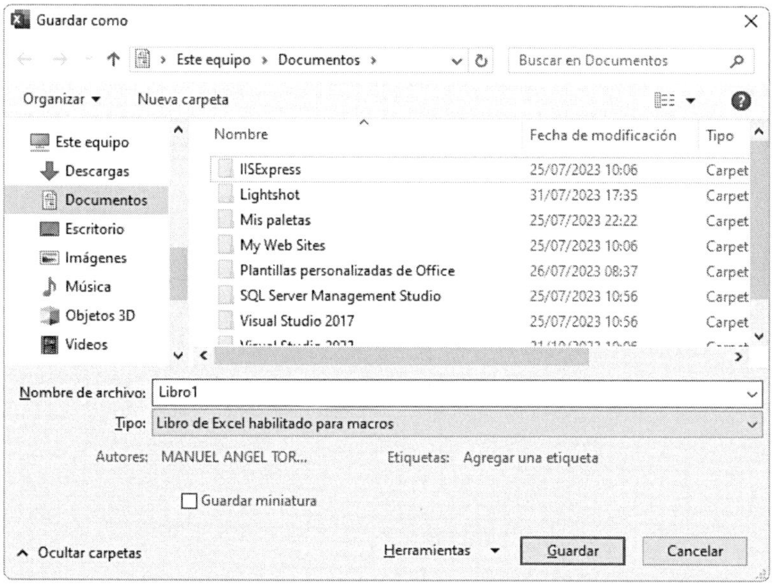


5. Seleccione la ubicación de su archivo y finalmente presione en **Guardar**.

**B. Opción 2: desde el entorno VBA**

Tenga en cuenta que la ventana de diálogo de Guardar es exactamente igual en ambas situaciones. Realice los siguientes pasos:

1. Ficha **Programador**.
2. Seleccione **Visual Basic**.
3. Seleccione **Archivo > Guardar libro...**
4. Asigne un nombre adecuado al archivo.
5. Seleccione el tipo de archivo **Libro de Excel habilitado para macros (*.xlsm)**.
6. Seleccione la ubicación de su archivo y finalmente presione en **Guardar**.

# 1.10 Descripción del editor VBA

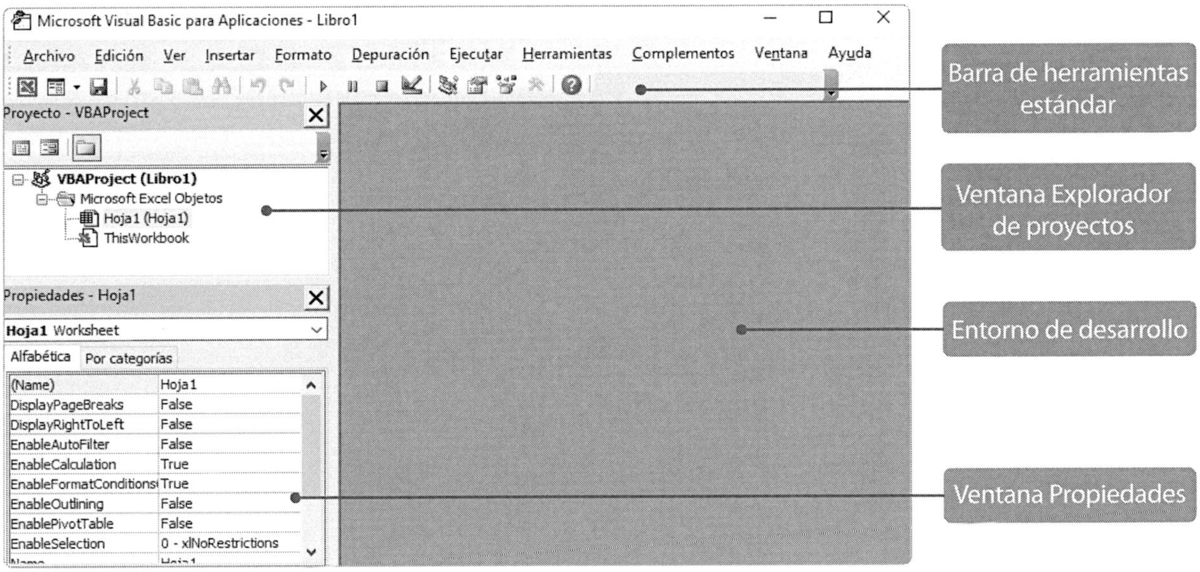


***Figura 4.*** Partes del entorno VBA

Se puede mencionar que el aspecto que tiene el editor VBA se mantiene a pesar de las nuevas versiones de Excel.

### A. Barra de herramientas estándar

A continuación, se mostrarán las principales herramientas mostradas en la barra estándar:

| Botón | Descripción | Tecla de acceso rápido |
|---|---|---|
|  | Permite acceder directamente a Excel. | ALT+F11 |
|  | Permite insertar Formulario, Módulo, Modelo de clase o Procedimiento al proyecto VBA. | - |
|  | Permite grabar cualquier cambio realizado en el entorno VBA. Tenga en cuenta que hacerlo es equivalente a grabar en Excel. | CTRL+S |
|  | Permite ejecutar, pausar y parar un procedimiento o un formulario del proyecto VBA. | F5 |
|  | Permite mostrar la ventana Explorador de proyectos. | CTRL+R |
|  | Permite mostrar la ventana Propiedades. | F4 |

## B. El explorador de proyectos

Permite visualizar la estructura general que puede llegar a tener un proyecto, de tal manera que puede organizar todos los objetos implementados. Entonces, los procedimientos y funciones se alojan en módulos, los UserForm en Formularios y las hojas de Excel en la carpeta Microsoft Excel Objetos.

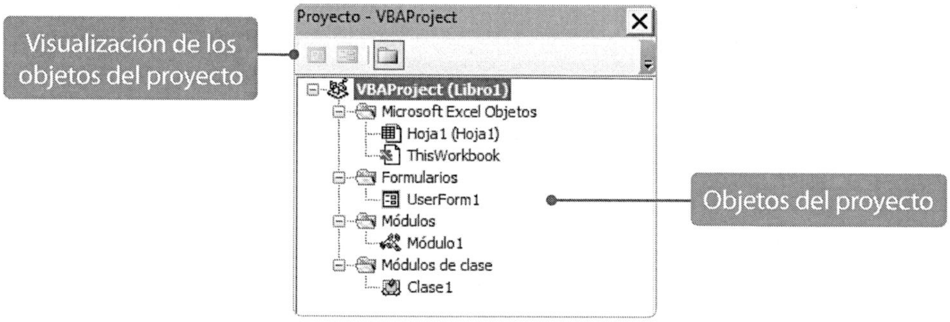


***Figura 5.*** Partes de la ventana Explorador de proyectos

Desde esta ventana se pueden realizar ciertas acciones mencionadas a continuación:

1. **¿Cómo cambiar el nombre del proyecto?**

   Clic derecho sobre el nombre del proyecto. Luego, seleccione **Propiedades de VBA Project** y asigne un nombre o también puede modificar desde la propiedad **(Name)** de la ventana de **Propiedades**.

2. **¿Cómo modificar el nombre de objeto de las hojas de Excel?**

   Seleccione una hoja de Excel desde Microsoft Excel Objects > **Propiedades** > **(Name)** > Asigne un nombre (se recomienda no dejar espacio en el nombre).

3. **¿Cómo modificar el título de las hojas de Excel?**

   Seleccione una hoja de Excel desde Microsoft Excel Objects > **Propiedades** > **Name** > Asigne un nombre (no hay restricciones para la asignación de nombre. Tenga en cuenta que este título también es visible desde Excel).

4. **¿Agregar un Módulo al proyecto?**

   Clic derecho sobre el proyecto **VBA Project** > **Insertar** > **Módulo** o haga clic derecho sobre el espacio en blanco de la ventana **Exploradora de Proyectos** > **Seleccionar Insertar** > **Módulo**.

5. **¿Agregar un UserForm al proyecto?**

   Clic derecho sobre el **Proyecto** > **Insertar** > **UserForm** o haga clic derecho sobre el espacio en blanco de la ventana **Exploradora de Proyectos** > **Seleccionar Insertar** > **UserForm**.

6. **¿Eliminar un Módulo del proyecto?**

   Clic derecho sobre el **módulo** > **Quitar Módulo**.

7. **¿Eliminar un Formulario del proyecto?**

   Clic derecho sobre el **formulario** > **Quitar UserForm**.

### C. La ventana Propiedades

Muestra las características modificables de un determinado objeto en el proyecto VBA. Se debe considerar que, cuando se selecciona un determinado objeto VBA, la ventana de propiedades muestra propiedades relacionadas con dicho objeto. Además, todos los objetos tienen como mínimo una propiedad. Para tal efecto, a continuación se mostrarán las partes de la ventana de propiedades:

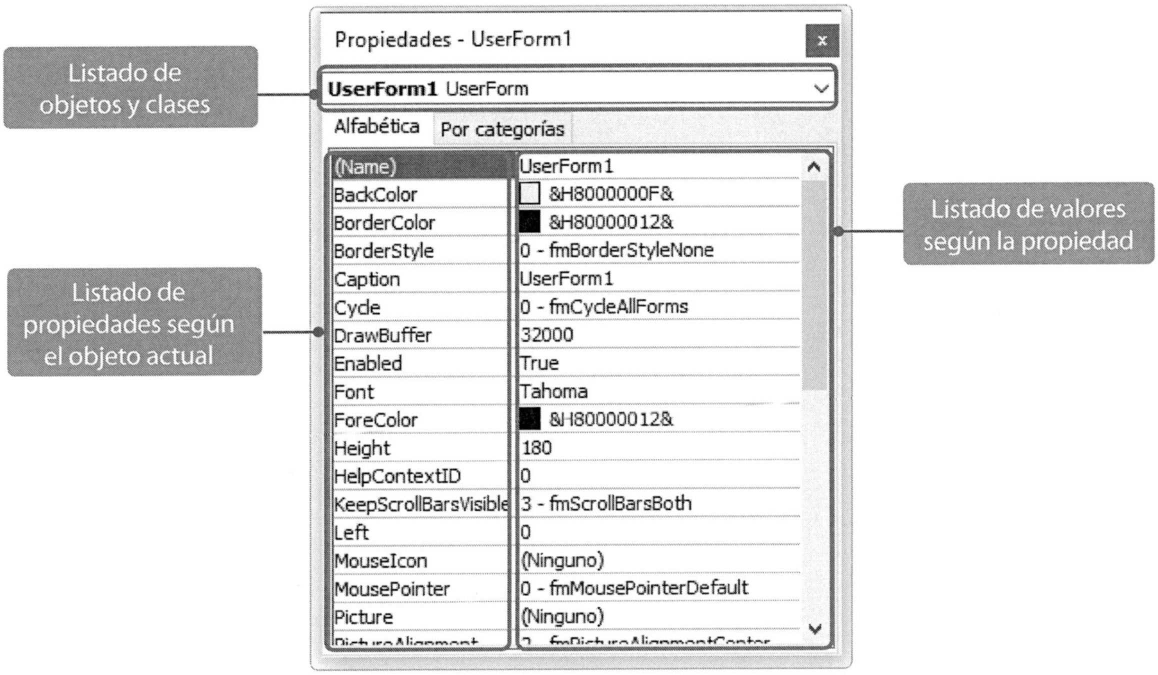


*Figura 6.* Partes de la ventana Propiedades

**a. Listado de objetos y clases**

Desde aquí se muestra una lista de objetos usados en el proyecto VBA. Cada vez que se selecciona un objeto desde la lista se actualizarán las propiedades y estas podrán ser modificadas según la necesidad del usuario final.

**b. Listado de propiedades**

Las propiedades se mostrarán de acuerdo con el objeto seleccionado. Asimismo, se considera una propiedad a una característica particular del objeto, como puede ser el tamaño, el tipo de letra, la ubicación del elemento y otras propiedades propias del objeto.

Cabe mencionar que todos los objetos tienen un nombre que inicialmente VBA le asigna. Es a partir de aquí cuando se modifica para identificarlo en el momento de realizar la programación. Normalmente, esta propiedad siempre aparece primero en la lista y se presenta como (Name).

Existen dos formas de visualizar las propiedades: la primera es de forma alfabética, la cual muestra las propiedades en orden ascendente; y la segunda es por categorías, tal como se muestra en la siguiente imagen:

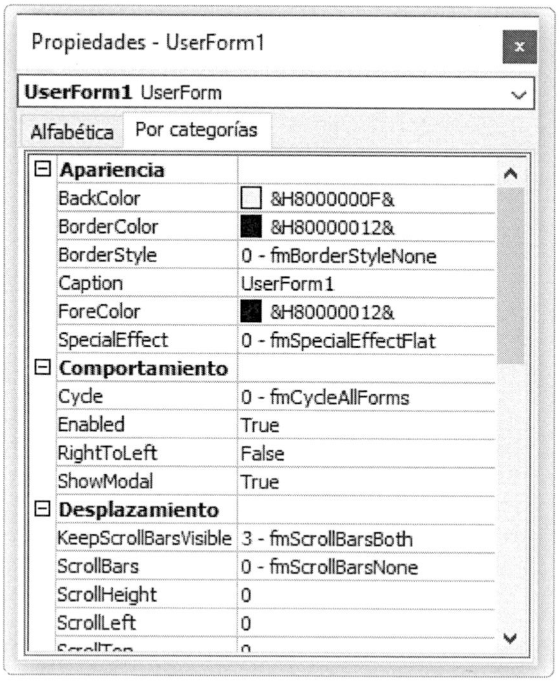


### c. Listado de valores

Presenta opciones iniciales para cada propiedad, se debe considerar que toda propiedad tiene un valor inicial y que puede ser modificado por el usuario. Aquí se menciona que, para cambiar el valor de una opción, se puede realizar haciendo doble clic sobre la opción. A continuación, se mostrará una lista simple de propiedades y en qué objetos pueden ser aplicados:

| Botón | Descripción | Tecla de acceso rápido |
|---|---|---|
| **(Name)** | Nombre del elemento. Es usado para identificar el elemento dentro del código VBA. | Todos los elementos |
| **Back Color** | Color de fondo | Todos los elementos |
| **Caption** | Texto de título | Userform, Label, CheckBox, OptionButton, CommandButton |
| **Enabled** | Activación | Todos los elementos |
| **Font** | Fuente del texto | Userform, Label, TextBox, ComboBox, CheckBox, OptionButton, CommandButton |
| **Height** | Valor de altura del elemento | Todos los elementos |
| **Left** | Ubicación horizontal | Todos los elementos |
| **Picture** | Imagen | Userform, Image, Label, CheckBox, OptionButton, CommandButton |
| **Picture-SizeMode** | Ajuste de tamaño de la imagen | Userform, Image, CommandButton |

| Botón | Descripción | Tecla de acceso rápido |
|---|---|---|
| **TextAlign** | Alineación de texto | Label, TextBox, ComboBox, Check Box, OptionButton |
| **Top** | Ubicación vertical | Todos los elementos |
| **Visible** | Visibilidad | Image, Label, TextBox, ComboBox, CheckBox, OptionButton, CommandButton |
| **With** | Ancho | Todos los elementos |
| **Word-Wrap** | Ajuste de línea del texto | Label, TextBox, Check Box, OptionButton, CommandButton |

**d. La ventana de código**

Aquí se puede colocar código VBA, que luego puede ser ejecutado en los objetos de Excel como un libro, hoja, etc.

Para acceder a una ventana de código se hace doble clic sobre un objeto.

En la siguiente imagen se muestra la ventana editora del objeto ThisWorkbook al hacer doble clic.

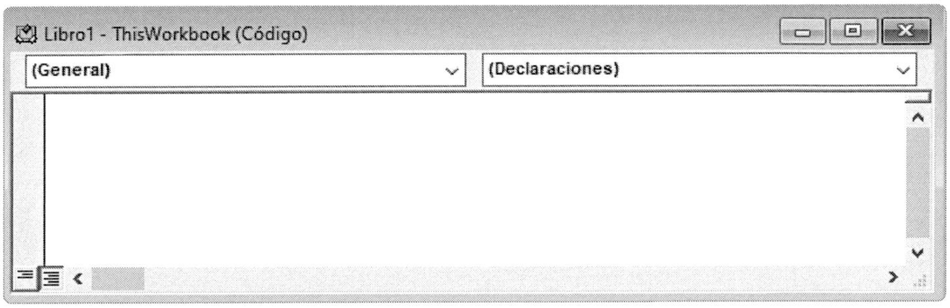


**Donde:**

- 

Aquí se presenta una lista de objetos en la cual puede asignar código.
- 

Aquí se presenta una lista de eventos según el objeto seleccionado.

# 1.11 Casos desarrollados

## 1.11.1 Caso desarrollado 1: macro para formato de dólares

Implementar una macro llamada **MonedaDolares** que permita dar el formato de monedas en dólares. Al finalizar, visualizar el código fuente de la macro.

Pasos:

1. En un documento nuevo de Excel elabore el siguiente cuadro.

|  | A | B | C |
|---|---|---|---|
| 1 |  |  |  |
| 2 |  | Valor en dólares | 2000 |

2. Ubique el cursor en la celda **C2**.
3. Ficha **Programador > Grabar macro** y asigne los valores tal y como se muestra en la siguiente ventana:

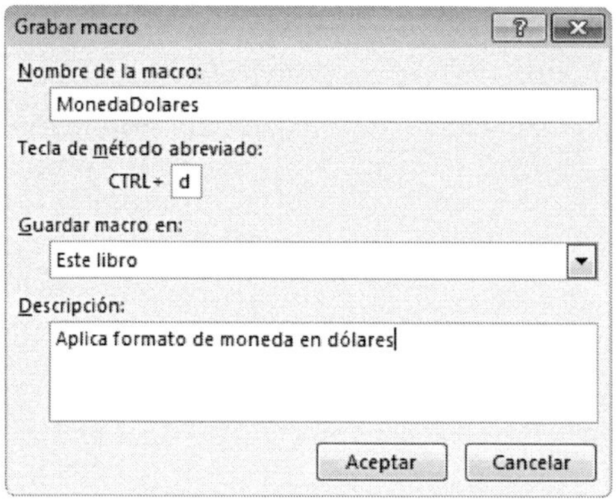


4. Tenga en cuenta que, al presionar el botón **Aceptar**, se empezará a implementar la macro. Seguidamente, proceda a formatear el valor de la celda **C2**, para lo cual presionará **CTRL+1 > Categoría: Contabilidad > Posiciones decimales: 2 > Símbolo: $ Inglés (Estados Unidos)**.

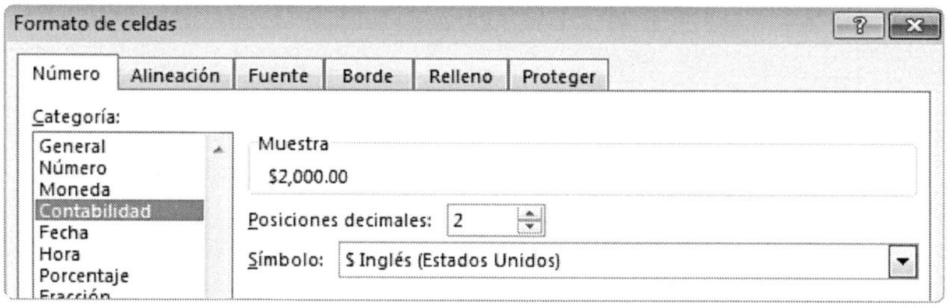


5. Al finalizar, se mostrará el formato directamente sobre el valor inicial, como se muestra en la siguiente imagen:

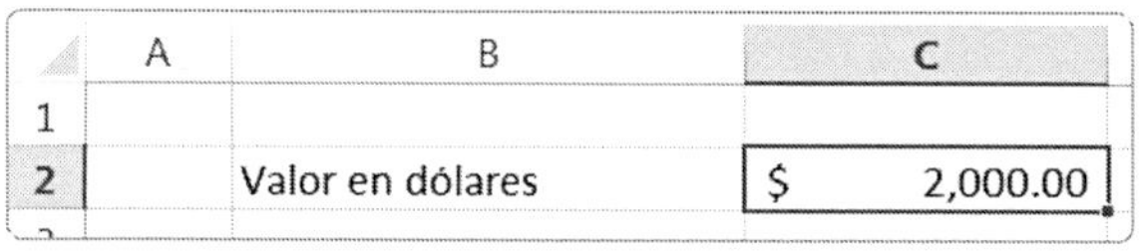


6. Para finalizar la grabación de la macro debe ubicarse en la ficha **Programador > Detener grabación**.
7. Por otra parte, ahora visualizará el código VBA generado con base en la macro, para lo cual debe presionar la combinación de teclas **ALT+F11**.

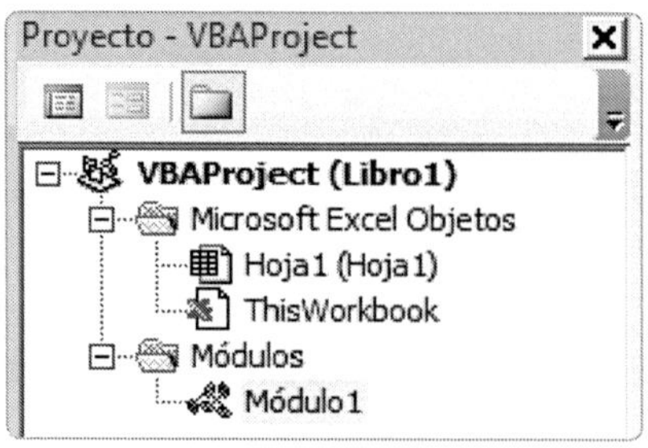

8. Para visualizar el código debe hacer doble clic sobre el objeto **Módulo1**. La fuente es como se muestra a continuación:

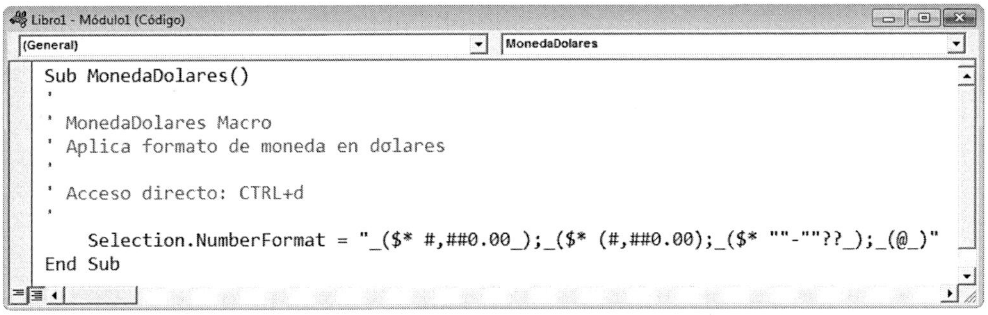


## 1.11.2 Caso desarrollado 2: macro para formato de texto

Implementar una macro llamada **FormatoTitulo** que permita combinar las celdas, formatear el tipo y tamaño de la letra.

Pasos:

1. En un documento nuevo de Excel coloque el texto **REPORTE DE VENTAS** en la celda **B2**, tal como se muestra en la siguiente imagen:

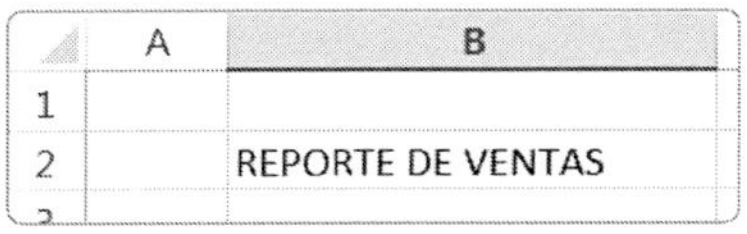


2. Ficha **Programador > Grabar macro** y asigne los valores como se muestra en la siguiente ventana:

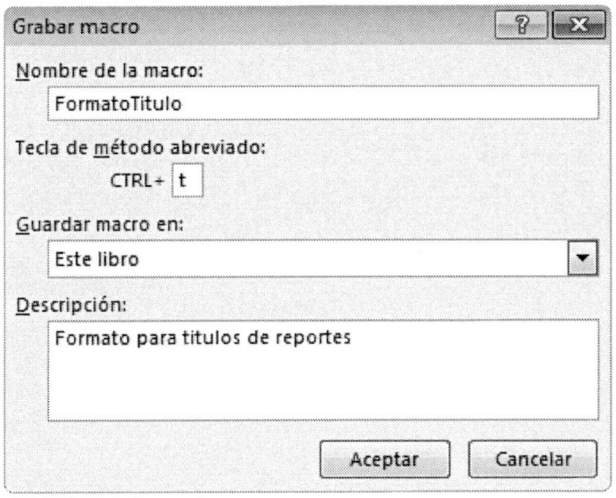


3. Aplique el siguiente formato al texto de la celda B2:
   - Combine las celdas desde **B2** hasta **G2**.
   - Aplique el tipo de letra **Tahoma**.
   - Asigne el tamaño de letra **18**.
4. Finalice la grabación desde la ficha **Programador > Detener grabación**.
5. El aspecto del título debe ser como se muestra en la imagen:

6. Ahora visualice el código generado por la macro, ficha **Programador > Visual Basic**.

```
Sub FormatoTitulo()
    Range("B2:G2").Select
    With Selection
        .HorizontalAlignment = xlCenter
        .VerticalAlignment = xlBottom
        .WrapText = False
        .Orientation = 0
        .AddIndent = False
        .IndentLevel = 0
        .ShrinkToFit = False
        .ReadingOrder = xlContext
        .MergeCells = False
    End With
    Selection.Merge
    With Selection.Font
        .Name = "Tahoma"
        .Size = 22
        .Strikethrough = False
        .Superscript = False
        .Subscript = False
        .OutlineFont = False
        .Shadow = False
        .Underline = xlUnderlineStyleNone
        .ThemeColor = xlThemeColorLight1
        .TintAndShade = 0
        .ThemeFont = xlThemeFontNone
    End With
    With Selection.Interior
        .Pattern = xlSolid
        .PatternColorIndex = xlAutomatic
        .ThemeColor = xlThemeColorAccent5
        .TintAndShade = 0.799981688894314
        .PatternTintAndShade = 0
    End With
End Sub
```

Como se ha podido observar, el código generado usa funciones propias de VBA que a simple vista parecen complejas, pero a medida que el tema avanza podrá notar que su interpretación es sencilla. Mientras tanto se eliminarán las instrucciones neutras del código, las cuales son instrucciones que, al suprimirlas, siguen manteniendo el objetivo de la macro, por lo que se obtiene el siguiente código:

```
Sub FormatoTitulo()
    '1. Seleccionar las celdas a combinar
    Range("B2:G2").Select
    '2. Combinar las celdas
    With Selection
        .HorizontalAlignment = xlCenter
        .VerticalAlignment = xlBottom
    End With
    Selection.Merge
    '3. Aplicar formato de fuente al texto
    With Selection.Font
        .Name = "Tahoma"
        .Size = 22
    End With
    '4. Aplicando color de fondo a las celdas
    With Selection.Interior
        .Pattern = xlSolid
        .ThemeColor = xlThemeColorAccent5
        .TintAndShade = 0.799981688894314
    End With
End Sub
```

A continuación, se explicará el código generado por la macro:

| Código VBA | Descripción |
|---|---|
| `Range("B2:G2").Select` | Permite seleccionar las celdas desde **B2** hasta **G2**. |
| `Selection .HorizontalAlignment=xlCenter` | Permite centrar el texto de forma horizontal. |
| `Selection .VerticalAlignment = xlBottom` | Permite centrar el texto de forma vertical. |
| `Selection.Merge` | Permite combinar las celdas seleccionada con **Range("B2.G2"). select**. |
| `Selection.Font .Name = "Tahoma"` | Permite aplicar un tipo de fuente a las celdas seleccionadas. |

| | |
|---|---|
| `Selection.Font .Size = 22` | Permite aplicar el tamaño de la fuente a las celdas seleccionadas. |
| `Selection.Interior .Pattern = xlSolid` | Permite asignar un color de fondo a las celdas seleccionadas. |
| `Selection.Interior .ThemeColor=xlThemeColorAccent5` | Permite asignar un tema de color a las celdas seleccionadas (opcional). |
| `Selection.Interior .TintAndShade = 0.799981688894314` | Permite asignar un degradado del color seleccionado aplicado a las celdas seleccionadas. |
| `With`<br><br>`End With` | Permite resumir una sentencia común en VBA. Por ejemplo, se tiene el siguiente código:<br><br>`Selection.Font.Name="Tahoma"`<br>`Selection.Font.Size=22`<br><br>Si se analiza el código, se puede notar que la instrucción **Selection.Font** se repite, por lo tanto, usando la función **With** podría ser de la siguiente manera:<br><br>`With Selection.Font`<br>`        .Name = "Tahoma"`<br>`        .Size = 22`<br>`End With` |

7. Para probar los cambios realizados a la macro, ubíquese en la **hoja2** del mismo libro y coloque un texto en la celda **B2**. Luego, ubíquese en la ficha **Programador > Macros > seleccione FormatoTitulo > Ejecutar**, tal como se muestra en la siguiente imagen:

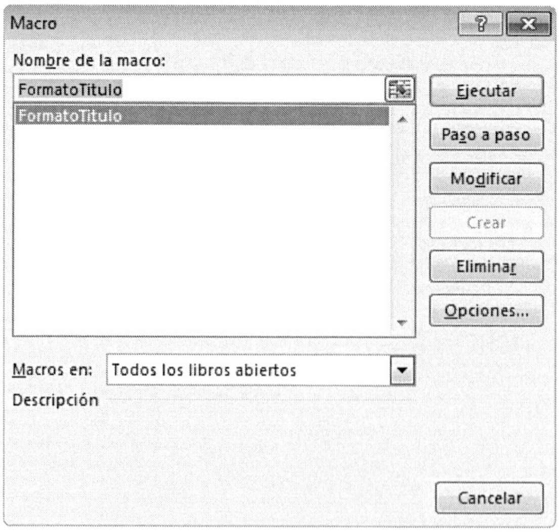

# CAPÍTULO 2

# Fundamentos de programación

## 2.1 Fases para la solución de un programa

La solución a un determinado problema se puede dar de diferentes formas y en diferentes escenarios. Cuando el problema es conocido se puede resolver directamente en el lenguaje de programación, pero siempre se recomienda realizar un análisis de este, pues las soluciones pasadas no necesariamente solucionan las actuales.

Asimismo, en VBA para Excel sucede algo particular, pues aparte de conocer correctamente el lenguaje Basic, también se deben conocer cuáles son las funciones que enlazan los resultados con Excel. Por lo tanto, no servirá de mucho mostrar los resultados en VBA cuando se necesita, por ejemplo, en un informe o reporte de datos.

### 2.1.1 Fase 1. Análisis del problema

La fase de análisis requiere una atención especial, puesto que se debe estar atento a todos los elementos encontrados en el problema. Además, se tiene que considerar que los problemas normalmente son narrados por los usuarios, ya que estos, por lo general, no tienen experiencia en el desarrollo de aplicaciones, por lo que solo conocerán cómo funciona y cómo quieren que se ejecute un determinado proceso. Entonces, para poder encontrar los elementos más importantes de un determinado problema, se debe dar respuesta a las siguientes preguntas:

1. **¿Qué datos necesito para resolver el problema?**

   Aquí se deben listar los datos que se necesita para la solución del conflicto, por lo menos debe haber uno. Para esta etapa debe ser un valor atómico, es decir, no debe contener más de un valor. Por ejemplo, un precio, un nombre de producto, una categoría de empleado, una cuantía de pago, etc. Esta fase comúnmente se llama Entrada.

2. **¿Qué fórmula debo emplear para cumplir con los objetivos?**

   Aquí puede emplear sus conocimientos previos sobre los cálculos matemáticos, estadísticos y financieros que se necesiten como parte de la solución al problema. Las fórmulas o cálculos que se realicen aquí siempre harán uso de los datos encontrados en la primera pregunta, es decir, los datos obtenidos en la entrada. Esta fase comúnmente se llama Proceso.

3. **¿Cuáles son los datos resultantes?**

   Aquí se debe tener en cuenta que los resultados obtenidos en el proceso deben cumplir con los objetivos. Normalmente, estos datos provienen de los cálculos realizados en el proceso, es decir, integran la primera y segunda pregunta. Esta fase es comúnmente llamada Salida.

A continuación, se mostrarán algunos casos para entender mejor cómo se debe analizar un problema antes de codificarlo en VBA:

**Caso: donación de dinero**

La International Human Rights, que es una ONG sin fines de lucro instalada en Perú, ha decidido realizar una donación en soles a un colegio estatal en la ciudad de Arequipa. Dicha ONG ha destinado una cuantía (monto) de dinero, la cual será repartida entre las cuatro áreas de la institución de la siguiente manera:

- Investigación: 35 % de la cuantía total recibida.
- Psicología: 45 % del importe total recibido por el Área de Investigación.
- Atención médica: 50 % de la cantidad recibida entre Investigación y Psicología.
- Capacitación: cuantía sobrante.

Entonces, dada la cuantía de dinero a repartir por parte de la ONG, se pide determinar qué cantidad de dinero le corresponde a cada área.

Al analizar el problema, se organizaron los valores encontrados de forma que cumplieran el patrón de valores Entrada-Proceso-Salida.

| | |
|---|---|
| **Entrada** | Obtener la cuantía de dinero donado. |
| **Proceso** | Determinar el 35 % para el Área de Investigación.<br>Determinar el 45 % para el Área de Psicología.<br>Determinar el 50 % para el Área de Atención médica.<br>Determinar lo restante para el Área de Capacitación. |
| **Salida** | Imprimir las cuantías de Investigación, Psicología, Atención Médica y Capacitación. |

Se debe tener en cuenta que, cuando se lleva a la programación, los elementos encontrados en el patrón Entrada-Proceso-Salida deben tener nombres de variables, pues así es como se trabaja en el desarrollo de una aplicación. Por lo tanto, los valores quedarían de la siguiente manera:

| | |
|---|---|
| **Entrada** | `monto_donado` |
| **Proceso** | `monto_investigacion ← 0.35 x monto_donado`<br>`monto_psicologia ← 0.45 x monto_investigacion`<br>`monto_atencion_medica ← 0.50 x (monto_investigacion + monto_psicologia)`<br>`monto_capacitacion ← monto_donado - (monto_investigacion + monto_psicologia + monto_atencion_medica)` |
| **Salida** | `monto_investigacion, monto_psicologia, monto_atencion_medica, monto_capacitacion` |

## 2.1.2 Fase 2. Diseño del algoritmo

El diseño del algoritmo es representado mediante dos herramientas que pueden ser diagramas de flujo o pseudocódigo. Para este caso, se hará uso de los pseudocódigos porque son lo más parecidos al código fuente que se necesitará implementar en VBA.

Se dice que un pseudocódigo representa el problema en cortos pasos de forma *top down* y que tiene un inicio y fin, de tal manera que usted puede realizar las pruebas del problema con los datos obtenidos en la Fase 1. Para la Fase 2 se hará uso del caso anterior, "donación de dinero".

**Caso: donación de dinero**

La International Human Rights, que es una ONG sin fines de lucro instalada en Perú, ha decidido realizar una donación en soles a un colegio estatal en la ciudad de Arequipa. Dicha ONG ha destinado una cuantía de dinero, la cual será repartida entre las cuatro áreas de la institución de la siguiente manera:

- Investigación: 35 % de la cuantía total recibida.
- Psicología: 45 % del importe total recibido por el Área de Investigación.
- Atención médica: 50 % de la cantidad recibida entre Investigación y Psicología.
- Capacitación: cuantía sobrante.

Entonces, dada la cuantía de dinero a repartir por parte de la ONG, se pide determinar qué cantidad de dinero le corresponde a cada área.

En la base de datos hay que buscar en el patrón Entrada-Proceso-Salida tal y como se muestra a continuación:

| | |
|---|---|
| **Entrada** | monto_donado |
| **Proceso** | monto_investigacion ← 0.35 x monto_donado<br>monto_psicologia ← 0.45 x monto_investigacion<br>monto_atencion_medica ← 0.50 x (monto_investigacion + monto_psicologia)<br>monto_capacitacion ← monto_donado - (monto_investigacion + monto_psicologia + monto_atencion_medica) |
| **Salida** | monto_investigacion, monto_psicologia, monto_atencion_medica, monto_capacitacion |

Implemente el pseudocódigo de solución, tal y como se muestra a continuación:

**Pseudocódigo**

```
INICIO
 Leer monto_donado
 monto_investigacion = 0.35 x monto_donado
 monto_psicologia = 0.45 x monto_investigacion
 monto_atencion_medica = 0.50 x (monto_investigacion + monto_psicologia)
 monto_capacitacion = monto_donado -
                         (monto_investigacion + monto_psicologia + monto_aten-
cion_medica)
 Imprimir monto_investigacion, monto_psicologia, monto_atencion_medica,
                  monto_capacitacion
FIN
```

Las palabras resaltadas son consideradas como sentencias que siempre se usarán en todos los pseudocódigos. Se sabe que no hay reglas estrictas para esto, pero se debe mantener siempre un mismo patrón de diseño.

### 2.1.3 Fase 3. Codificación de un programa en VBA

Para completar la fase de codificación se deben sustituir los comandos realizados en el pseudocódigo y reemplazarlos por las sentencias propias de VBA. Esto se aprenderá conforme avancen los capítulos del libro. Asimismo, para esta fase usará el caso anterior, "donación de dinero".

**Caso: donación de dinero**

La International Human Rights, que es una ONG sin fines de lucro instalada en Perú, ha decidido realizar una donación en soles a un colegio estatal en la ciudad de Arequipa. Dicha ONG ha destinado una cuantía (monto) de dinero, la cual será repartida entre las cuatro áreas de la institución de la siguiente manera:

- Investigación: 35 % de la cuantía total recibida.
- Psicología: 45 % del importe total recibido por el Área de Investigación.
- Atención médica: 50 % de la cantidad recibida entre Investigación y Psicología.
- Capacitación: cuantía sobrante.

Entonces, dada la cuantía de dinero a repartir por parte de la ONG, se pide determinar qué cantidad de dinero le corresponde a cada área.

Con base en el pseudocódigo implementado en la Fase 2, tal como se muestra a continuación:

**Pseudocódigo**

```
INICIO
 Leer monto_donado
 monto_investigacion = 0.35 x monto_donado
 monto_psicologia = 0.45 x monto_investigacion
 monto_atencion_medica = 0.50 x (monto_investigacion + monto_psicologia)
 monto_capacitacion = monto_donado -
                          (monto_investigacion + monto_psicologia + monto_aten-
cion_medica)
 Imprimir monto_investigacion, monto_psicologia, monto_atencion_medica,
                  monto_capacitacion
FIN
```

A continuación, se diseñará un proyecto VBA:

1. Diseñe el siguiente formato en Excel.

*Figura 7.* Diseño de la solución en Excel

2. Acceda al entorno VBA (**ALT+F11**). Luego, inserte un módulo al proyecto (**Insertar > Módulo**) y coloque el siguiente código:

```
Donacion.xlsm - modulo_calculos (Código)
(General)                          limpiar_controles

Sub determinar_montos()
    'Declaración de variables
    Dim monto_donado As Currency
    Dim monto_investigacion, monto_psicologia, monto_atencion_medica, monto_capacitacion As Currency

    'Obtener el valor desde la celda de Excel
    monto_donado = Range("C11").Value

    'Realizar los calculos
    monto_investigacion = 0.35 * monto_donado
    monto_psicologia = 0.45 * monto_investigacion
    monto_atencion_medica = 0.5 * (monto_investigacion + monto_psicologia)
    monto_capacitacion = monto_donado - (monto_investigacion + monto_psicologia + monto_atencion_medica)

    'Impresión en Excel
    Range("G13").Value = monto_investigacion
    Range("G14").Value = monto_psicologia
    Range("G15").Value = monto_atencion_medica
    Range("G16").Value = monto_capacitacion
End Sub

Sub limpiar_controles()
    Range("G13:G16").ClearContents
    Range("C11").ClearContents
    Range("C11").Activate
End Sub
```

A continuación, se explicará el código mostrado:

| Código VBA | Descripción |
|---|---|
| `Sub determinar_montos()` | Sentencia que indica el inicio del procedimiento para determinar las cuantías solicitadas para el caso planteado. |
| `Dim monto_donado as Currency` | Sentencia que declara la variable **monto donado de tipo moneda**. En esta variable es donde se almacenará la cuantía donada que el usuario final introducirá desde la celda de Excel. |
| `Dim monto_investigacion As Currency` | Sentencia que declara la variable **monto de investigación de tipo moneda** para poder almacenar la cuantía calculada del Área de Investigación. |
| `Dim monto_psicologia As Currency` | Sentencia que declara la variable **monto de psicología de tipo moneda** para poder almacenar la cuantía calculada del Área de Psicología. |
| `Dim monto_atencion_medica As Currency` | Sentencia que declara la variable **monto de atención médica de tipo moneda** para poder almacenar la cuantía calculada del Área de Atención médica. |
| `Dim monto_capacitacion As Currency` | Sentencia que declara la variable **monto de capacitación de tipo moneda** para poder almacenar la cuantía calculada del Área de Capacitación. |
| `monto_donado = Range("C11").Value` | Sentencia que permite obtener el valor digitado en la celda **C11** de la hoja de Excel. El término **Range** permite acceder a las celdas de Excel, y el término **Value** obtiene el valor contenido en una determinada celda. |
| `monto_investigacion = 0.35 * monto_donado` | Sentencia que permite calcular la cuantía de Investigación, el cual se obtiene del 35 % de la cantidad donada. También puede usar la siguiente sentencia como alternativa de solución: `monto_investigacion = 35/100 * monto_donado` |
| `monto_psicologia = 0.45 * monto_investigacion` | Sentencia que permite calcular el 45 % de la cuantía de Investigación. |
| `monto_atencion_medica = 0.5 * (monto_investigacion + monto_psicologia)` | Sentencia que permite calcular el 50 % de la cantidad acumulada entre Investigación y la cuantía de Psicología. |
| `monto_capacitacion = monto_donado - (monto_investigacion + monto_psicologia + monto_atencion_medica)` | Sentencia que permite calcular la cuantía de Capacitación. |
| `Range("G13").Value = monto_investigacion` | Sentencia que permite asignar el valor almacenado en la variable **monto de investigación** ubicado en la celda **G13** de la hoja de Excel. |
| `Range("G14").Value = monto_psicologia` | Sentencia que permite asignar el valor almacenado en la variable **monto de psicología** en la celda **G14** de la hoja de Excel. |

| `Range("G15").Value = monto_atencion_medica` | Sentencia que permite asignar el valor almacenado en la variable **monto de atención médica** en la celda **G15** de la hoja de Excel. |
|---|---|
| `Range("G16").Value = monto_capacitacion` | Sentencia que permite asignar el valor almacenado en la variable **monto de capacitación** en la celda **G16** de la hoja de Excel. |
| `End Sub` | Sentencia que indica la finalización del procedimiento. |

## 2.1.4 Fase 4. Ejecución del programa en VBA

En esta fase se invocará a los procedimientos implementados en VBA, que se realizarán mediante botones de comando, los cuales se asociarán a los procedimientos.

Pasos:

1. Ubíquese en la celda **C13** de la hoja de Excel.
2. Ubíquese en la ficha **Programador > Insertar > Botón de Controles de Formulario**.
3. Dibuje un rectángulo en la celda **C13** hasta que aparezca la siguiente ventana:

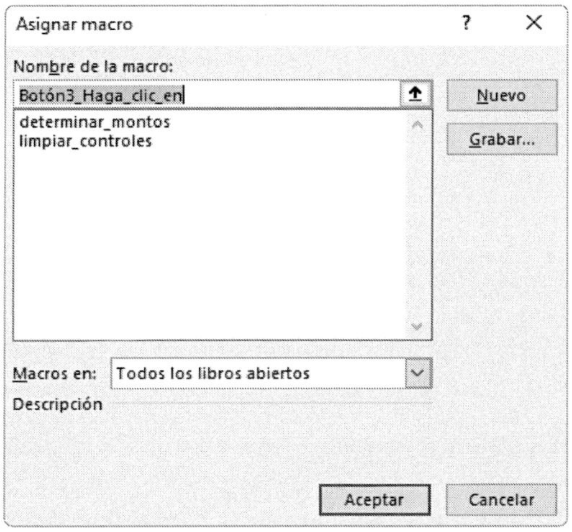


4. Seleccione **determinar_montos** desde la lista y presione el botón **Aceptar**.
5. Cambie el nombre del botón creado en la celda **C13 > Efectuar Cálculos**. En caso de que ya no pueda editar el botón, puede hacer clic derecho en el botón y seleccionar **Editar Texto**. Para finalizar debe hacer clic fuera del botón.
6. Repita los pasos para el botón **Limpiar Controles**.

## 2.1.5 Fase 5. Verificación y depuración

Ahora se debe comprobar que los valores expuestos como resultado sean los esperados. Para esto, deberá introducir una cuantía en la celda **C11** de la hoja de Excel y presionar el botón **Efectuar Cálculos**. En el caso de colores, estilos y formato de moneda que se muestran en la imagen, se aplicaron directamente en la celda mediante opciones del Excel, no de VBA.

## 2.2 Elementos de un programa VBA

Toda programación se basa en reglas y patrones del lenguaje, por lo que no se pueden colocar sentencias que no sean reconocidas por el compilador de la aplicación, ya que estas sentencias siempre son verificadas e interpretadas por el compilador de tal forma que dé siempre un resultado adecuado. Por lo tanto, cuando se desarrolla una aplicación VBA, se necesita tener en cuenta que hay elementos importantes que se deben conocer, como su funcionamiento y, principalmente, método de uso.

### 2.2.1 Identificadores

Tal como su nombre lo indica, se encarga de identificar a un determinado valor en el código VBA, debido a que estos no pueden referenciarse cuando no tienen un identificador adecuado. Estos representan un valor dentro del código VBA, por lo que es muy importante tener en cuenta los siguientes aspectos, puesto que en toda la línea de programación se hace referencia a un identificador:

**a.** Los identificadores nombrados en mayúsculas o minúsculas no son diferentes en VBA, es decir, el identificador **nombre_cliente** es igual a **NOMBRE_CLIENTE** y viceversa.

**b.** Cuando el identificador es muy genérico se pueden usar separadores. Por ejemplo:

| Alternativa | Observación |
|---|---|
| _ (Guion bajo) | Con el guion bajo se pueden unir dos o más palabras que componen a un solo identificador en VBA. Por ejemplo:<br>`nombre_cliente`<br>`fecha_de_nacimiento`<br>`dias_trabajados`<br>`_nombres`<br>`_descripcion`<br>`_precio` |
| Mayúscula a partir de la segunda palabra | Se puede emplear la letra mayúscula a partir de la segunda palabra. Esto permitirá distinguir entre las palabras que componen un identificador en VBA. Por ejemplo:<br>`nombreCliente`<br>`fechaNacimiento`<br>`diasTrabajados` |

**c.** Un identificador no puede contener símbolos especiales como @, #, ^, etc.

**d.** Un identificador puede contener números entre sus caracteres, pero no pueden iniciarlos a partir de la segunda letra cuando se le puede incorporar. Por ejemplo:

| Valido | No valido |
|---|---|
| `nota1`<br>`nota_1` | `1nota`<br>`1_nota` |
| `descuento10`<br>`descuento_10` | `10descuento`<br>`10_descuento` |

**e.** Un identificador no puede contener palabras reservadas por el lenguaje VBA, es decir, no se pueden usar como identificadores las siguientes palabras: dim, integer, string, double, function, sub, private, etc.

### 2.2.2 Palabras reservadas

Se le llama así a un conjunto de palabras separadas por el lenguaje VBA y que solo pueden ser usadas en una determinada situación, pero por ningún motivo como un identificador. A continuación, se mostrará una lista de palabras reservadas o palabras claves:

| | | | | | | | |
|---|---|---|---|---|---|---|---|
| As | Boolean | ByRef | Byte | ByVal | Case | CBool | CByte |
| CChar | Cdate | CDec | CDbl | Char | CInt | Class | CLng |
| CObj | Const | Continue | Date | Decimal | Dim | Do | Double |
| Else | ElseIf | End | EndIf | Error | Exit | False | For |
| Function | Get | GetType | GoTo | If | Integer | Is | Long |
| Loop | Mod | Module | Next | Not | Nothing | Object | Or |
| Private | Protected | Public | Rem | Short | Single | Step | String |
| Sub | Then | To | True | Variant | While | | |

### 2.2.3 Comentarios

Un comentario permite definir un mensaje simple dentro del código de programación, por lo tanto, su finalidad es asignar comentarios para explicar algún efecto en el código o simplemente especificar los derechos de autor.

Se debe tener en cuenta que una aplicación es interpretada y compilada por el lenguaje VBA, por lo que un comentario es interpretado como tal, sin embargo, no accede a la compilación. Existen dos sentencias para asignar comentarios:

| Sentencia | Ejemplo |
|---|---|
| Rem | Rem Comentarios |
| ' (comilla simple) | 'Comentarios |

A continuación, se mostrará una primera forma de implementar comentarios en una función usando la comilla simple:

```
Donacion.xlsm - modulo_calculos (Código)
(General)                      determinar_montos

Sub determinar_montos()
    'Declaración de variables

    'Obtener el valor desde la celda de Excel

    'Realizar los calculos

    'Impresión en Excel

End Sub
```

Ahora se mostrará la misma implementación, pero usando la función **Rem**:

```
Sub determinar_montos()
    Rem Declaración de variables

    Rem Obtener el valor desde la celda de Excel

    Rem Realizar los calculos

    Rem Impresión en Excel

End Sub
```

## 2.3 Tipos de datos

Un tipo de datos define el tipo de valor que se almacenará en una determinada variable. Asimismo, la VBA no obliga a la declaración de variables, por lo que toma como tipo de datos estándar a Variant. Entonces, si no se declara una variable dentro del código VBA, esta lo será de manera automática de acuerdo al valor inicial asignado. Además, si usted le asigna un texto, el tipo Variant asumirá que es un texto y, de igual forma, con los demás tipos de datos. Los tipos de datos se agrupan en enteros, reales, caracteres, cadenas y lógicos.

### 2.3.1 Enteros

Son conocidos como enteros a los números sin fracción decimal tanto positivos como negativos.

| Tipo de datos | Capacidad | Ejemplo |
|---|---|---|
| Byte | 0.255 | Edad de una persona, nota de un alumno, número de hijos de un empleado, etc. |
| Integer | -32768 a +32767 | Cantidad productos adquiridos, nota de evaluación, etc. |
| Long | -2.147.483.648 a +2.147.483.647 | Número de asistentes a un evento, *stock* de productos, etc. |

### 2.3.2 Reales

Los números reales abarcan la capacidad expuesta por los números enteros, pero también incluyen los decimales, que pueden ser tanto positivos como negativos.

| Tipo de datos | Capacidad | Ejemplo |
|---|---|---|
| Single | Valores negativos:<br>-3.4028523E38 a<br>-1,401298E-45<br><br>Valores positivos:<br>+1,401298E-45 a<br>+3.402823E38 | Media de las notas, la talla y el peso de una persona, etc. |

| Double | Valores negativos:<br>-1.79769313486232E308 a<br>-4,94065645841247E-324<br><br>Valores positivos:<br>+4,94065645841247E-324 a<br>+1.79769313486232E308 | Metros cuadrados de un edificio, valor de la exponencial, tasa de interés anual de un banco, etc. |
|---|---|---|
| Decimal | -7,9228162514264337593543950335 a<br>7,9228162514264337593543950335 | Subtotal, descuento de una compra, etc. |

Adicionalmente, VBA cuenta con un tipo de datos exclusivamente para monedas:

| Currency | -922.337.000.000.000 a<br>+922.337.000.000.000 | Precio de un producto, sueldo de un empleado, etc. |
|---|---|---|

## 2.3.3 Caracteres y cadenas

Son considerados como valores textuales aquellos que no tienen un límite de caracteres, los cuales incluyen números y símbolos.

| Tipo de datos | Capacidad | Ejemplo |
|---|---|---|
| String | Tiene un máximo de 2 millones de caracteres. | Nombre del empleado, descripción de un producto, categoría de un empleado, estado civil de una persona, etc. |

## 2.3.4 Lógicos

Los tipos de datos lógicos son usados para almacenar información de dos valores específicos: verdadero o falso.

| Tipo de datos | Capacidad | Ejemplo |
|---|---|---|
| Boolean | True/False | Sexo, estado civil de un empleado (soltero, casado), condición de un estudiante (aprobado, suspenso), etc. |

## 2.3.5 Fechas

Una variable puede ser declarada como tipo fecha cuando permite registrar valores del tiempo, tales como la fecha y hora. Además, debe considerar que no existe un tipo de datos para el registro de las horas; por tanto, las horas son consideradas como fechas y luego, mediante funciones, pueden ser diferenciadas.

| Tipo de datos | Capacidad | Ejemplo |
|---|---|---|
| Date | 1 de enero de 100 a<br>31 de diciembre de 9999 | Fecha de nacimiento de un empleado, fecha de caducidad de un producto, fecha de contrato, etc. |

### 2.3.6 Variante

Permite almacenar valores de cualquier tipo, por lo que su uso es recomendado para cuando no se define exactamente el valor a almacenar en una determinada variable. También se dice que, cuando una variable no es declarada, el compilador asume automáticamente el tipo Variant como tipo de dato.

| Tipo de datos | Capacidad | Ejemplo |
|---|---|---|
| Variant | Depende del valor asignado. | Número entero, nombre de estudiante, año de nacimiento, etc. |

## 2.4 Constantes

Un constante define un valor que no será modificado por la aplicación VBA. Esta servirá como un valor predeterminado.

Formato:

```
CONST Nombre As TipoDatos = "Valor"
```

Donde:

- **CONST:** es la palabra reservada por VBA para la definición de una constante.
- **Nombre:** es el nombre que se le asigna a la constante.
- **As TipoDatos:** es la definición del tipo de datos que permitirá almacenar la constante, puede ser Integer, Double, Date, etc.
- **Valor:** es el valor constante que tendrá la constante.

**Definiciones de constantes en VBA:**

a. Definir el valor de pi como constante.

```
CONST pi As Double = 3.14159265359
```

b. Definir el 8 % de interés como constante.

```
CONST interes As Double = 0.08
```

c. Definir la fecha 01/01/2025 como constante.

```
CONST fecha As Date = "01/01/2025"
```

d. Definir el estado de una boleta Emitida como constante.

```
CONST estado As String = "Emitida"
```

## 2.5 Variables

Toda aplicación en VBA usa variables para almacenar información referente a su entorno; es aquí donde trabaja la memoria del ordenador, puesto que retiene los valores y los usa de la manera adecuada. Entonces, cuando la aplicación finaliza las variables se liberan.

Al respecto, se debe mencionar que una variable es una posición con nombre en la memoria y que se pueden almacenar diferentes tipos de datos como cadena de caracteres, números, etc. A diferencia de las constantes, una variable cambia de valor las veces que sea necesaria, mientras que la constante mantiene su valor durante la vida de la aplicación.

Formato:

```
Dim identificador As tipoDatos
```

Donde:

- **Dim:** es la palabra reservada que indica el inicio de la declaración de una o más variables. Cabe mencionar que solo puede haber un Dim por línea de código.
- **Identificador:** es el nombre que el programador asignará a la variable.
- **As tipoDatos:** es el tipo de datos asignado a la variable, los cuales pueden ser Integer, Double, Currency, etc.

## A. Declaraciones de variables según el tipo de datos

| Especificación | Declaración de variable |
|---|---|
| Declaración de la edad de una persona. | `Dim edad As Byte`<br>`Dim edad As Integer` |
| Declaración de la cantidad total de personas asistentes a un evento. | `Dim cantidad As Integer`<br>`Dim cantidad As Long` |
| Declaración de la distancia recorrida por un automóvil. | `Dim distancia As Single`<br>`Dim distancia As Double` |
| Declaración de un peso en kilogramos de un camión. | `Dim peso As Double` |
| Declaración del pago de pensiones de un estudiante. | `Dim pension As Decimal`<br>`Dim pension As Currency` |

Asimismo, se pueden usar símbolos que permitan referenciar los tipos de datos, así como se muestra en la siguiente tabla:

| Símbolo | Especificación | Declaración de variable |
|---|---|---|
| % (Integer) | Declaración de la edad de una persona. | `Dim edad%` |
| & (Single) | Declaración de la cantidad total de personas asistentes a un evento. | `Dim cantidad&` |
| ! (Long) | Declaración de la distancia recorrida por un automóvil. | `Dim distancia!` |
| # (Double) | Declaración del peso en toneladas de un determinado camión. | `Dim peso#` |
| @ (Currency) | Declaración del sueldo de un empleado. | `Dim sueldo@` |
| $ (String) | Declaración de la dirección domiciliaria de un empleado. | `Dim direccion$` |

## B. Posibles opciones en la declaración de variables

| Especificación | Declaración de variable |
|---|---|
| Declaración de una sola variable. | `Dim edad As Integer`<br>`Dim edad%` |
| Declaración de dos variables o más del mismo tipo. | `Dim nota1 As Integer, Nota2 As Integer`<br>`Dim nota1%, Nota2%` |
| Declaración de dos variables o más de diferentes tipos. | `Dim edad As Integer, sueldo As Currency`<br>`Dim edad%, sueldo@` |

En la siguiente imagen se muestra un procedimiento que permite determinarla media de tres notas de un estudiante:

```
Sub calculaPromedio()
    Dim alumno As String
    alumno = InputBox("Ingrese nombre del alumno: ")

    Dim nota1 As Integer, nota2 As Integer, nota3 As Integer
    nota1 = CInt(InputBox("Ingrese Nota 1: "))
    nota2 = CInt(InputBox("Ingrese Nota 2: "))
    nota3 = CInt(InputBox("Ingrese Nota 3: "))

    Dim promedio As Double
    promedio = (nota1 + nota2 + nota3) / 3

    MsgBox "El promedio es: " & promedio
End Sub
```

Asimismo, se podría tener el siguiente código usando símbolos en la declaración de variables:

```
Sub calculaPromedio()
    Dim alumno$, nota1%, nota2%, nota3%, promedio#
    alumno = InputBox("Ingrese nombre del alumno: ")

    nota1 = CInt(InputBox("Ingrese Nota 1: "))
    nota2 = CInt(InputBox("Ingrese Nota 2: "))
    nota3 = CInt(InputBox("Ingrese Nota 3: "))

    promedio = (nota1 + nota2 + nota3) / 3

    MsgBox "El promedio es: " & promedio
End Sub
```

## 2.5.1 Asignación de valores iniciales a una variable

La asignación inicial de una variable se debe a la necesidad de asignar un valor predeterminado a una o más variables, es decir, si la variable no cambia de valor durante la ejecución de la aplicación, el valor inicial se mantendrá. Normalmente, se usa para variables de cálculo o acumulaciones, las cuales se verán en capítulos posteriores.

| Especificación | Declaración de variable | Valor Inicial |
|---|---|---|
| Inicialización de variables por defecto. | `Dim n As Integer`<br>`Dim distancia As Single`<br>`Dim peso As Double`<br>`Dim nombre As String`<br>`Dim fecha As Date`<br>`Dim estado As Boolean` | 0<br>0.0<br>0.0<br>""<br>12:00:00am<br>False |

| | | |
|---|---|---|
| Inicialización de variables con valores definidos por el usuario. | `Dim n As Integer`<br>`n=10`<br><br>`Dim categoria As String`<br>`categoria = "Administrador"` | 10<br><br><br>Administrador |
| Inicialización de variables con valores definidos por el usuario en una misma línea. | `Dim n As Integer: n=10`<br><br>`Dim categoria As String:`<br>`categoria="Administrador"` | 10<br><br>Administrador |

# 2.6 Operadores

Los operadores son elementos que pueden ser usados en una expresión que especifican un cálculo, así como una expresión matemática, financiera, etc. En las aplicaciones que se implementarán se usarán operadores de todo tipo, por lo tanto, es importante reconocerlos y saber el uso adecuado de algunos de ellos.

## 2.6.1 Asignación

Un operador de asignación permite asignar un valor a una variable, por lo que se usa el símbolo igual =, el cual permitirá asignar un valor a una determinada variable. No obstante, se debe tener en cuenta el tipo de valor, pues debe coincidir con la declaración que se realice a la variable. Además, se debe considerar que una variable también puede registrar el valor resultante de una expresión.

Formato:

```
Variable = valor o expresión
```

Referencias de asignación:

| Especificación | Asignación de valor |
|---|---|
| Asignar la categoría de "Operario" a un empleado. | `Dim categoria As String`<br>`categoria = "Operario"` |
| Determinar el 20 % de descuento a una determinada cuantía y asignarlo a una variable. | `Dim descuento As Currency`<br>`descuento = 25000 * 0.2` |
| Determinar la edad de una persona con base en su fecha de nacimiento y asignarla a una variable. | `Dim fechaNac As Date`<br>`fechaNac = "04/05/1976"`<br><br>`Dim edad As Integer`<br>`edad = Year(Date) - Year(fechaNac)` |

## 2.6.2 Aritméticos

Son operadores usados en expresiones aritméticas, las cuales siguen una regla de jerarquía y prioridad nativa del lenguaje. Se pueden distinguir los siguientes operadores:

| Operadores | Descripción | Formas de uso |
|---|---|---|
| + | Suma o adición | Aumentar en $50.00 el precio de lista de un determinado producto.<br><br>Dim precioLista As Currency<br>precioLista = 5400<br><br>Dim precioVenta As Currency<br>precioVenta = precioLista + 50 |
| - | Resta o sustracción | Determinar la cuantía descontada del 2.7 % generado por un determinado pago.<br><br>Dim pago As Currency<br>pago = 10000<br>Dim descuento as Currency<br>descuento = pago - (2.17/100 * pago) |
| * | Multiplicación o producto | Determinar a cuánto asciende una cuantía, la cual es aumentada en un 20 %.<br><br>Dim monto As Currency<br>monto = 10000<br>Dim nuevoMonto As Currency<br>nuevoMonto = monto * 1.2 |
| / | División real | Determinar le media de tres notas de un estudiante.<br><br>Dim nota1#, nota2#, nota3#<br>nota1 = 10.5<br>nota2 = 15.7<br>nota3 = 20<br>Dim promedio#<br>promedio = (nota1 + nota2 + nota3) / 3 |
| \ | División entera | Determinar el total de años a partir de un número determinado de meses.<br><br>Dim meses As Integer<br>meses = 121<br>Dim años As Integer<br>años = meses \ 12 |

| | | |
|---|---|---|
| ^ | Exponenciación o potencia | Determinar la raíz cuadrada de un número determinado.<br><br>`Dim n As Integer`<br>`n=2`<br>`Dim raiz As Double`<br>`raiz = n ^ (1/2)` |
| MOD | Resto de la división | Determinar el valor correspondiente al último dígito de un número entero cualquiera.<br><br>`Dim n As Integer`<br>`n = 12453`<br>`Dim ultimoDigito As Integer`<br>`ultimoDigito = n Mod 10` |

## 2.6.3 Relacionales

Son operadores que permiten comparar dos valores. A partir de aquí, se puede obtener un resultado verdadero o falso según la condición. Mayormente, estos operadores son usados en sentencias selectivas como If o en sentencias repetitivas como For o While.

**Operadores:**

| Operadores | Descripción | Formas de uso |
|---|---|---|
| = | Igualdad | Comparar las edades de dos personas:<br><br>`Dim edad1%, edad2%`<br>`edad1 = 15`<br>`edad2 = 15`<br><br>`Dim mensaje$`<br>`mensaje = IIf(edad1 = edad2, "Iguales",`<br>`"No son iguales")` |
| > | Mayor que | Determinar si una persona es mayor de edad de acuerdo con su fecha de nacimiento:<br><br>`Dim fechaNac As Date`<br>`fechaNac = "04/05/1981"`<br><br>`Dim edad As Integer`<br>`edad = Year(Date) - Year(fechaNac)`<br><br>`Dim mensaje$`<br>`mensaje = IIf(edad > 17, "Mayor de edad",`<br>`"Menor de edad")` |

| | | |
|---|---|---|
| < | Menor que | Determinar si un estudiante se encuentra aprobado o no en un curso, el cual cuenta con tres notas de tipo entero:<br><br>Dim nota1%, nota2%, nota3%<br>nota1 = 10<br>nota2 = 15<br>nota3 = 20<br><br>Dim promedio As Double<br>promedio = (nota1 + nota2 + nota3) / 3<br><br>Dim mensaje$<br>mensaje = IIf(promedio < 10.5, "Desaprobado",<br>"Aprobado") |
| >= | Mayor o igual que | Determinar si una persona es mayor de edad de acuerdo con su fecha de nacimiento:<br><br>Dim fechaNac As Date<br>fechaNac = "04/05/1981"<br><br>Dim edad As Integer<br>edad = Year(Date) - Year(fechaNac)<br><br>Dim mensaje$<br>mensaje = IIf(edad >= 18, "Mayor de edad",<br>"Menor de edad") |
| <= | Menor o igual que | Determinar si un estudiante se encuentra aprobado o no en un curso, el cual cuenta con tres notas de tipo entero:<br><br>Dim nota1%, nota2%, nota3%<br>nota1 = 10<br>nota2 = 15<br>nota3 = 20<br><br>Dim promedio As Double<br>promedio = (nota1 + nota2 + nota3) / 3<br><br>Dim mensaje$<br>mensaje = IIf(promedio <= 10.4, "Desaprobado",<br>"Aprobado") |
| <> | Diferente o desigual | Determinar si un número es par o impar:<br><br>Dim n As Integer<br>n = 4<br><br>Dim mensaje$<br>mensaje = IIf(n Mod 2 <> 0, "Número impar",<br>"Número par") |

### 2.6.4 Lógicos

Son operadores que permiten unir dos o más expresiones relacionales.

**Operadores:**

| Operadores | Descripción | Formas de uso |
|---|---|---|
| AND | Y lógica | Determinar si una persona es mayor de edad, pero menor a 65 años:<br><br>`edad > 17 AND edad<=65` |
| OR | O lógica | Determinar si un trabajador es de categoría "Operario" o "Supervisor":<br><br>`categoria ="Operario" OR categoria ="Supervisor"` |
| NOT | Negación | Si la categoría de un alumno es "A", "B", "C", "D" y "E", determinar si un alumno pertenece a la categoría entre la "A" y la "D":<br><br>`NOT categoria = "E"` |

### 2.6.5 Incremento y decremento

En VBA no existen operadores de incremento o disminución, por lo que se pueden usar las siguientes expresiones si se necesitan realizar incrementos sucesivos o lo contrario.

**Expresiones:**

| Expresión | Ejemplo |
|---|---|
| I = I + 1 | Se necesita contabilizar la cantidad de hombres y mujeres asistentes a un evento.<br><br>`Dim ch As Integer, cm As Integer`<br>`Dim sexo As String`<br>`If sexo = "H" OR sexo="h" Then`<br>`  ch = ch + 1`<br>`  else`<br>`  cm = cm + 1`<br>`End If`<br><br>La primera línea permite comparar el tipo de sexo de cada asistente, se usa el operador **OR** para identificar la introducción de mayúscula o minúscula.<br><br>Por su parte, la variable **ch** tiene la misión de contabilizar la cantidad de hombres. Mientras que la variable **cm** tiene la misión de hacerlo con la cantidad de mujeres. |

<table>
<tr>
<td>D = D - 1</td>
<td>Si se cuenta con un número de correos electrónicos recibidos en un determinado día, se necesita actualizar el número de correos atendidos disminuyendo los correos recibidos.<br><br>
<pre>
Dim cantidadCorreos As Integer, estado As Boolean
cantidadCorreos = 1000
estado = True

If estado = True Then
  cantidadCorreos = cantidadCorreos - 1
End If
</pre></td>
</tr>
</table>

## 2.6.6 Orden de prioridad

La prioridad de los operadores se realiza cuando una expresión en VBA contiene uno o más operadores de diferentes categorías, es decir, puede tener una combinación de operadores aritméticos, lógicos, relacionales, etc.

**Categorías:**

| Categoría | Operadores | Descripción |
|---|---|---|
| Operadores aritméticos | ^<br>+ -<br>* /<br>\<br>MOD<br>+-<br>& | Exponenciación<br>Identidad, negación de un número<br>Multiplicación, división<br>División entera<br>Resto de la división<br>Suma, resta<br>Concatenación |
| Operadores de comparación | =<br><><br>>=, <=<br>>, < | Igualdad<br>Diferente<br>Mayor o igual, menor o igual<br>Mayor, menor |
| Operadores lógicos | NOT<br>AND<br>OR | Negación<br>Y lógica<br>O lógica |

Se debe tener en cuenta que el operador con más alto grado de prioridad son los paréntesis **()**.

## 2.6.7 Expresiones

Una expresión es una combinación de operadores y variables que tienen un sentido dentro de un código VBA; desde aquí se puede obtener algún resultado relevante en una aplicación.

**Expresiones entendibles por el compilador VBA:**

**a.** Calcular la media de tres notas.

```
Dim promedio As Double
promedio = (nota1 + nota2 + nota3) /3
```

Se debe tener en cuenta que la variable media solo puede recibir un solo valor y la expresión **(nota1+nota2+nota3) /3** debe emitir un solo resultado, ya sea entero o decimal, pues este rango se encuentra dentro de la especificación de los valores de tipo **Double**.

**b.** Determinar el pago por la compra de cierta cantidad de productos.

```
Dim pago As Currency
pago = cantidad * precio
```

La variable pago debe recibir un solo valor resultante del producto entre cantidad y precio.

**c.** Determinar el correo electrónico de un personal de la empresa que se obtiene del primer caracter de su nombre y los seis caracteres iniciales del apellido.

```
Dim correo, apellidos, nombres As String
correo = Left(nombres, 1) & Left(apellidos, 6) & "@macro.pe"
```

La variable correo debe recibir un solo valor de tipo textual. Por ejemplo: mtorres@macro.pe.

## 2.7 Conversiones de tipo

Cuando se codifique en VBA sucederá con cierta frecuencia hacer conversiones de un tipo a otro tratando de no cambiar el valor original. Por ejemplo, para generar códigos de empleados o convertir un valor a tipo fecha. Al respecto, se debe mencionar que VBA puede realizar conversiones implícitas, cuando se convierten de forma automática, y explícitas cuando el usuario hace la conversión por conveniencia.

### 2.7.1 Implícita

En VBA se considera una conversión implícita cuando un valor se convierte automáticamente en otro sin la intervención del programador.

A continuación, se mostrará un procedimiento que permite calcular le mdia de cuatro notas de un determinado estudiante sin declarar variables.

```
Sub calcularPromedio()
      promedio = (nota1+ nota2+ nota3+ nota4)/4
      Msgbox "El promedio es: " & promedio
End Sub
```

Si se analiza el código mostrado, parece no haber problemas de conversiones o algo así, pero se puede notar que la variable media no ha sido declarada. Por tanto, el valor que reciba será convertido implícitamente, ya que si la suma de cuatro notas entre cuatro devuelve una media, es la misma acción que realizará VBA.

Hay ocasiones en las que se podrá solicitar un dato al usuario externo, y para cuando envíe dicha información se debe convertir al tipo de datos que se requiera, a esto lo llamamos conversión explícita.

A continuación, se mostrará el siguiente código:

```
Dim Edad As Integer

Edad = InputBox("Ingrese edad: ")
```

Se declara la variable **Edad** de tipo entero. Luego, se le asigna el contenido que el usuario introducirá con el teclado, dicho valor es complemente textual, ya que **InputBox** recibe cualquier valor y no clasifica la información escrita.

Suponga que el usuario introduce su edad, por ejemplo, 50, será enviado a la variable **Edad** sin necesidad de convertirlo porque se encuentra implícito en VBA.

La forma explícita de recibir un valor sería de la siguiente manera:

```
Dim Edad As Integer
Edad = CInt(InputBox("Ingrese edad: "))
```

### 2.7.2 Reglas

Antes de convertir de un valor a otro, debe estar seguro de si es así como lo necesita, ya que las conversiones más comunes se realizan de cadena a número, cuando necesite realizar operaciones aritméticas; o de número a cadena de caracteres cuando se necesite concatenar valores. Más adelante, usted comprenderá su uso mediante los casos desarrollados expuestos en este material.

A continuación, se mostrarán las principales funciones de conversión para el lenguaje VBA:

| Función | Tipo | Descripción |
|---|---|---|
| **CBool** | Boolean | Convierte de cualquier tipo de datos al tipo Boolean, usado para valores lógicos como True o False. |
| **CByte** | Byte | Convierte de cualquier tipo de datos al tipo Byte, usado para valores numéricos cortos. |
| **CCur** | Currency | Convierte de cualquier tipo de datos al tipo Currency, usado para valores monetarios. |
| **CDate** | Date | Convierte de cualquier tipo de datos al tipo Date, usado para valores de tipo fecha y hora. |
| **CDbl** | Double | Convierte de cualquier tipo de datos al tipo Double, usado para valores numéricos de tipo fraccionario largo. |
| **CDec** | Decimal | Convierte de cualquier tipo de datos al tipo Decimal, usado para valores de tipo fraccionario; es una alternativa al uso de Currency o Double. |
| **CInt** | Integer | Convierte de cualquier tipo de datos al tipo Integer, usado para valores numéricos enteros, es decir, sin fracciones decimales. |
| **CLng** | Long | Convierte de cualquier tipo de datos al tipo Long, usado para valores numéricos enteros muchos más extensos que los de tipo Integer. |
| **CSng** | Single | Convierte de cualquier tipo de datos al tipo Single, usado para valores numéricos fraccionarios cortos. |
| **CStr** | String | Convierte de cualquier tipo de datos al tipo String, usado para valores de tipo cadena de caracteres de cualquier longitud. |
| **CVar** | Variant | Convierte de cualquier tipo de datos al tipo Variant, el cual no tiene un tipo específico, más bien se comporta como un comodín dentro de los tipos de datos asumiendo un tipo dependiendo del valor recibido. |

### 2.7.3 Explícita

También se le conoce como declaración forzada, de modo que un valor de una variable pasa a otra por conveniencia del programador. Su formato es el siguiente:

```
Variable = ReglaConversion(Valor)
```

Se tienen algunos ejemplos:

**a.** Convertir una cadena en número entero.

```
Dim cadena As String
cadena = "123"

Dim numero As Integer
numero = CInt(cadena)
```

**b.** Convertir una cadena en número fraccionario.

```
Dim cadena As String
cadena = "0.255"

Dim numero As Double
numero = CDbl(cadena)
```

**c.** Convertir una cadena en número monetario.

```
Dim cadena As String
cadena = "2850.00"

Dim monto As Currency
monto = CCur(cadena)
```

**d.** Convertir una cadena en fecha.

```
Dim cadena As String
cadena = "20/02/2025"

Dim fechaRegistro As Date
fechaRegistro = CDate(cadena)
```

**e.** Convertir un número entero en cadena.

```
Dim numero As Integer
numero = 10

Dim cadena As String
cadena = CStr(cadena)
```

## 2.8 Mensajes en VBA

Cuando se trabaje con los controles visuales en VBA se hará necesario enviar información a los usuarios; esto se realizará por medio de los mensajes. Un mensaje en VBA tiene dos tareas específicas: la primera puede ser informativa y la segunda para la toma de decisiones en una determinada situación.

A continuación, se mostrará cómo se componen los mensajes:

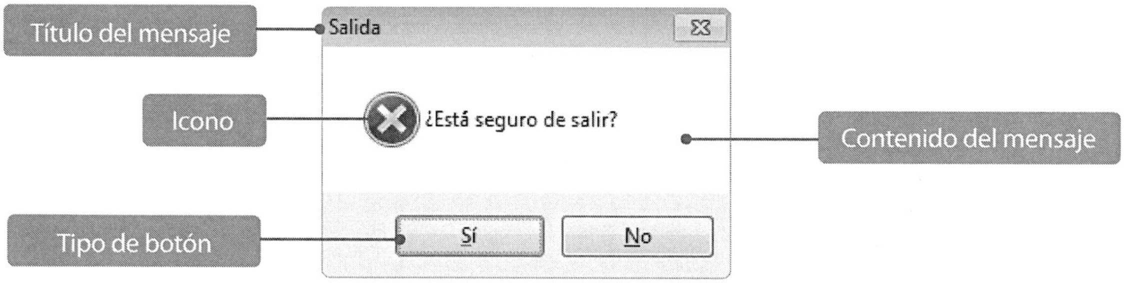


***Figura 8.*** Cuadro de diálogo de mensaje

Formato:

```
MsgBox "Mensaje", Botones, "Título"
Variable = MsgBox("Mensaje", Botones+Icono, "Título")
```

Donde:

- **Mensaje:** es el texto que se mostrará al usuario. Normalmente, es un texto informativo corto, pero si se necesita mostrar información masiva se podría optar por usar los cambios de línea en el mensaje.

  A continuación, se mostrarán algunos casos:

  **a.** Cuadro de diálogo con mensaje en una sola línea:

  ```
  MsgBox "Cliente registrado correctamente con fecha" & Now, vbOKOnly +
  vbInformation
  ```

  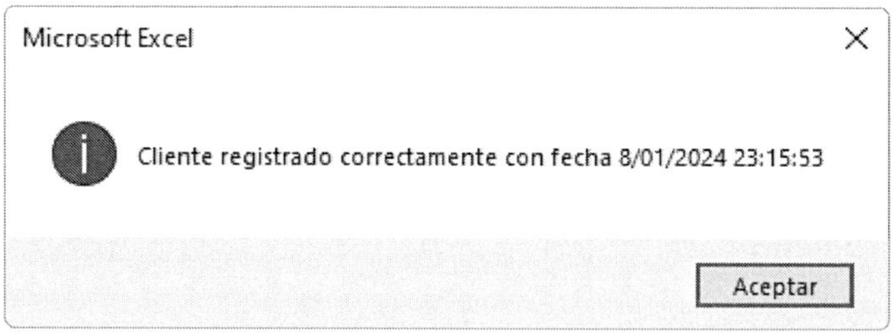
  

  **b.** Cuadro de diálogo con mensaje en dos líneas:

  ```
  MsgBox "Cliente registrado correctamente:" & vbNewLine & _
          "Fecha:" & Now, vbOKOnly + vbInformation
  ```

  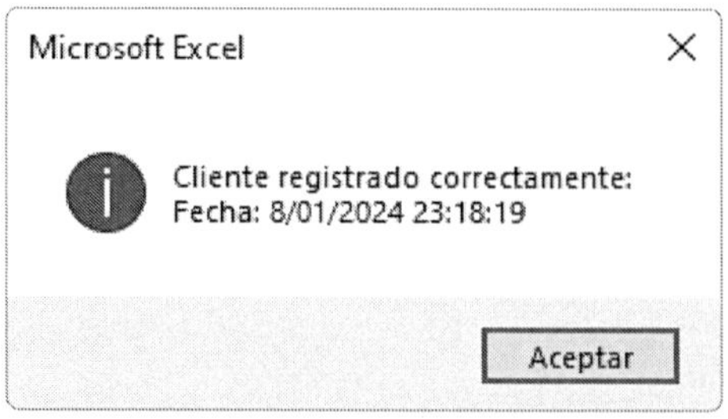
  

- **Botón:** aquí se muestran los botones implementados en un determinado mensaje.

| Constante | Valor | Descripción |
|---|---|---|
| vbOkOnly | 0 | Muestra el botón Aceptar, considere también que es tomado como un valor por defecto cuando no se especifican los botones en un mensaje. |
| vbOkCancel | 1 | Muestra los botones Aceptar y Cancelar. |
| vbAbortRetryIgnore | 2 | Muestra los botones Anular, Reintentar y Omitir. |
| vbYesNoCancel | 3 | Muestra los botones Sí, No y Cancelar. |
| vbYesNo | 4 | Muestra los botones Sí y No. |
| vbRetryCancel | 5 | Muestra los botones Reintentar y Cancelar. |
| vbCritical | 16 | Muestra el icono Crítico |
| vbQuestion | 32 | Muestra el icono de Consulta de advertencia. |
| vbExclamation | 48 | Muestra el icono de Mensaje de advertencia. |
| vbInformation | 64 | Muestra el icono de Mensaje de información. |

- **Título:** es el texto mostrado en el barra de título del cuadro de mensaje.
- **Variable:** cuando se antepone una variable al mensaje es que se desea obtener la respuesta del usuario, si esto es así se debe conocer la siguiente tabla de valores:

| Constante | Valor obtenido | Descripción |
|---|---|---|
| VbOk | 1 | Ocurre al presionar el botón Aceptar. |
| VbCancel | 2 | Ocurre al presionar el botón Cancelar. |
| VbAbort | 3 | Ocurre al presionar el botón Anular. |
| VbRetry | 4 | Ocurre al presionar el botón Reintentar. |
| VbIgnore | 5 | Ocurre al presionar el botón Omitir. |
| VbYes | 6 | Ocurre al presionar el botón Sí. |
| VbNo | 7 | Ocurre al presionar el botón No. |

A continuación, se mostrará algunos códigos sobre la gestión de la función MsgBox:

**a.** Mostrar un mensaje simple al usuario.

```
MsgBox "Cliente registrado correctamente…!!"
```

**b.** Mostrar un mensaje con un icono de información al usuario y un título adecuado.

```
MsgBox "Cliente registrado correctamente…!!", vbInformation, "Sistema"
```

**c.** Mostrar los datos personales de un determinado cliente.

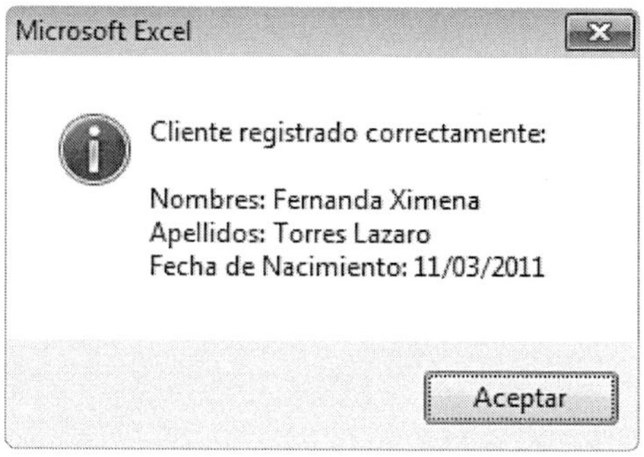


```
Dim nombres$, apellidos$
Dim fechaNac As Date
nombres = "Fernanda Ximena"
apellidos = "Torres Lazaro"
fechaNac = "11/03/2011"
MsgBox "Cliente registrado correctamente: " & vbNewLine & _
 vbNewLine & _
 "Nombres: " & nombres & vbNewLine & _
 "Apellidos: " & apellidos & vbNewLine & _
 "Fecha de Nacimiento: " & fechaNac, vbOKOnly + vbInformation
```

**d.** Determinar la salida de la aplicación por medio de un mensaje.

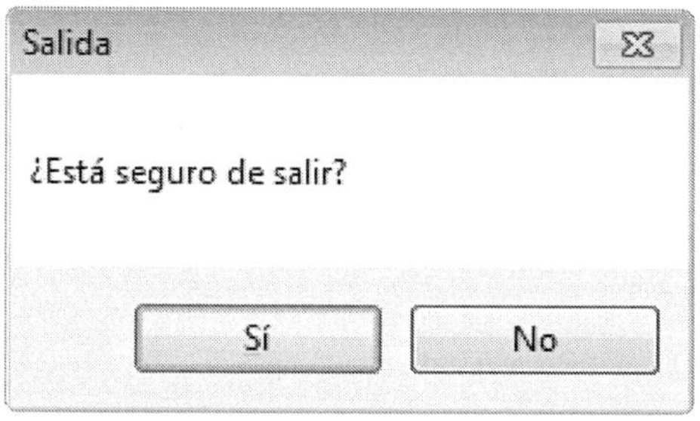


```
Dim r As Integer
r = MsgBox("¿Está seguro de salir?",VbYesNo, "Salida")
If r=6 Then End
```

## 2.9 Introducción de valor con la función InputBox

También conocido como cuadro de entrada, pretende solicitar al usuario un determinado valor. Inicialmente, el valor será capturado como cadena de texto. Su formato es el siguiente:

```
Variable = InputBox("Mensaje", "Titulo", Defecto, PosicionX, PosicionY)
```

Donde:

- **Mensaje:** es el texto que se mostrará al usuario, normalmente se le indica al usuario qué tipo de valor debe ingresar.

  A continuación, se mostrarán algunos casos:

  **a.** Introducir la descripción de un producto.

  ```
  Dim descripcion As String
  descripcion = InputBox("Ingrese descripción del producto: ")
  ```

  **b.** Introducir la cantidad comprada para un determinado producto.

  ```
  Dim cantidad As Integer
  cantidad = InputBox("Ingrese cantidad comprada: ")
  ```

  **c.** Introducir la fecha de registro de un producto.

  ```
  Dim fechaReg As Date
  fechaReg = InputBox("Ingrese fecha de registro del producto: ")
  ```

- **Título:** es el título de la ventana mostrada por la función InputBox. Esta parte se considera como opcional, pues no será necesario especificarla.

  A continuación, se mostrará el siguiente caso:

  Introducir la descripción de un producto asignando un título a la ventana InputBox.

  ```
  Dim descripcion As String
  descripcion=InputBox("Ingrese descripción del producto:","Entrada")
  ```

- **Defecto:** un valor por defecto define un texto directamente sobre el campo al introducir un valor, el cual es opcional.

  A continuación, se mostrará el siguiente caso:

  Introducir un año para generar la búsqueda de los registros.

  ```
  Dim año As Integer
  año = InputBox("Ingrese año:","Entrada","2025")
  ```

- **PosicionX, PosicionY:** indica la posición en X e Y de la ventana de diálogo InputBox en la pantalla.
  A continuación, se mostrará el siguiente caso:

  Introducir un año en la posición 8000, 5000.

```
Dim año As Integer
año=InputBox("Ingrese año:","Entrada","2025",8000,5000)
```

## 2.10 Introducción de valor con el método InputBox

La funcionalidad del método InputBox no tiene muchas diferencias con la propia función, lo que sí se puede decir es que el método InputBox presenta un aspecto simple y a la vez define el tipo de datos a recibir. Su formato es el siguiente:

```
Variable = Application.InputBox(Prompt:="Mensaje", Type:=ValorTipo)
```

Donde:

- **Prompt:** se define el texto que se mostrará al usuario.
  A continuación, se mostrará el siguiente caso:

  Introducir la descripción de un determinado producto.

```
Dim descripcion As String
descripcion=Application.InputBox(Prompt:="Ingrese descripción:")
```

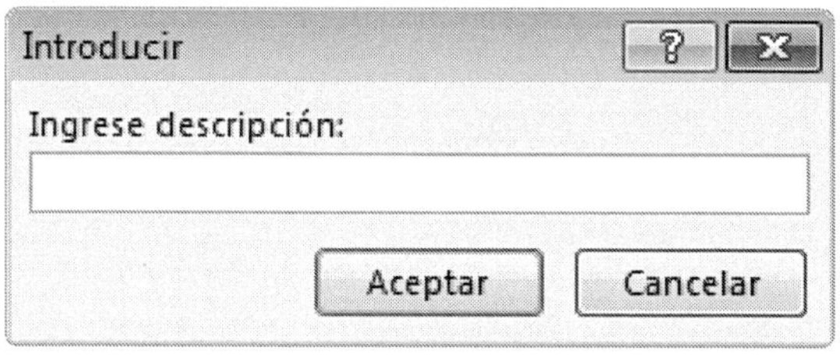


- **Type:** define el tipo de valor que el usuario podrá introducir, el valor por defecto permite el acceso de cualquier tipo de valor. Los tipos aceptados son los siguientes:

| Tipo | Descripción |
|---|---|
| 0 | Permite el acceso de una fórmula. |
| 1 | Permite el acceso de un número. |
| 2 | Permite el acceso de una cadena de caracteres. |
| 4 | Permite el acceso de un elemento booleano (True or False). |
| 8 | Permite el acceso de un rango de celdas. |

A continuación, se mostrarán algunos casos para el uso del método Inputbox:

**a.** Permitir la introducción de una edad.

```
Dim edad As Integer
edad=Application.InputBox(Prompt:="Ingrese edad:",Type:=1)
```

**b.** Permitir la introducción del nombre de un cliente.

```
Dim nombre As String
nombre=Application.InputBox(Prompt:="Ingrese nombre:",Type:=2)
```

c. Permitir la introducción de un rango de celdas y que estas se rellenen de color.

```
Dim rango As Range
Set rango=Application.InputBox(Prompt:="Elija un rango", Type:=8)
rango.Interior.Color = "255"
```

## 2.11 Ámbito o alcance de las variables

Cuando se declara una variable, esta toma un alcance sobre el lugar donde fue declarado, es decir, dicha variable podrá ser usada mientras no se encuentre el final del bloque, el cual puede ser una función o procedimiento.

Siendo así, se pueden encontrar dos tipos de alcances:

### A. Variable local

Aquella variable que se declara dentro de un bloque definido de código, el cual puede ser una función o procedimiento.

A continuación, se mostrará la declaración de la variable local Edad dentro de la función calculaEdad:

```
(General)                          calculaEdad
Function calculaEdad(ByVal fecha As Date)
    Dim Edad As Integer
    Edad = Year(Date) - Year(fecha)
    calculaEdad = Edad
End Function
```

Como se observa, la variable **Edad** es considerada como variable local, ya que se encuentra dentro de la función **calculaEdad**.

### B. Variable global

Aquella variable que se declara fuera de un bloque definido de código, es decir, fuera de un procedimiento o función. Esto implica que todas las funciones y procedimientos podrán usar a dicha variable, ya que toma un ámbito global.

A continuación, se mostrará la declaración de la variable Edad de ámbito global:

```
(General)                          (Declaraciones)
Option Explicit
Dim Edad As Integer
Function calculaEdad(ByVal fecha As Date)
    Edad = Year(Date) - Year(fecha)
    calculaEdad = Edad
End Function
Function determinaCondicion()
    Dim mensaje As String
    If Edad <= 17 Then
        mensaje = "Menor de edad"
        Else
        mensaje = "Mayor de edad"
    End If
    determinaCondicion = mensaje
End Function
```

Como se observa, la variable **Edad** se declara al exterior de las funciones **calculaEdad** y **determinaCondicion**. Al ser declarada de dicha manera, ambas funciones podrán hacer uso de la variable. La función **calculaEdad** se encarga de darle valor a dicha variable mediante la expresión **Edad = Year(Date) – Year(fecha)**, mientras que la función **determinaCondicion**, al invocar a la variable **Edad**, estaría invocando al último valor almacenado en **Edad**, esa es la consecuencia de la variable global.

Finalmente, se añadió la sentencia **Option Explicit** al inicio de todo el código para forzar la declaración de todas las variables usadas en la implementación de las funciones.

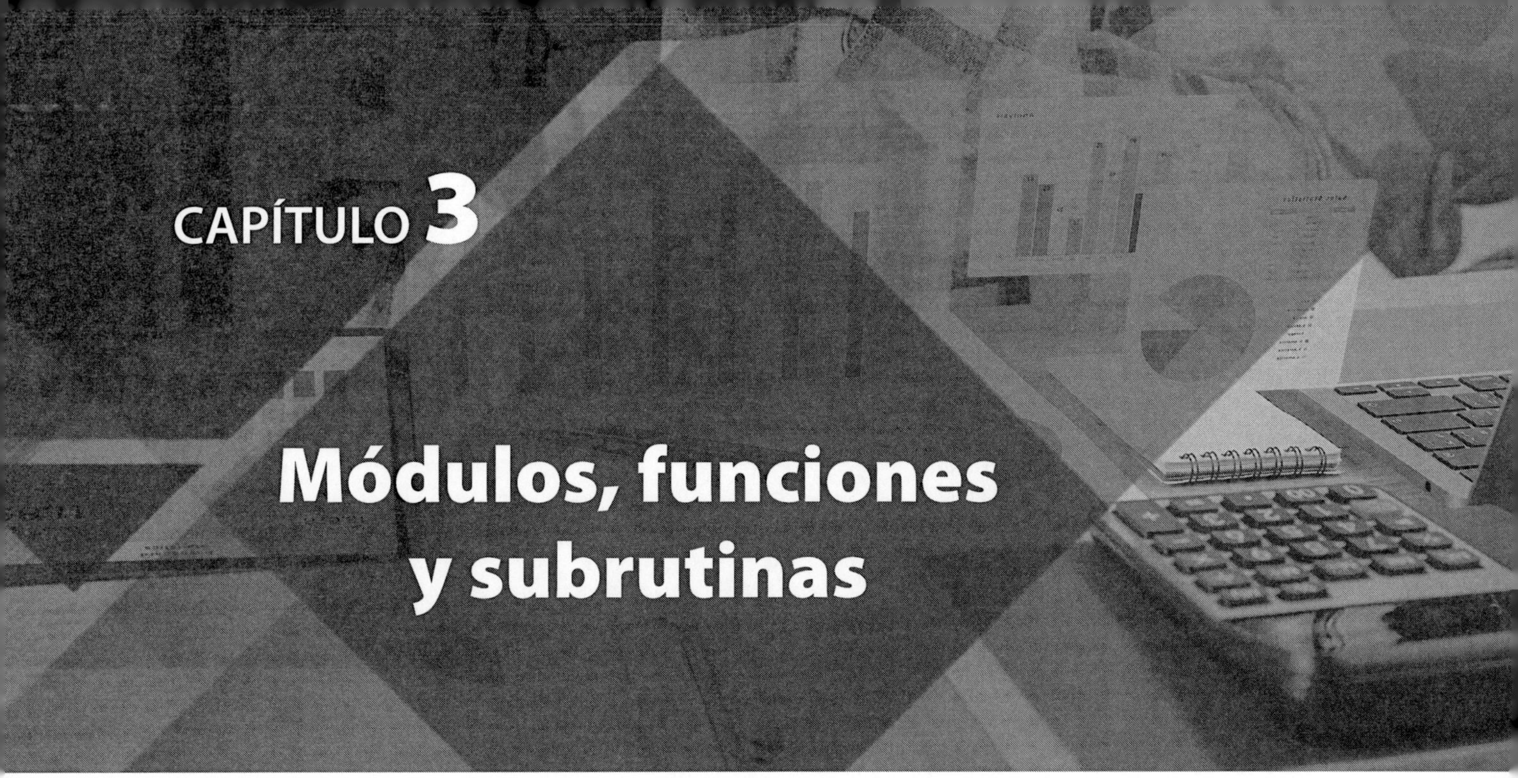

CAPÍTULO 3

# Módulos, funciones y subrutinas

## 3.1 Módulos

Los módulos representan un espacio de trabajo para la implementación de código VBA, ya sea por medio de funciones o subrutinas, más conocidos como procedimientos.

Un proyecto VBA puede contener muchos módulos de acuerdo con las necesidades del programador. Asimismo, se recomienda asignar un nombre a cada módulo para poder diferenciarlo y así poder acceder rápidamente al código.

Pasos:

1. Agregue un módulo al proyecto VBA siguiendo cualquiera de los tres métodos presentados a continuación:
   a. **Ficha Programador** > **Visual Basic** > **Menú Insertar** > **Módulo**.
   b. **Ficha Programador** > **Visual Basic** > Clic derecho sobre **VBAProject** > **Insertar** > **Módulo**.
   c. **Ficha Programador** > **Visual Basic** > Clic derecho sobre el panel **Explorador de proyectos** > **Insertar** > **Módulo**.
2. Luego, asigne un nombre de acuerdo con el contenido del módulo, dado que inicialmente VBA lo titula "Módulo1" de forma predeterminada. Por tanto, para cambiar de nombre realice los siguientes pasos:
   a. Seleccione el módulo desde el **Explorador de proyectos**.
   b. Desde la ventana de propiedades, seleccione **(Name)** y modifique el nombre. Se recomienda que comience con mod para reconocerlos en el futuro, por ejemplo, modCalculos, modFunciones, modEstadisticas, etc.

3. Finalmente, deberá visualizarlo de la siguiente manera:

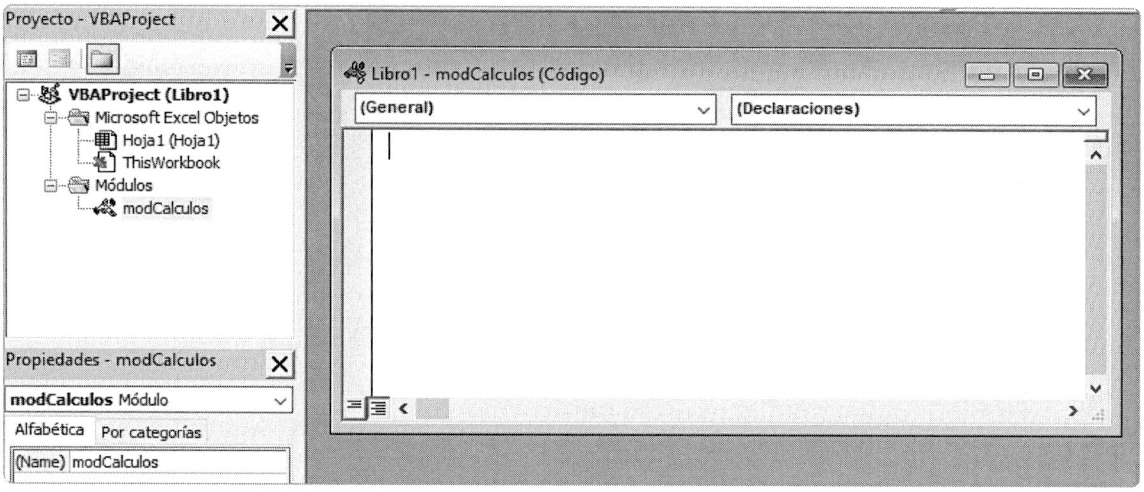


## 3.2 Operaciones sobre los módulos

A continuación, se mostrarán las operaciones que se pueden realizar con los módulos:

**A. Ver el contenido del módulo**

1. Haga doble clic sobre el módulo.

**B. Eliminar el módulo**

1. Clic derecho sobre el módulo.
2. Seleccione **Quitar**.
3. De las opciones que aparezca, seleccione **No**.

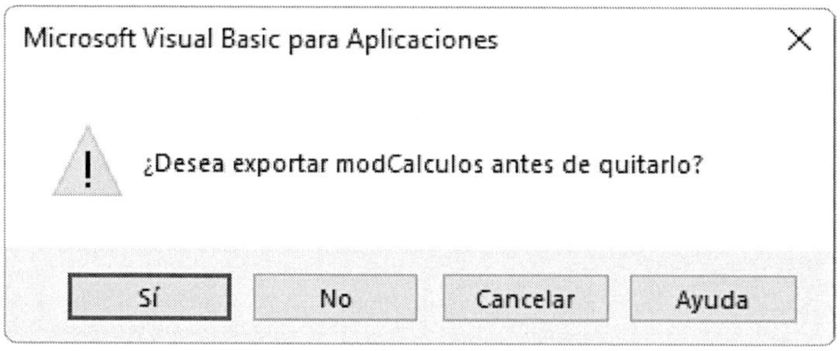


**C. Exportar el módulo para su uso en otros proyectos VBA**

1. Haga clic derecho sobre el módulo.
2. Seleccione **Exportar archivo...**
3. Asígnele un nombre y una ubicación.

**D. Incorporar otros módulos a mi proyecto VBA**

1. Haga clic derecho sobre el **Explorador de proyectos**.
2. Seleccione **Importar archivo...**
3. Busque el módulo.

## 3.3 Operaciones sobre el editor de módulos

A continuación, se mostrará la implementación de una función dentro del entorno de implementación del módulo:

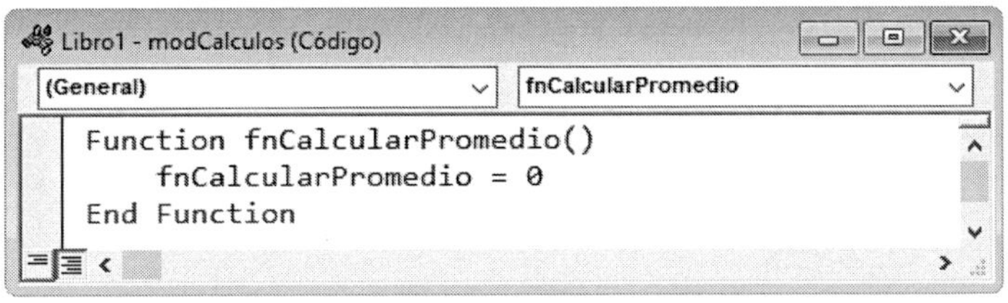


**a.** Para visualizar solo el módulo actual, presione el botón de la parte inferior izquierda del entorno del módulo **Ver procedimiento**.

**b.** Para visualizar todos los códigos del módulo actual, presione el botón de la parte inferior izquierda del entorno del módulo **Ver módulo completo**.

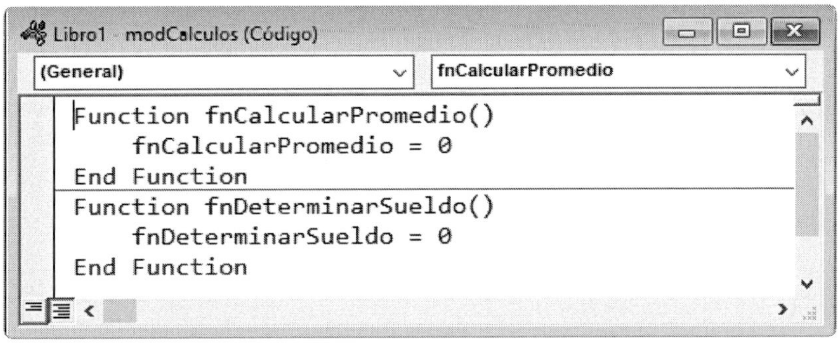


**c.** Para ver la lista de funciones o subrutinas del módulo actual, haga clic en el cuadro desplegable ubicado en la parte superior derecha.

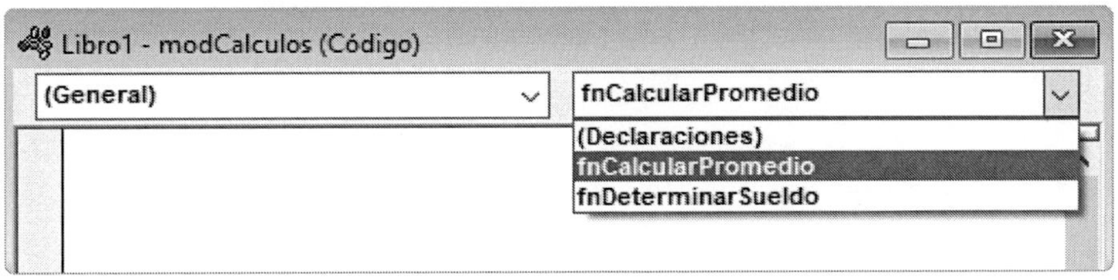


**d.** Para modificar el tamaño y tipo de letra del código dentro del módulo siga los siguientes pasos:

1. Desde el menú principal de VBA, haga clic en **Herramientas > Opciones > Ficha Formato de Texto**.

2. Luego, seleccione la fuente **Consolas**, es la recomendada para programación. El tamaño dependerá de usted.

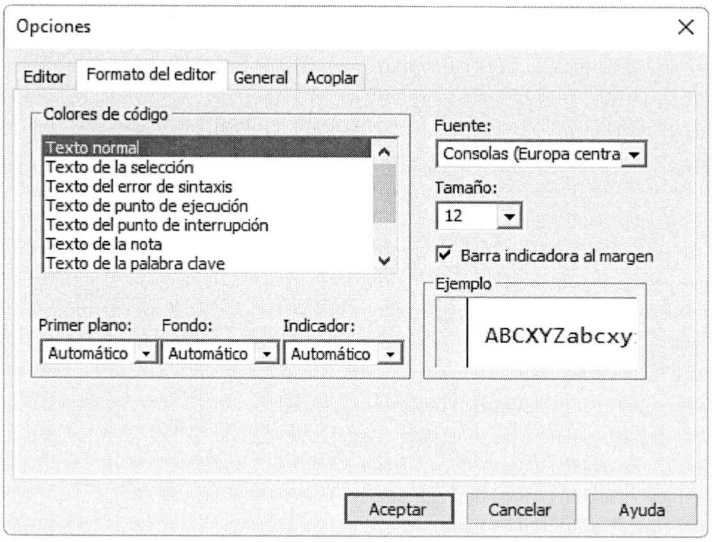


e. Es necesario proteger los códigos implementados en el proyecto VBA, de esta manera, no se podrá visualizar el contenido del proyecto incluyendo los módulos, formularios y otros objetos propios de VBA. Además, es recomendable que se realice esta acción cuando el documento de macro de Excel sea enviado a otros usuarios. Realice los siguientes pasos para proteger la información del proyecto VBA:

1. Presione clic derecho en **VBAProject**.
2. Seleccione **Propiedades del VBAProject...**
3. Seleccione la ficha **Protección**.
4. Active el *check* **Bloquear proyecto para visualización**.
5. Asigne una contraseña y repítala para confirmarla.
6. Finalmente, presione el botón **Aceptar**.

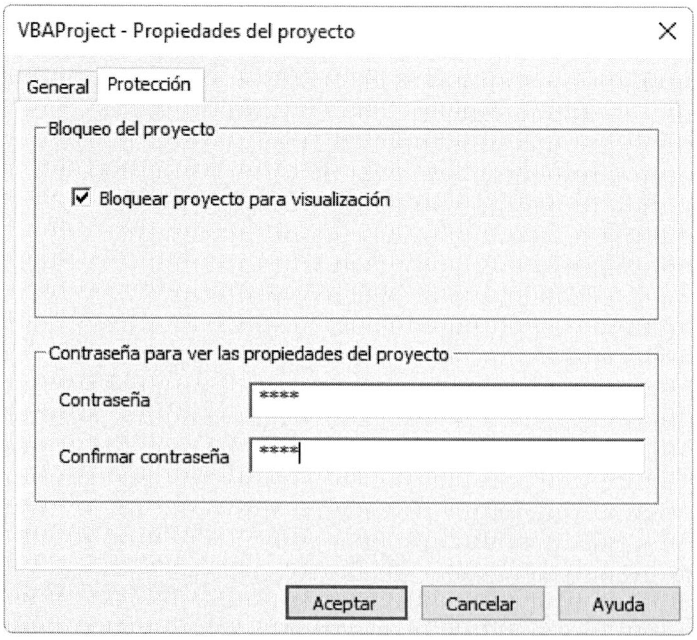

## 3.4 Funciones definidas por el usuario

Una función se define como una porción de código que permite agrupar un conjunto de sentencias, y que a su vez tengan un objetivo específico, es ahí donde su labor siempre será la de devolver algún valor a quien la invoca. Asimismo, se establece que una función puede recibir datos de entrada por medio de parámetros, pero siempre retornará un solo valor, llamado valor de salida. Además, se afirma que las funciones permiten organizar grandes códigos que se pueden presentar en una aplicación.

El proyecto VBA no limita la implementación de funciones, ya que estas se pueden desarrollar en cualquier código VBA, por lo tanto, lo que se recomienda es almacenar las funciones en módulos. A continuación, se mostrará la implementación de una función que permita calcular el interés compuesto:

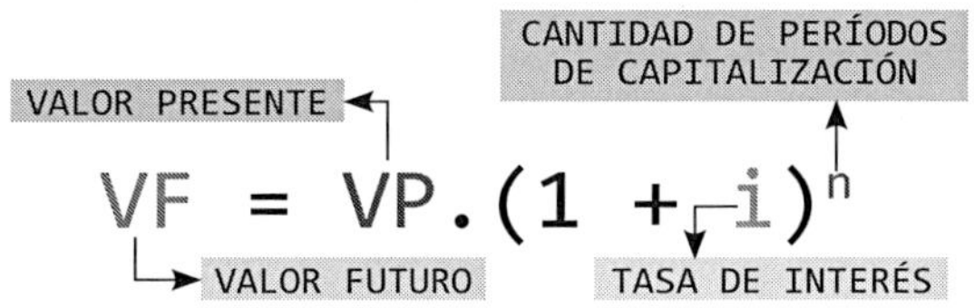


```
Function fnInteresCompuesto(ByVal vp As Currency,
                            ByVal i As Double,
                            ByVal n As Integer)
       Dim interes As Double
       interes = vp * (1 + i)^n
       fnInteresCompuesto = interes
End Function
```

Donde:

- **ByVal:** es la declaración del parámetro de entrada a la función, es decir, este valor es necesario para la fórmula del interés y debe ser pasado por medio de parámetros de manera obligatoria.
  - **ByVal vp As Currency:** parámetro que tiene el valor presente.
  - **ByVal i As Double:** parámetro que tiene el valor del interés.
  - **ByVal n As Integer:** parámetro que tiene el valor de la cantidad de tiempo solicitado por el interés compuesto.
- **fnInteresCompuesto:** es el nombre asignado a la función. Asimismo, se puede colocar el nombre que se crea conveniente, pero se recomienda que comience con fn para reconocer que es una función, y no otro tipo de objeto del proyecto VBA.
- **fnInteresCompuesto = interés:** siempre se coloca antes de finalizar la función. Este determinará qué valor de salida tiene la función, es decir, es el resultado esperado por el usuario final. Siempre debe tener el nombre de la función y un valor asignado.

### 3.4.1 Formato para la implementación de una función sin parámetros

Este tipo de función no cuenta con parámetros de entrada, por lo tanto, podría ser usado para capturar algún valor o devolver un valor declarado como constante.

```
FUNCTION NOMBRE() AS TIPO
       SENTENCIAS
       NOMBRE=VALOR DE SALIDA
END FUNCTION
```

Donde:

- **FUNCTION:** es la palabra reservada para iniciar la implementación de la función.
- **NOMBRE:** es el nombre que se le asigna a la función que tiene las mismas reglas que los nombres de variables. Por lo tanto, se recomienda que todo nombre de función comience con fn y seguido de un verbo para saber qué tipo de labor realizará. Por ejemplo, capturarEdad o devolverPI.
- **AS TIPO:** es la definición del tipo de datos que tendrá el valor resultante de la función. Aunque esta definición es opcional, se recomienda que lo asigne; en caso contrario, la salida declarará un tipo Variant sobre el valor resultante.
- **SENTENCIAS:** son las sentencias o expresiones que puede contener una función. Aquí se puede hacer uso de todas las estructuras que posee VBA.
- **NOMBRE=VALOR DE SALIDA:** se debe tener en cuenta que toda función siempre emitirá una respuesta, por lo tanto, dicha salida debe seguir el formato nombre=valor de salida considerando lo siguiente:
  - **NOMBRE:** es el nombre de la función.
  - **Valor de salida:** es el valor resultante.
- **END FUNCTION:** indica la finalización de la función.

Ejemplos:

**a.** Función que permita devolver la fecha actual.

```
Function fnDevolverFecha() As Date
    Dim fecha As Date
    fecha = Now
    fnDevolverFecha = fecha
End Function
```

**b.** Función que permita devolver el valor introducido en un cuadro de texto que representa la edad de una persona.

```
Function getEdad() As Integer
    getEdad = CInt(txtEdad.Text)
End Function
```

**c.** Función que permita devolver el valor de PI.

```
Function devuelvePI() As Double
    devuelvePI = 3.1416
End Function
```

## 3.4.2 Formato para la implementación de una función con parámetros

```
FUNCTION NOMBRE(PARAMETROS) AS TIPO
    SENTENCIAS
    NOMBRE=VALOR DE SALIDA
END FUNCTION
```

Donde:

- **FUNCTION:** es la palabra reservada para iniciar la implementación de la función.
- **NOMBRE:** es el nombre que se le asigna a la función que tiene las mismas reglas que los nombres de variables. Por lo tanto, se recomienda que todo nombre de función comience con la palabra fn y seguida de un verbo para saber qué tipo de labor realizara. Por ejemplo, capturarEdad o devolverPI.
- **PARAMETROS:** un parámetro determina el valor de entrada de la función, la cual permitirá pasar valores que serán necesarios dentro de la función. De esta forma, se pueden definir uno o más parámetros con el formato ByVal nombre As Tipo considerando lo siguiente:
  - **ByVal:** es la palabra reservada que indica el paso de un valor.
  - **nombre:** es el identificador del parámetro.
  - **As Tipo:** define el tipo de datos del parámetro.
- **AS TIPO:** es la definición del tipo de datos que tendrá el valor resultante de la función. Aunque esta definición es opcional, se recomienda que lo asigne; en caso contrario, la salida declarará un tipo Variant sobre el valor resultante.
- **SENTENCIAS:** son las sentencias o expresiones que puede contener una función. Aquí se puede hacer uso de todas las estructuras que posee VBA.
- **NOMBRE=VALOR DE SALIDA:** se debe tener en cuenta que toda función siempre emitirá una respuesta. Por lo tanto, dicha salida debe seguir el formato nombre=valor de salida considerando lo siguiente:
  - **NOMBRE:** es el nombre de la función.
  - **Valor de salida:** es el valor resultante.
  - **END FUNCTION:** indica la finalización de la función.

Ejemplos:

a. Función que permita calcular el valor IGV de una cuantía.

```
Function fnCalcularIGV(ByVal monto As Currency) As Currency
    Dim IGV As Double
    IGV = 0.19 * monto
    fnCalcularIGV = IGV
End Function
```

b. Función que permita devolver el valor exponencial de dos números enteros.

```
Function fnCalcularExponecial(ByVal base As Integer,
                   ByVal exponente As Integer) As Integer
    Dim potencia As Integer
    potencia = base ^ exponente
    fnCalcularExponecial = potencia
End Function
```

c. Función que permita validar un valor numérico, que tendrá un rango de 0 a 20, en caso contrario emitirá un mensaje de error.

```
Function fnValidarNumero(ByVal N As Integer) As String
    If N <= 0 Or N > 20 Then
        fnValidarNumero = "Número no permitido...!!"
        Else
        fnValidarNumero = ""
    End If
End Function
```

### 3.4.3 Formato para invocar una función con o sin parámetros

Toda función debe ser invocada por alguna variable que la soporte, es decir, debe estar preparada para recibir información desde la función. Debe considerarse que una función siempre tiene un resultado de devolución, por lo tanto, la invocación puede tener los siguientes formatos:

```
Variable = nombreFuncion(Parámetros)
Variable = nombreFuncion(Parámetros)+Valor
```

El primer formato asigna el valor de devolución de la función a la variable, solo se debe tener en cuenta que el valor de salida de la función tiene que ser igual al tipo de datos de la variable. En el segundo formato se observa que la función puede ser parte de una expresión, esto es debido a que la función siempre envía un valor y este se podría usar en una nueva expresión.

## 3.5 Procedimientos o subrutina

Los procedimientos son bloques de código que pueden recibir datos por medio de parámetros o a través de variables globales, pero que no devuelven ningún resultado a quien los invoque; por lo que también son conocidos como funciones sin valor de retorno. Además, pueden ser usados para realizar una tarea específica sin devolución de valor, por ejemplo, limpiar los controles visuales o imprimir algún valor directamente.

A continuación, se mostrará la implementación del procedimiento o subrutina que permita calcular el interés compuesto:

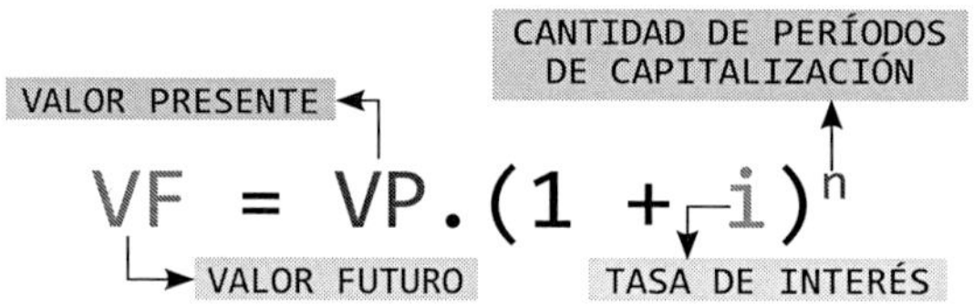


```
Sub calcularInteresCompuesto(ByVal vp As Currency,
                             ByVal i As Double,
                             ByVal n As Integer)
      Dim interes As Double
      interes = vp * (1 + i)^n
      Range("C12").Value = interes
End Sub
```

### 3.5.1 Formato para la implementación de un procedimiento sin parámetros

Este tipo de procedimientos no cuenta con parámetros de entrada, por lo que, si se necesitara algún valor del procedimiento, se optaría por el uso de variables globales.

```
SUB NOMBRE()
      SENTENCIAS
END SUB
```

Donde:

- **SUB:** es la palabra reservada para iniciar la implementación del procedimiento.
- **NOMBRE:** es el nombre que se le asigna al procedimiento que tiene las mismas reglas que los nombres de variables. Por lo tanto, se recomienda que todo nombre de procedimiento comience con un verbo para saber qué tipo de labor realizará. Por ejemplo, muestraCondicion o limpiaControles.
- **SENTENCIAS:** son las sentencias o expresiones que pueden contener un procedimiento. Aquí se puede hacer uso de todas las estructuras que posee VBA. Además, pueden incluirse funciones y otros procedimientos.
- **END SUB:** indica la finalización de la implementación del procedimiento.

Ejemplos:

**a.** Procedimiento que permita mostrar la fecha actual.

```
Sub muestraFecha()
    Dim fecha As Date
    fecha = Now
    MsgBox "La fecha actual es: " & fecha
End Sub
```

**b.** Procedimiento que permita mostrar el valor de PI.

```
Sub muestraPI()
      Dim PI As Double
      PI = 3.1416
      MsgBox "El valor de PI es: " & PI
End Sub
```

### 3.5.2 Formato para la implementación de un procedimiento con parámetros

```
SUB NOMBRE(PARAMETROS)
      SENTENCIAS
END SUB
```

Donde:

- **SUB:** es la palabra reservada para iniciar la implementación del procedimiento.
- **NOMBRE:** es el nombre que se le asigna al procedimiento que tiene las mismas reglas que los nombres de variables. Por lo tanto, se recomienda que todo nombre de procedimiento comience con un verbo para saber qué tipo de labor realizará. Por ejemplo, muestraCondicion o limpiaControles.
- **PARAMETROS:** un parámetro determina el valor de entrada del procedimiento, el cual permitirá pasar valores que serán necesarios dentro del procedimiento. Por consiguiente, se pueden definir uno o más parámetros con el formato ByVal nombre As Tipo considerando lo siguiente:
  - **ByVal:** es la palabra reservada que indica el paso de un valor.
  - **nombre:** es el identificador del parámetro.
  - **As Tipo:** define el tipo de datos del parámetro.
- **SENTENCIAS:** son las sentencias o expresiones que puede contener un procedimiento. Aquí se puede hacer uso de todas las estructuras que posee VBA. Además, pueden incluirse funciones y otros procedimientos.

- **END SUB:** indica la finalización de la implementación del procedimiento.

Ejemplos:

**a.** Procedimiento que permita mostrar el valor IGV de una determinada cuantía.

```
Sub calculaIGV(ByVal monto As Currency)
    Dim IGV As Double
    IGV = 0.19 * monto
    MsgBox "El valor del IGV es: " & IGV
End Sub
```

**b.** Procedimiento que permita mostrar el valor exponencial de dos números enteros.

```
Sub calculaExponecial(ByVal base As Integer,
                      ByVal exponente As Integer)
    Dim potencia As Integer
    potencia = base ^ exponente
    MsgBox "El valor de la potencia es: " & potencia
End Sub
```

### 3.5.3 Formato para invocar un procedimiento con o sin parámetros

Se debe tener en cuenta que un procedimiento no devuelve ningún valor, por lo tanto, la invocación puede tener los siguientes formatos:

```
Call nombreProcedimiento (Parámetros)
nombreProcedimiento(Parámetros)
```

El uso de la palabra **Call** es opcional, ya que el segundo formato demuestra que no es necesaria. Por ejemplo:

**a.** Invocar al procedimiento muestraFecha ➔ Call muestraFecha.

**b.** Invocar al procedimiento muestraPI ➔ Call muestraPI.

**c.** Invocar al procedimiento muestraIVA ➔ Call muestraIVA(15000).

**d.** Invocar al procedimiento calculaExponencial ➔ Call calculaExponencial(4,2).

## 3.6 Casos desarrollados de funciones con y sin parámetros

### 3.6.1 Caso desarrollado 1: cotización del curso de inglés

El centro de idiomas de una universidad peruana necesita preparar una cotización para los estudiantes que requieren inscribirse en el programa, ya que antes la realizaban de manera manual. Usted debe preparar una función en VBA que permita calcular la cuantía total del programa teniendo como datos la cuantía de la matrícula, de la pensión mensual y el total de cuotas que debe cancelar el estudiante.

Pasos:

1. Diseñe el siguiente modelo en la primera hoja de Excel.

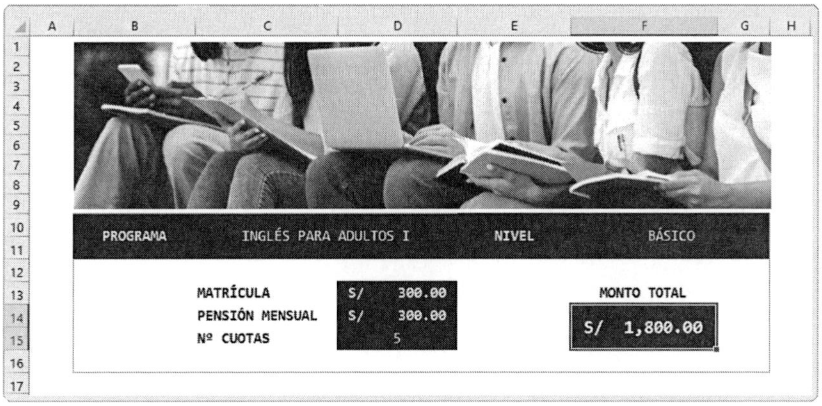


*Figura 9.* Cotización del curso de inglés en Excel

2. Acceda al entorno VBA (**Ficha Programador > Visual Basic**).
3. Agregue un módulo al proyecto VBA (**Insertar > Módulo**) y asígnele el nombre "modCalculos". Entonces, el Explorador de proyectos se verá de la siguiente manera:

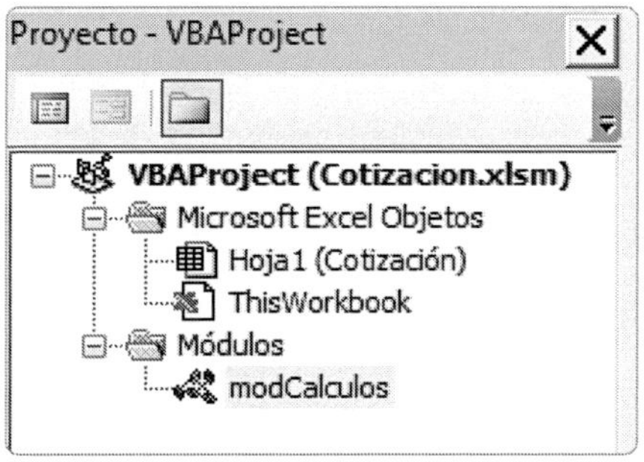


4. Dentro del módulo coloque el siguiente código:

Cotizacion.xlsm - modCalculos (Código)

(General) | fnCalcularMonto

```
Function fnCalcularMonto(ByVal matricula As Currency, _
                         ByVal pension As Currency, _
                         ByVal cuota As Integer)
    Dim monto As Currency
    monto = matricula + (pension * cuota)
    fnCalcularMonto = monto
End Function
```

5. Seguidamente, ubíquese en la celda **F14** de la hoja de Excel para colocar la función **=fnCalcularMonto** y seleccione las celdas con el valor de la matrícula (**D13**), la pensión mensual (**D14**) y el número de meses (**D15**), cada una separada con punto y coma, dependiendo de la configuración de Excel. Por consiguiente, la fórmula quedaría de la siguiente manera:

```
=+fnCalcularMonto(D13;D14;D15)
```

6. Finalmente, guarde el libro con el tipo **Libro de Excel habilitado para macros**.

### 3.6.2 Caso desarrollado 2: control de personal – tiempo de tardanza

Una empresa de ventas de distribución de alcohol en Perú necesita una aplicación que permita determinar los minutos de tardanza que puedan generar los empleados según su hora de entrada determinada. Usted debe preparar funciones en VBA que, inicialmente, le permitan mostrar la fecha y la hora actual con el formato mostrado en el diseño posterior. Y, asimismo, funciones que permitan determinar el total de horas de tardanza y una función que permita controlar el total de minutos según la hora de entrada marcada del personal.

Pasos:

1. Diseñe el siguiente modelo en la primera hoja de Excel.

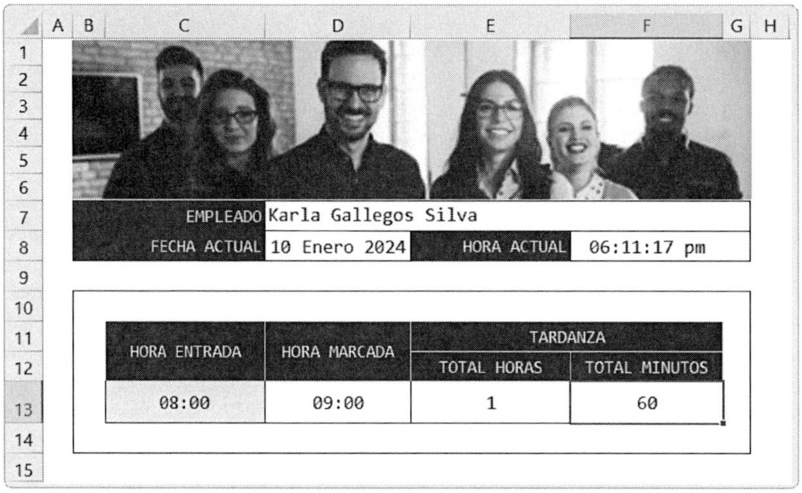


*Figura 10.* Control de personal en Excel

2. Acceda al entorno VBA (**Ficha Programador > Visual Basic**).
3. Agregue un módulo al proyecto VBA (**Insertar > Módulo**) y asígnele el nombre "modManejoFechas". Entonces, el Explorador de proyectos se verá de la siguiente manera:

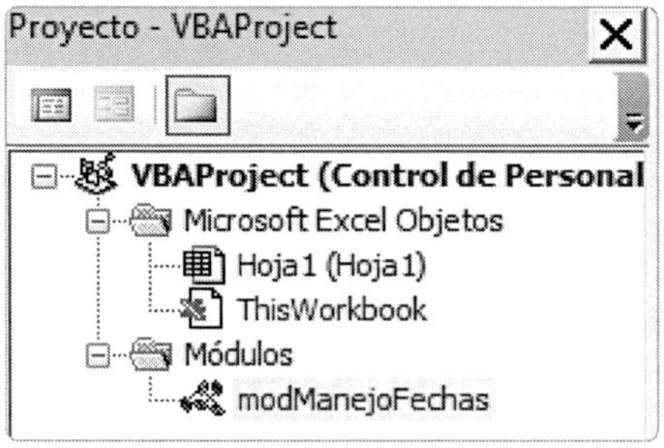

4. Dentro del módulo coloque el siguiente código:

```
Control de Personal - Tardanza.xlsm - modManejoFechas (Código)
(General)    fnDeterminarMinutos

Function fnMostrarFechaActual()
    Dim fecha As Date
    fecha = Date
    fnMostrarFechaActual = Format(fecha, "dd mmmm yyyy")
End Function
Function fnMostrarHoraActual()
    Dim hora As Date
    hora = Now
    fnMostrarHoraActual = Format(hora, "hh:mm:ss am/pm")
End Function

Function fnDeterminarHoras(ByVal hEntrada As Date, ByVal hLlegada As Date)
    Dim horas As Date
    horas = DateDiff("h", hEntrada, hLlegada)
    fnDeterminarHoras = horas
End Function
Function fnDeterminarMinutos(ByVal hEntrada As Date, ByVal hLlegada As Date)
    Dim minutos As Date
    minutos = DateDiff("n", hEntrada, hLlegada)
    fnDeterminarMinutos = minutos
End Function
```

5. Seguidamente, ubíquese en la celda **D8** de la hoja de Excel y coloque la función **=fnMostrarFechaActual**, en la celda **F8** coloque la función **=fnMostrarHoraActual**, en la celda **E13** coloque la función **fnDeterminarHoras** y seleccione las celdas con el valor de la hora de entrada (**C13**) y la hora marcada (**D13**), cada una separada con punto y coma dependiendo de la configuración de Excel. Por consiguiente, la fórmula quedaría de la siguiente manera:

   **`=+fnDeterminarHoras(C13;D13)`**

6. Luego, en la celda **F13** coloque la función **fnDeterminarMinutos** y seleccione las celdas con el valor de la hora de entrada (**C13**) y la hora marcada (**D13**), cada una separada con punto y coma dependiendo de la configuración de Excel. La fórmula quedaría de la siguiente manera:

   **`=+fnDeterminarMinutos(C13;D13)`**

7. Finalmente, guarde el libro con el tipo **Libro de Excel habilitado para macros**.

## 3.6.3 Caso desarrollado 3: control de pago en tienda

Un *minimarket* en la ciudad de Lima ha puesto en oferta la venta de un producto por campaña, puesto que se observó la poca afluencia de compradores. Esta campaña ofrece un descuento del 15 % en el importe de la compra que realice el cliente. El importe de compra se calcula multiplicando el precio del producto por la cantidad de unidades solicitadas por el cliente. El importe total a pagar se calcula restando el importe de la compra menos el importe del descuento por campaña. Se solicita que usted desarrolle una aplicación en VBA que, de acuerdo con el precio del producto y la cantidad de unidades, pueda determinar el importe de la compra, del descuento y el total a pagar.

Pasos:

1. Diseñe el siguiente modelo en la primera hoja de Excel.

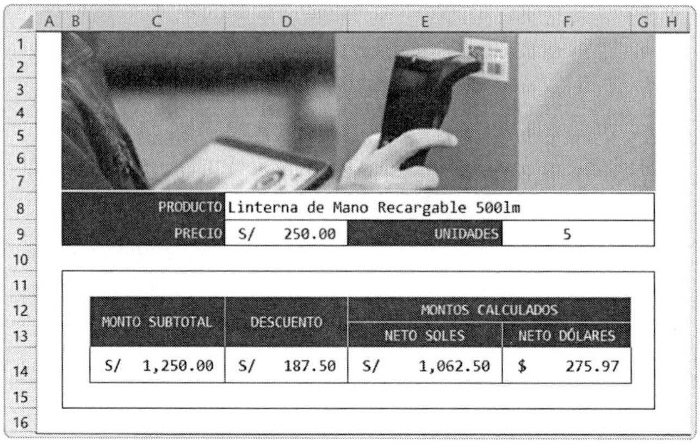


***Figura 11.*** Control de venta de productos en Excel

2. Acceda al entorno VBA (**Ficha Programador > Visual Basic**).
3. Agregue un módulo al proyecto VBA (**Insertar > Módulo**) y asígnele el nombre "modVentas". Entonces, el Explorador de proyectos se verá de la siguiente manera:

4. Dentro del módulo coloque el siguiente código:

Venta de Productos - Tienda.xlsm - modVentas (Código)

(General) | fnTotalNetoDolares

```
Function fnCalcularSubtotal(ByVal precio As Currency, _
                            ByVal unidades As Integer)
    Dim subtotal As Currency
    subtotal = precio * unidades
    fnCalcularSubtotal = subtotal
End Function
Function fnCalcularDescuento(ByVal subtotal As Currency)
    Dim descuento As Currency
    descuento = subtotal * 0.15
    fnCalcularDescuento = descuento
End Function

Function fnTotalNetoSoles(ByVal subtotal As Currency, _
                          ByVal descuento As Currency)
    Dim total As Currency
    total = subtotal - descuento
    fnTotalNetoSoles = total
End Function
Function fnTotalNetoDolares(ByVal totalSoles As Currency)
    Dim total As Currency
    total = totalSoles / 3.85
    fnTotalNetoDolares = total
End Function
```

5. Seguidamente, ubíquese en la celda **C14** de la hoja de Excel, coloque la función **=fnCalcularSubtotal** y seleccione las celdas con el valor del precio del producto (**D9**) y las unidades seleccionadas por el cliente (**F9**), cada una separada con punto y coma dependiendo de la configuración de Excel. Por consiguiente, la fórmula quedaría de la siguiente manera:

```
=+fnCalcularSubtotal(D9;F9)
```

6. Después, sitúese en la celda **D14** de la hoja de Excel, coloque la función **=fnCalcularDescuento** y seleccione la celda con el valor de la cuantía subtotal recientemente calculada (**C14**). La fórmula quedaría de la siguiente manera:

```
=+fnCalcularDescuento(C14)
```

7. Posteriormente, se debe ubicar en la celda **E14** de la hoja de Excel colocar la siguiente función **=fnTotalNetoSoles** y seleccione las celdas con el valor de la cuantía subtotal (**C14**) y la celda donde se ubica el descuento (**D14**), cada una separada con punto y coma dependiendo de la configuración de Excel. La fórmula quedaría de la siguiente manera:

```
=+fnTotalNetoSoles(C14;D14)
```

8. Luego, se debe posicionar en la celda **F14** de la hoja de Excel, coloque la función **=+fnTotalNetoDolares** y seleccione la celda con el valor de la cuantía neta en soles recientemente calculada (**E14**). La fórmula quedaría de la siguiente manera:

```
=+fnTotalNetoDolares(E14)
```

9. Finalmente, guarde el libro con el tipo **Libro de Excel habilitado para macros**.

### 3.6.4 Caso desarrollado 4: casa de cambio

Una casa de cambio de moneda ubicada en la ciudad de Lima siempre recibe consultas de sus clientes sobre los diferentes cambios de moneda a partir de una cuantía en soles. Esto se debe a la alta demanda de esta moneda. Usted es el encargado de implementar una aplicación en VBA usando funciones que permitan determinar las cuantías en euros, marcos y dólares a partir de una cantidad en soles. Use la siguiente información para los tipos de cambios:

- 1 dólar = 3.81 soles
- 1 dólar = 1.09 euros
- 1 dólar = 2.12 marcos

Pasos:

1. Diseñe el siguiente modelo en la primera hoja de Excel.

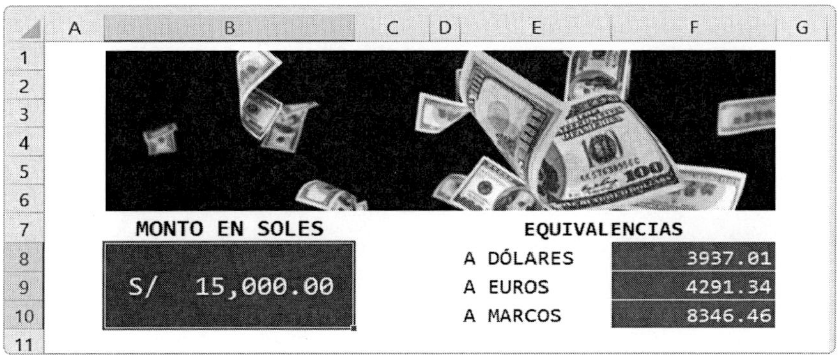


***Figura 12.*** Control de cambios de moneda en Excel

2. Acceda al entorno VBA (**Ficha Programador > Visual Basic**).
3. Agregue un módulo al proyecto VBA (**Insertar > Módulo**) y asígnele el nombre "modCalculos". Entonces, el Explorador de proyectos se verá de la siguiente manera:

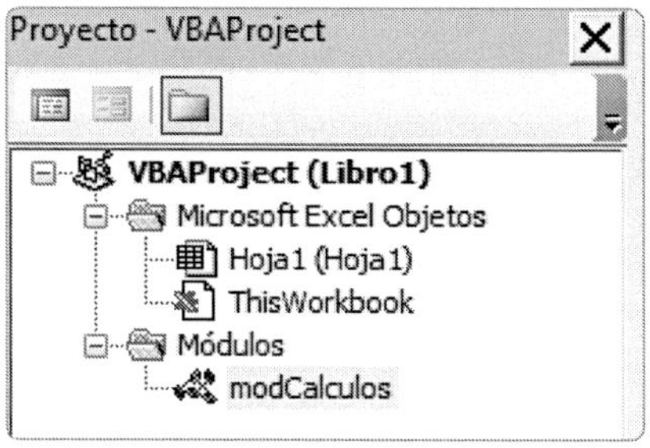


4. Dentro del módulo coloque el siguiente código:

Casa de Cambios - Dolar.xlsm - modCalculos (Código)

(General) | fnCalcularMarcos

```
Function fnCalcularDolar(ByVal soles)
    Const CAMBIO_DOLAR = 3.81
    Dim dolar As Currency
    dolar = soles / CAMBIO_DOLAR
    fnCalcularDolar = dolar
End Function

Function fnCalcularEuros(ByVal dolar)
    Const CAMBIO_EURO = 1.09
    Dim euros As Currency
    euros = dolar * CAMBIO_EURO
    fnCalcularEuros = euros
End Function

Function fnCalcularMarcos(ByVal dolar)
    Const CAMBIO_MARCO = 2.12
    Dim marcos As Currency
    marcos = dolar * CAMBIO_MARCO
    fnCalcularMarcos = marcos
End Function
```

5. Seguidamente, ubíquese en la celda **F8** de la hoja de Excel, coloque la siguiente función **=fnCalcularDolar** y seleccione la celda con el valor de la cuantía en soles (**B8**). Por consiguiente, la fórmula quedaría de la siguiente manera:

```
=+fnCalcularDolar(B8)
```

6. Después, se debe ubicar en la celda **F9** de la hoja de Excel para colocar la siguiente función **=+fnCalcularEuros** y seleccione la celda con el valor de la cuantía en dólares recientemente calculada (**F8**). Por consiguiente, la fórmula quedaría de la siguiente manera:

```
=+fnCalcularEuros(F8)
```

7. Luego, se debe posicionar en la celda **F10** de la hoja de Excel para calcular la función **=+fnCalcularMarcos** y seleccione la celda con el valor de la cuantía en dólares recientemente calculada (**F8**). Por consiguiente, la fórmula quedaría de la siguiente manera:

```
=+fnCalcularMarcos(F8)
```

8. Finalmente, guarde el libro con el tipo **Libro de Excel habilitado para macros**.

## 3.6.5 Caso desarrollado 5: cuantía de las donaciones

La municipalidad de Lima cuenta con un área de beneficios sociales, la cual recibe donaciones de instituciones particulares que son repartidas entre los centros asistenciales, los comedores populares y el programa Vaso de Leche.

La municipalidad toma como criterio de reparto la siguiente forma: 25 % de la donación para los centros asistenciales, 35 % de la donación para los comedores populares y el resto para el programa Vaso de Leche. Usted debe crear una aplicación en VBA que permita obtener dichas cuantías a partir de la donación.

Pasos:

1. Diseñe el siguiente modelo en la primera hoja de Excel.

*Figura 13.* Control de donaciones en Excel

2. Acceda al entorno VBA (**Ficha Programador > Visual Basic**).
3. Agregue un módulo al proyecto VBA (**Insertar > Módulo**) y asígnele el nombre "modDonacion". Entonces, el Explorador de proyectos se verá de la siguiente manera:

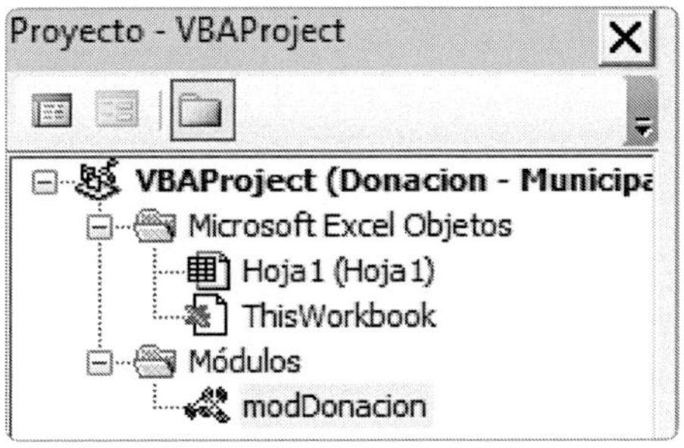

4. Dentro del módulo coloque el siguiente código:

```
Donacion - Municipalidad.xlsm - modDonacion (Código)
(General)                fnMontoVaso

Function fnMontoAsistenciales(ByVal donacion As Currency)
    Dim monto As Currency
    monto = 0.25 * donacion
    fnMontoAsistenciales = monto
End Function

Function fnMontoComedor(ByVal donacion As Currency)
    Dim monto As Currency
    monto = 0.35 * donacion
    fnMontoComedor = monto
End Function

Function fnMontoVaso(ByVal donacion As Currency, _
                     ByVal asistenciales As Currency, _
                     ByVal comedor As Currency)
    Dim monto As Currency
    monto = donacion - (asistenciales + comedor)
    fnMontoVaso = monto
End Function
```

5. Seguidamente, ubíquese en la celda **E13** de la hoja de Excel, coloque la función **=fnMontoAsistenciales** y seleccione la celda con el valor de la cuantía donada (**B13**). Por consiguiente, la fórmula quedaría de la siguiente manera:

**`=+fnMontoAsistenciales(B13)`**

6. Después, se debe ubicar en la celda **E14** de la hoja de Excel, coloque la función **=fnMontoComedor** y seleccione celda con el valor de la cuantía donada (**B13**). Por consiguiente, la fórmula quedaría de la siguiente manera:

**`=+fnMontoComedor(B13)`**

7. Luego, se debe posicionar en la celda **E15** de la hoja de Excel, coloque la función **=fnMontoVaso** y seleccione las celdas con el valor de la cuantía donada (**B13**), la cantidad de los centros asistenciales recién calculada (**E13**) y la de los comedores populares (**E14**), cada una separada con punto y coma dependiendo de la configuración de Excel. Por consiguiente, la fórmula queda de la siguiente manera:

**`=+fnMontoVaso(B13;E13;E14)`**

8. Finalmente, guarde el libro con el tipo **Libro de Excel habilitado para macros**.

# 3.7 Casos desarrollados de subrutinas con y sin parámetros

## 3.7.1 Caso desarrollado 1: cotización del curso de inglés

El centro de idiomas de una universidad peruana necesita preparar una cotización para los estudiantes que requieren inscribirse en el programa, ya que antes lo realizaban de manera manual. Usted debe preparar una subrutina o procedimiento en VBA que permita calcular la cuantía total del programa teniendo como datos la cuantía de la matrícula, de la pensión mensual y el total de cuotas que debe cancelar el estudiante.

Pasos:

1. Diseñe el siguiente modelo en la primera hoja de Excel.

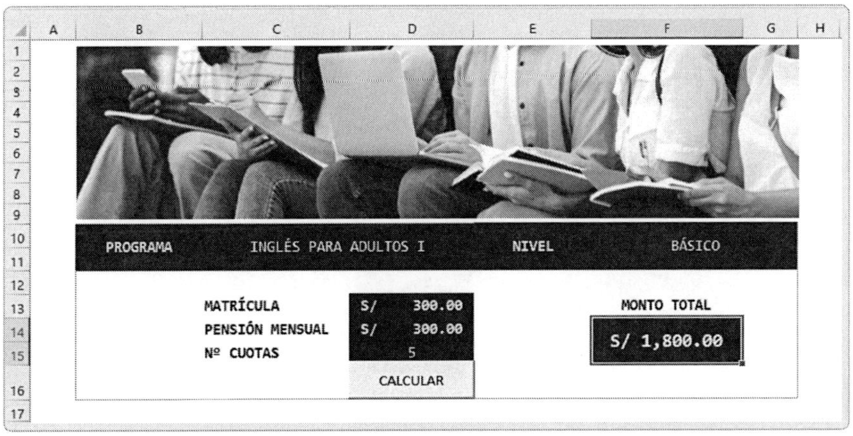


*Figura 14.* Cotización de curso de Inglés en Excel

2. Acceda al entorno VBA (**Ficha Programador > Visual Basic**).
3. Agregue un módulo al proyecto VBA (**Insertar > Módulo**) y asígnele el nombre "modCalculos".
4. Dentro del módulo coloque el siguiente código:

```
Sub calcularMonto()
    Dim matricula As Currency
    Dim pension As Currency
    Dim cuotas As Integer
    Dim monto As Currency

    'Obtener la información desde Excel
    matricula = Range("D13").Value
    pension = Range("D14").Value
    cuotas = Range("D15").Value

    'Realizar los cálculos
    monto = matricula + (pension * cuotas)

    'Impresión de resultados
    Range("F14").Value = monto
End Sub
```

5. Seguidamente, ubíquese en la celda **D16** de Excel, seleccione la ficha **Programador > Insertar > Botón Control de Formulario** y diseñe el botón en la celda. Luego, seleccione el procedimiento de la lista, tal como se muestra en la siguiente imagen:

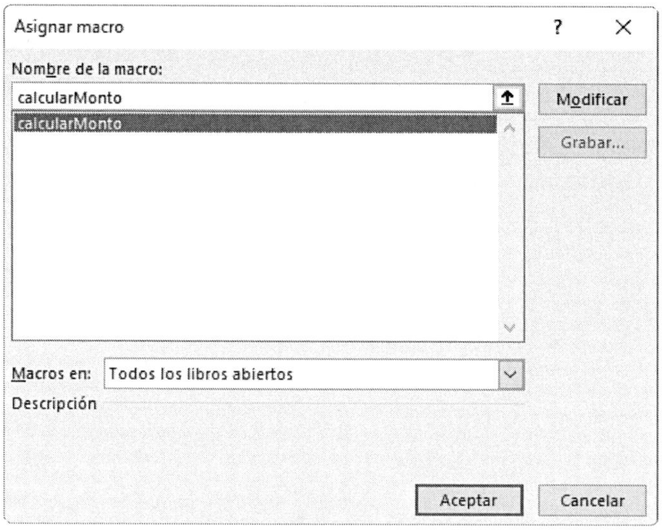


6. Asigne el nombre "Calcular" al botón diseñado en Excel.
7. Guarde el libro con el tipo **Libro de Excel habilitado para macros**.

### 3.7.2 Caso desarrollado 2: control de personal – tiempo de tardanza

Una empresa de ventas de distribución de alcohol en Perú necesita una aplicación que permita determinar los minutos de tardanza que pueden generar los empleados de la empresa de acuerdo con una hora de entrada determinada. Usted debe preparar un procedimiento o subrutina en VBA que, inicialmente, permita mostrar la fecha y la hora actual con el formato mostrado en el diseño posterior. Asimismo, deberá mostrar el total de horas y minutos de tardanza de acuerdo con la hora de entrada y marcada del personal introducida desde Excel.

Pasos:

1. Diseñe el siguiente modelo en la primera hoja de Excel.

*Figura 15.* Control de fechas y horas

2. Acceda al entorno VBA (**Ficha Programador > Visual Basic**).
3. Agregue un módulo al proyecto VBA (**Insertar > Módulo**) y asígnele el nombre "modManejoFechas".
4. Dentro del módulo coloque el siguiente código:

```
Sub realizarCalculos()
    Dim fecha As Date
    Dim hora As Date
    Dim horas As Date
    Dim minutos As Date
    Dim hEntrada, hLlegada As Date

    fecha = Date
    hora = Now
    hEntrada = Range("C14").Value
    hLlegada = Range("D14").Value

    horas = DateDiff("h", hEntrada, hLlegada)
    minutos = DateDiff("n", hEntrada, hLlegada)

    Range("D8").Value = Format(fecha, "dd mmmm yyyy")
    Range("F8").Value = Format(hora, "hh:mm:ss am/pm")

    Range("E14").Value = horas
    Range("F14").Value = minutos
End Sub
```

5. Seguidamente, ubíquese en la celda **F9** de Excel, seleccione la ficha **Programador > Insertar > Botón Control de Formulario** y diseñe el botón en la celda. Luego, seleccione el procedimiento de la lista, tal como se muestra en la siguiente imagen:

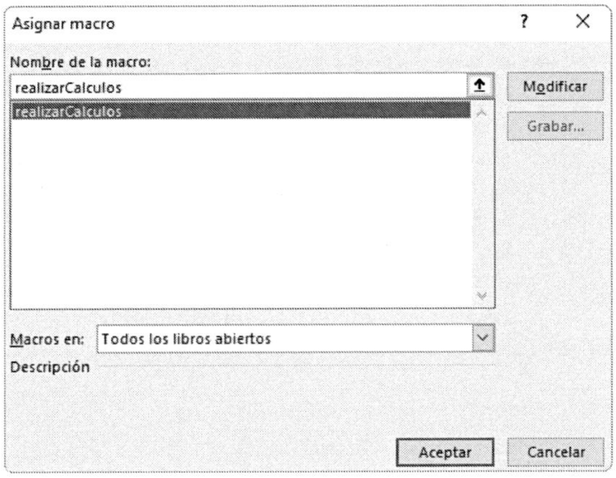


6. Asigne el nombre "Mostrar Valores" al botón diseñado en Excel.
7. Guarde el libro con el tipo **Libro de Excel habilitado para macros**.

### 3.7.3 Caso desarrollado 3: control de pago en tienda

Un *minimarket* en la ciudad de Lima ha puesto en oferta la venta de un producto por campaña, ya que se observó la poca afluencia de compradores. Esta campaña ofrece un descuento del 15 % en el importe de la compra que realice el cliente. El importe de compra se calcula multiplicando el precio del producto por la cantidad de unidades solicitadas por el cliente. Asimismo, el importe total a pagar se calcula restando el importe de la compra menos el importe del descuento por campaña. Se solicita que usted desarrolle una aplicación en VBA que, de acuerdo con el precio del producto y la cantidad de unidades, pueda determinar el importe de la compra, del descuento y el total a pagar mediante un procedimiento.

Pasos:

1. Diseñe el siguiente modelo en la primera hoja de Excel.

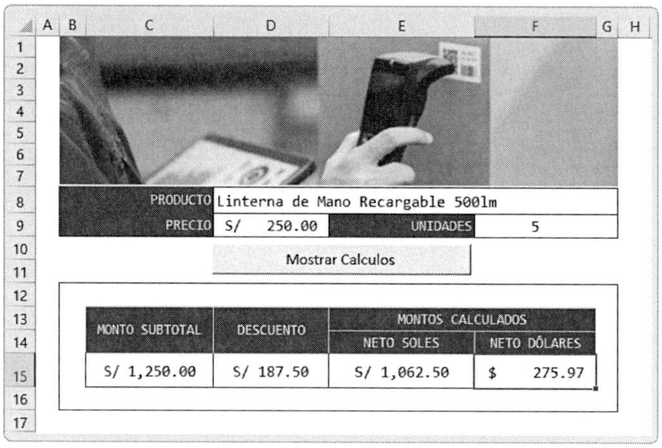


***Figura 16.*** Control de venta de productos en Excel

2. Acceda al entorno VBA (**Ficha Programador > Visual Basic**).
3. Agregue un módulo al proyecto VBA (**Insertar > Módulo**) y asígnele el nombre "modVentas".
4. Dentro del módulo coloque el siguiente código:

Venta de Productos - Tienda - Procedimiento.xlsm - modVent...

(General) | realizarCalculos

```
Sub realizarCalculos()
    Dim precio As Currency
    Dim unidades As Integer
    Dim subtotal As Currency
    Dim descuento As Currency
    Dim totalSoles As Currency
    Dim totalDolares As Currency

    precio = Range("D9").Value
    unidades = Range("F9").Value

    subtotal = precio * unidades
    descuento = subtotal * 0.15
    totalSoles = subtotal - descuento
    totalDolares = totalSoles / 3.85

    Range("C15").Value = subtotal
    Range("D15").Value = descuento
    Range("E15").Value = totalSoles
    Range("F15").Value = totalDolares

End Sub
```

5. Seguidamente, ubíquese en la celda **D10** de Excel, seleccione la ficha **Programador > Insertar > Botón Control de Formulario** y diseñe el botón en la celda. Luego, seleccione el procedimiento de la lista, tal como se muestra en la siguiente imagen:

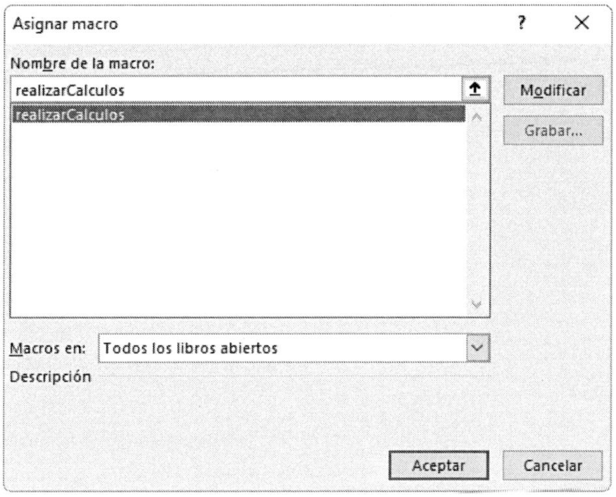


6. Asigne el nombre "Mostrar Cálculos" al botón diseñado en Excel.
7. Guarde el libro con el tipo **Libro de Excel habilitado para macros**.

### 3.7.4 Caso desarrollado 4: casa de cambio

Una casa de cambio de moneda, ubicada en la ciudad de Lima, siempre recibe consultas de sus clientes sobre los diferentes cambios de moneda a partir de una cuantía en soles. Esto se debe a la alta demanda de esta moneda. Usted es el encargado de implementar una aplicación en VBA usando procedimientos o subrutinas que permitan determinar los importes en euros, marcos y dólares a partir de una cuantía en soles. Use la siguiente información para los tipos de cambios:

- 1 dólar = 3.81 soles
- 1 dólar = 1.09 euros
- 1 dólar = 2.12 marcos

Pasos:

1. Diseñe el siguiente modelo en la primera hoja de Excel.

***Figura 17.*** Equivalencias de dinero en Excel

2. Acceda al entorno VBA (**Ficha Programador > Visual Basic**).
3. Agregue un módulo al proyecto VBA (**Insertar > Módulo**) y asígnele el nombre "modCalculos".
4. Dentro del módulo coloque el siguiente código:

```
Sub realizarCalculos()
    Const CAMBIO_DOLAR = 3.81
    Const CAMBIO_EURO = 1.09
    Const CAMBIO_MARCO = 2.12

    Dim dolar As Currency
    Dim euros As Currency
    Dim marcos As Currency
    Dim soles As Currency

    soles = Range("B8").Value

    dolar = soles / CAMBIO_DOLAR
    euros = dolar * CAMBIO_EURO
    marcos = dolar * CAMBIO_MARCO

    Range("F8").Value = dolar
    Range("F9").Value = euros
    Range("F10").Value = marcos

End Sub
```

5. Seguidamente, ubíquese en la celda **B11** de Excel, seleccione la ficha **Programador > Insertar > Botón Control de Formulario** y diseñe el botón en la celda. Luego, seleccione el procedimiento de la lista, tal como se muestra en la siguiente imagen:

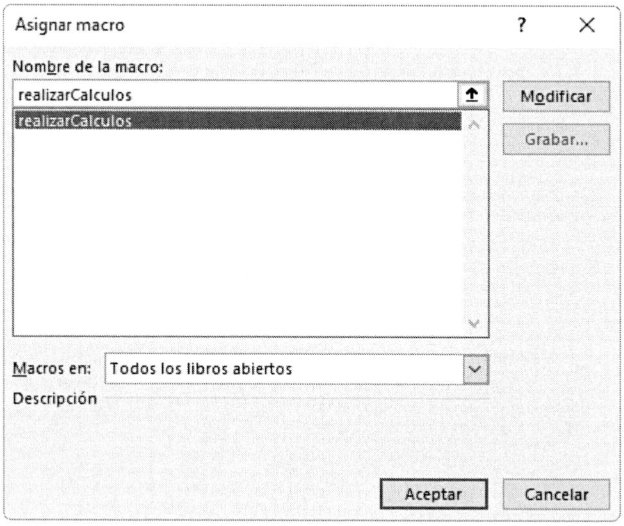


6. Asignar el nombre "Mostrar Equivalencias" al botón diseñado en Excel.
7. Guarde el libro con el tipo **Libro de Excel habilitado para macros**.

### 3.7.5 Caso desarrollado 5: cuantía de donaciones

La municipalidad de Lima cuenta con un área de beneficios sociales, la cual recibe donaciones de instituciones particulares que son repartidas entre los centros asistenciales, los comedores populares y el programa Vaso de Leche.

La municipalidad toma como criterio de reparto la siguiente forma: 25 % de la donación para los centros asistenciales, 35 % de la donación para los comedores populares y el resto para el programa Vaso de Leche. Usted debe crear una aplicación en VBA que permita obtener dichas cuantías a partir de la donación usando procedimientos.

Pasos:

1. Diseñe el siguiente modelo en la primera hoja de Excel.

***Figura 18.*** Montos de donación en Excel

2. Acceda al entorno VBA (**Ficha Programador > Visual Basic**).
3. Agregue un módulo al proyecto VBA (**Insertar > Módulo**) y asígnele el nombre "modDonacion".
4. Dentro del módulo coloque el siguiente código:

Donacion - Municipalidad - Procedimiento.xlsm - modDonacion (Código)

(General) | realizarCalculos

```
Sub realizarCalculos()
    Dim donacion As Currency
    Dim asistenciales As Currency
    Dim comedor As Currency
    Dim vaso As Currency

    donacion = Range("B13").Value

    asistenciales = 0.25 * donacion
    comedor = 0.35 * donacion
    vaso = donacion - (asistenciales + comedor)

    Range("E13").Value = asistenciales
    Range("E14").Value = comedor
    Range("E15").Value = vaso
End Sub
```

5. Seguidamente, ubíquese en la celda **B16** de Excel, seleccione la ficha **Programador > Insertar > Botón Control de Formulario** y diseñe el botón en la celda. Luego, seleccione el procedimiento de la lista, tal como se muestra en la siguiente imagen:

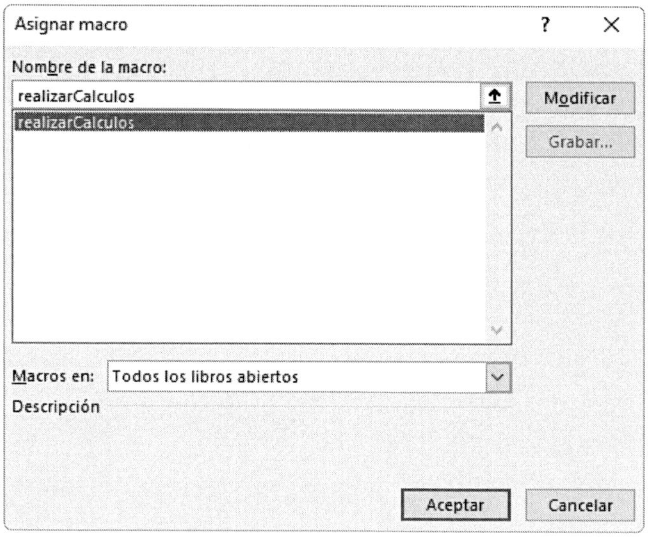


6. Asigne el nombre "Mostrar Montos" al botón diseñado en Excel.
7. Guarde el libro con el tipo **Libro de Excel habilitado para macros**.

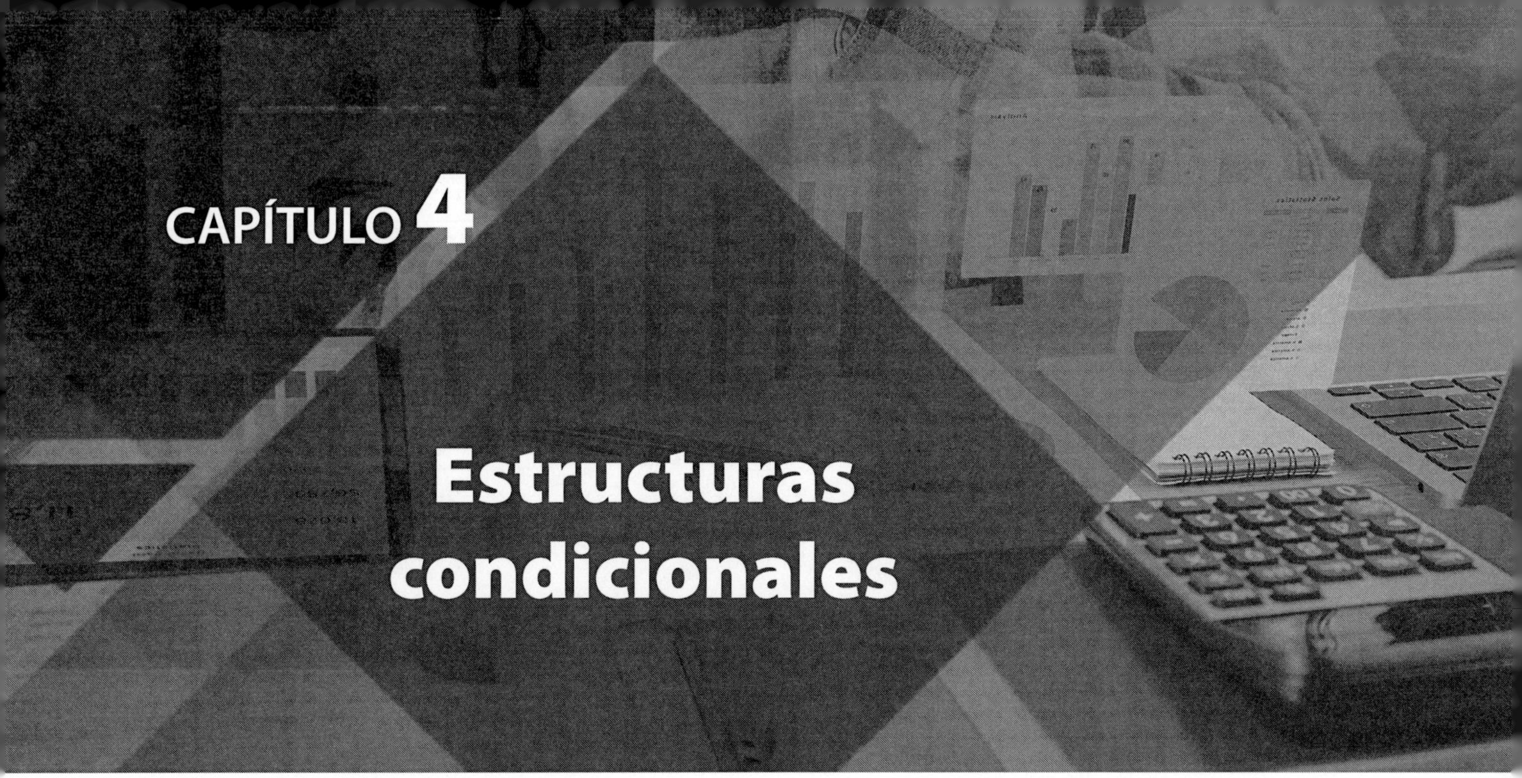

CAPÍTULO 4

# Estructuras condicionales

## 4.1 Introducción

En todo proyecto informático siempre se incluyen las sentencias condicionales, puesto que son indispensables en todo desarrollo. Esto se da por la necesidad de controlar la información validando el valor o realizando acciones de acuerdo con una condición particular. En Excel también se llegó a la misma necesidad, ya que la información que se colocará en las celdas de la hoja no siempre será la correcta, o que la fórmula emita un resultado conforme a un valor. Ante esto, se presentan siempre condiciones que deben ser controladas por el programador del proyecto en VBA.

Por otro lado, técnicamente las sentencias condicionales siempre pertenecerán a la lógica del programa que se desarrolle. Además, su trabajo es comparativo, por lo tanto, siempre habrá una condición y se deben determinar las múltiples salidas que esta pueda tener. Los condicionales son conocidos como estructuras que permiten elegir entre la ejecución de una acción u otra, la cual dependerá mucho de la necesidad de la aplicación.

Existen diferentes tipos de sentencias condicionales, todas con el mismo objetivo. En este sentido, cuenta con SI...ENTONCES (if...then), SI...ENTONCES...SI NO (if...then...else) y SEGÚN SEA (case o switch). Asimismo, se debe tener en cuenta que estos tipos pueden asociarse generando anidamiento, que resulta importante para el mejor desarrollo de la aplicación. Las sentencias condicionales son consideradas como uno de los pilares de la programación estructurada, por tal motivo, resulta muy importante dominar su uso dentro de cualquier lenguaje de programación.

En la vida se han pasado por diversas situaciones en las que se han aplicado algún tipo de sentencias condicionales. Por ejemplo, suponga que usted lleva su coche a una empresa de revisión y mantenimiento de vehículos. Inicialmente, toma la decisión de ir a estos lugares analizando la situación actual del coche. Al llegar al establecimiento, un técnico le indica todos los defectos actuales o futuros. Entonces, en ese momento toma miles de decisiones, ya que la mayoría de estas se encuentran asociadas al dinero, tiempo y demás. Por lo tanto, desde el pensamiento de llevar el automóvil a un establecimiento, usted ya aplicó las sentencias condicionales, y es allí donde se llevan esas aplicaciones en el proyecto VBA.

# 4.2 Implementación de una condición

Las sentencias condicionales se caracterizan por condicionar las acciones de programación, por tanto, resulta importante implementar correctamente la condición; de otra manera, se estaría frente a errores lógicos que generarían desconfianza en los resultados que estas aplicaciones emitan.

### A. Aspectos para implementar una condición

**a.** Una condición es un juego de variable-valor que siempre emite un valor true o false.

**b.** Por cada juego variable-valor se deben usar operadores relacionales como >, >=, <, <=, <>.

**c.** En una estructura condicional If se pueden especificar varios juegos de variable-valor usando los operadores lógicos como AND y OR.

**d.** Una sola condición emite un resultado True y False. Cuando se tiene más de dos condiciones en una misma sentencia If, el resultado True y False se basará en las tablas de la verdad del And u Or:

Para la Y lógica:

| P | Q | P AND Q |
|---|---|---|
| True | True | True |
| True | False | False |
| False | True | False |
| False | False | False |

Para la O lógica:

| P | Q | P OR Q |
|---|---|---|
| True | True | True |
| True | False | True |
| False | True | True |
| False | False | True |

### B. Implementación de condiciones simples y compuestas

**a.** Condicionar la edad de una persona mayor de edad, la cual es considerada así cuando su edad es mayor a 18 años.

```
Edad > 17
Edad >= 18
```

**b.** Condicionar la categoría de un empleado sabiendo que solo se busca a aquellos empleados de categoría B.

```
Categoria = "B"
```

**c.** Condicionar la nota de un alumno, la cual se puede encontrar entre 0 y 20.

```
Nota >= 0 And Nota <= 20
Nota >-1 And Nota < 21
```

**d.** Condicionar el sueldo de un empleado, el cual se puede encontrar entre 1500 y 3000.

```
Sueldo >=1500 And Sueldo<=3000
```

**e.** Condicionar la categoría de un empleado sabiendo que solo se busca a aquellos empleados de categoría A o C:

```
Categoria = "A" Or Categoria = "C"
```

## 4.3 Estructura If simple

Se le llama así cuando la estructura condicional If ejecuta solo un bloque de instrucciones, siempre y cuando cumpla con la condición implementada; en caso contrario, no realiza ninguna acción y continúa con la siguiente sentencia siguiendo la secuencialidad del código.

### A. Formatos de la estructura If simple

**a.** Primera forma:

```
If condicion Then Accion
```

**b.** Segunda forma:

```
If condicion Then
  Accion o acciones
End If
```

Donde:

- **If:** indica el inicio de la estructura condicional.
- **Condición:** es la expresión que se evaluará y, de acuerdo con el valor resultante, realizará una u otra acción.
- **Then:** indica la acción True que toma la estructura según la condición.
- **Acción o Acciones:** son las sentencias o expresiones que se realizarán solo si la condición es verdadera.
- **End If:** indica el final de la estructura condicional.

### B. Forma gráfica de la condición If simple

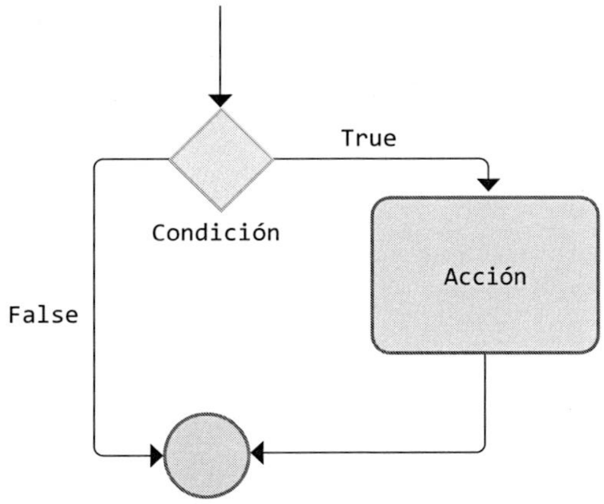


***Figura 19.*** Condicional If simple

Fuente. Elaboración propia

### C. Implementación de la sentencia If simple con código VBA

**a.** Determinar si la cuantía de venta supera a S/1000.

- Primera forma:

```
Dim monto As Currency
Dim mensaje As String
monto = 1500
if (monto > 1000) Then mensaje = "Monto supera a 1000"
```

- Segunda forma:

```
Dim monto As Currency
Dim mensaje As String
monto = 1500
if (monto > 1000) Then
 mensaje = "Monto supera a 1000"
End If
```

**b.** Determinar si la categoría de un empleado es Operario o Técnico.

```
Dim categoria As String
Dim mensaje As String
categoria = "Técnico"
if (categoria =  "Operario" OR categoria ="Técnico") Then
 mensaje = "La categoría es Operario o Técnico"
End If
```

**c.** Determinar si la fecha de acceso de un empleado se encuentra entre los años 2023 y 2025.

```
Dim fecha As Date
Dim mensaje As String
fecha= "11/01/2024"
if (fecha>="01/01/2023" AND fecha<="31/12/2025") Then
 mensaje = "La fecha se encuentra en el rango del 2023 y 2025"
End If
```

## 4.4 Estructura If doble

La estructura if doble evalúa una condición lógica. En caso de ser True, efectúa un bloque de sentencias especificadas por el programador; en caso contrario, ejecuta otro bloque de acciones llamados sentencias por defecto.

### A. Formatos de la estructura If doble

**a. Primera forma:**

```
If condicion Then Accion_True Else Accion_False
```

**b. Segunda forma:**

```
If condicion Then
      Accion_True
      Else
      Accion_False
End If
```

Donde:

- **If:** indica el inicio de la estructura condicional.
- **Condición:** es la expresión que se evaluará en la estructura.
- **Then:** indica la acción True que toma la estructura según la condición.
- **Else:** indica la acción False que tiene la estructura según la condición.
- **Acción_True:** son las sentencias o expresiones que se realizarán solo si la condición es verdadera.
- **Acción_False:** son las sentencias o expresiones que se realizarán solo si la condición es falsa.
- **End If:** indica el final de la estructura condicional.

### B. Forma gráfica de la condición If doble:

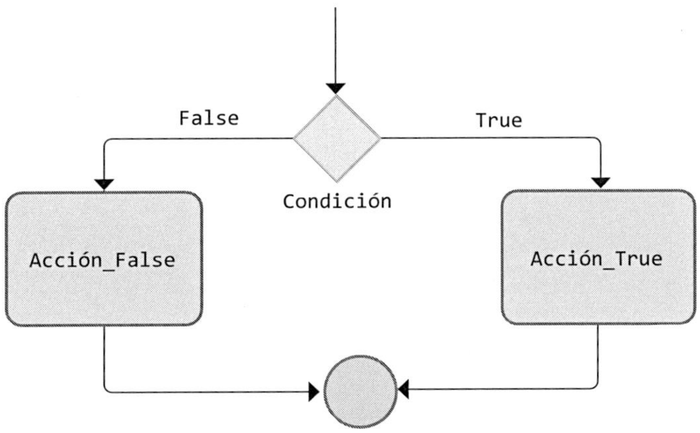


***Figura 20.*** Condicional If doble

Fuente. Elaboración propia

### C. Implementación de la sentencia If doble con código VBA

**a.** Determinar si la cuantía de venta supera o no a S/1000.

```
Dim monto As Currency
Dim mensaje As String
monto = 1500
if (monto > 1000) Then
 mensaje = "Monto supera a 1000"
Else
 mensaje = "Monto NO supera a 1000"
End If
```

**b.** Determinar si la categoría de un empleado es Operario o Técnico, pero no otras categorías.

```
Dim categoria As String
Dim mensaje As String
categoria = "Técnico"
if (categoria = "Operario" OR categoria = "Técnico") Then
 mensaje = "La categoría es Operario o Técnico"
 Else
 mensaje = "La categoría NO es Operario o Técnico"
End If
```

c. Determinar si la fecha de acceso de un empleado se encuentra entre los años 2023 y 2025, y no en otros años.

```
Dim fecha As Date
Dim mensaje As String
fecha= "11/01/2024"
if (fecha>="01/01/2023" AND fecha<="31/12/2025") Then
 mensaje = "La fecha se encuentra en el rango del 2023 y 2025"
 Else
 mensaje = "La fecha NO se encuentra en el rango del 2023 y 2025"
End If
```

## 4.5 Estructura If doblemente encadenada

La estructura If doblemente encadenada evalúa una condición lógica. En caso de ser True, efectúa un bloque de sentencias especificadas; en caso contrario sigue evaluando, puesto que es similar a colocar un If dentro de otro.

### A. Formato de la estructura If doblemente encadenada

```
If condicion Then
        Accion1
        ElseIf condicion Then
        Accion2
        ElseIf condicion Then
        Accion3
        Else
        Accion_False
End If
```

Donde:

- **If:** indica el inicio de la estructura condicional.
- **Condición:** es la expresión que se evaluará en la estructura.
- **Then:** indica la acción True que toma la estructura según la condición.
- **ElseIf:** es la especificación de una nueva evaluación de la condición; esto se da por el resultado False de la primera evaluación.
- **Else:** es tomada como el valor por defecto de todo el bloque de comparaciones del If doblemente encadenado.
- **Acción1:** son las sentencias o expresiones que se realizarán solo si la condición inicial es verdadera.
- **Acción2:** son las sentencias o expresiones que se realizarán solo si la condición especificada en ElseIf es True.
- **End If:** indica el final de la estructura condicional doblemente encadenada.

### B. Forma gráfica de la condición If doblemente encadenada

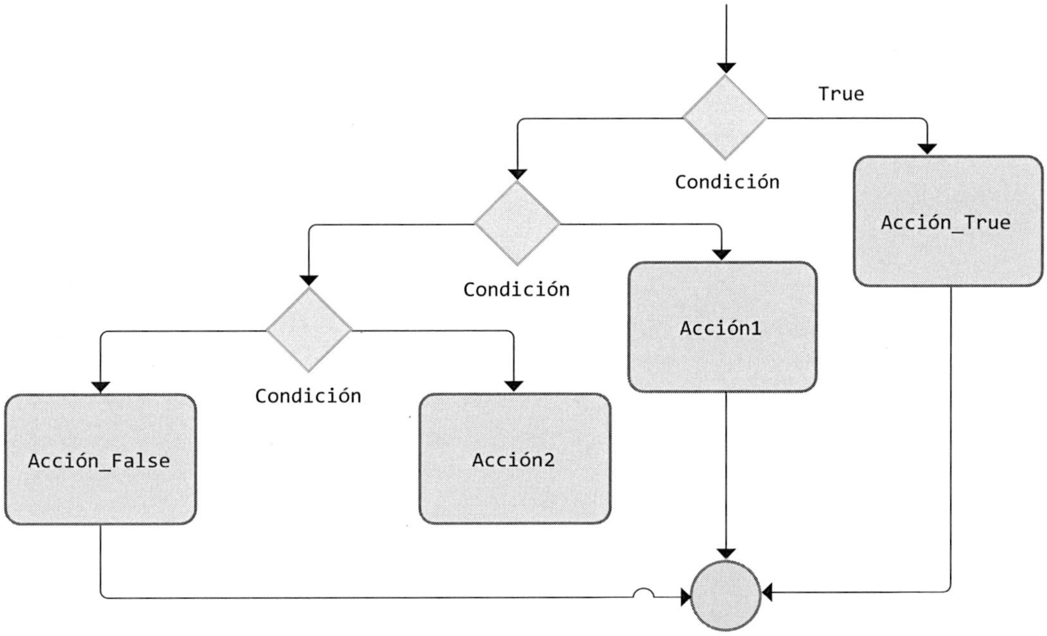


*Figura 21.* Condicional If doblemente enlazada

Fuente. Elaboración propia

### C. Implementación de la sentencia If doblemente enlazada con código VBA

**a.** Determinar si la cuantía de venta es inferior a S/1000, si se encuentra entre 1000 y 2000 y si supera a 2000.

```
Dim monto As Currency
Dim mensaje As String
monto = 1500
if (monto > 1000) Then
 mensaje = "Monto inferior a 1000"
ElseIf  (monto >= 1000 AND monto <= 2000) Then
 mensaje = "Monto entre 1000 y 2000"
Else
 mensaje = "Monto supera a 2000"
End If
```

**b.** Determinar si la categoría de un empleado es Operario, Técnico o Jefe, pero no otras categorías.

```
Dim categoria As String
Dim mensaje As String
categoria = "Técnico"
if (categoria =  "Operario") Then
 mensaje = "La categoría es Operario"
ElseIf (categoria =  "Técnico") Then
 mensaje = "La categoría es Técnico"
ElseIf (categoria =  "Jefe") Then
 mensaje = "La categoría es Jefe"
Else
 mensaje = "La categoría NO se encuentra registrada"
End If
```

**c.** Determinar si la fecha de acceso de un empleado se encuentra solo entre los años 2023, 2024 y 2025.

```
Dim fecha As Date
Dim mensaje As String
fecha= "11/01/2024"
if (fecha>="01/01/2023" AND fecha<="31/12/2023") Then
 mensaje = "La fecha se encuentra en el año 2023"
Else If (fecha>="01/01/2024" AND fecha<="31/12/2024") Then
 mensaje = "La fecha se encuentra en el año 2024"
Else If (fecha>="01/01/2025" AND fecha<="31/12/2025") Then
 mensaje = "La fecha se encuentra en el año 2025"
Else
 mensaje="La fecha NO se encuentra entre los años 2023, 2024 y 2025"
End If
```

## 4.6 Estructura de selección múltiple Select-Case

La estructura de decisión múltiple evalúa los posibles valores que puede tener una variable. A partir de este punto se tomarán distintas acciones.

En los siguientes casos se podría usar la estructura de selección múltiple:

**a.** Cuando se comprueba el tipo de categoría que puede tener un empleado. Por ejemplo, A, B, C, D o E.

**b.** Cuando se evalúa un rango de valores de un dato numérico, por ejemplo, la nota de un alumno podría ser especificada en rangos de 0 a 10, 11 a 15 y 16 a 20; de la misma forma se podría tratar un rango de fechas.

A continuación, se mostrarán los pasos que se deben seguir en una sentencia de selección múltiple para ejecutar una acción:

1. Evalúe el valor contenido en la variable.
2. Busque dicho valor en las alternativas especificadas, si lo encuentra, ejecutará las sentencias.
3. En caso de no encontrar una alternativa específica, se tomarán los valores por defecto de la sentencia siempre y cuando usted lo especifique. Esta alternativa es opcional.

### A. Formato de la estructura de sección múltiple Select-Case

```
Select Case Variable
             Case Valor1: Accion1
             Case Valor2: Accion2
             Case ValorN: AccionN
             Else
                   AccionFalsa
End Select
```

Donde:

- **Select Case:** indica el inicio de la estructura condicional múltiple.
- **Variable:** es el valor que se evalúa, según esto se realizará una acción especificada.
- **Case:** es el formato para especificar los valores posibles de la variable.
- **Valor1:** es el valor posible que puede tomar una variable.

- **Acción1:** es la acción que se realizará solo si la variable es igual al valor.
- **Else:** es la acción que se realizará si, una vez evaluado, no se encuentra el valor buscado.
- **End Select:** indica el final de la estructura condicional múltiple.

### B. Forma gráfica de la condición múltiple

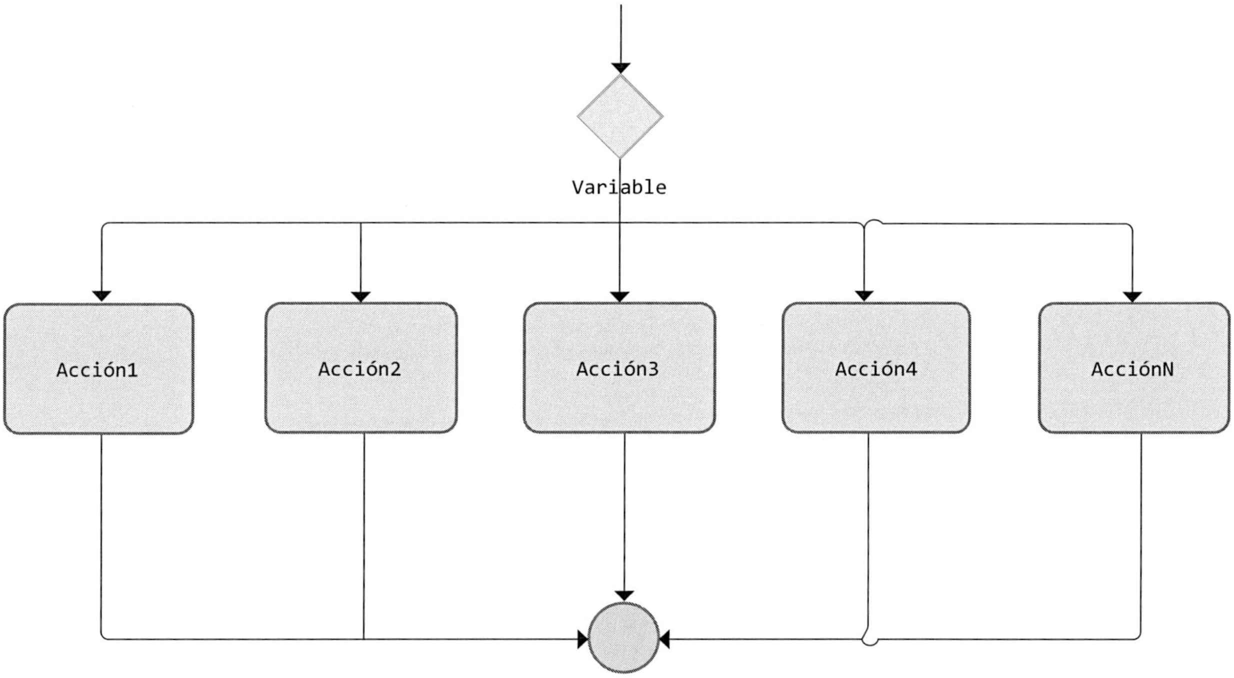


***Figura 22.*** Condicional de selección múltiple

Fuente. Elaboración propia

### C. Operadores válidos en los cases

| Operador | Ejemplo |
|---|---|
| `Case Valor` | `Case 1` |
| `Case Valor1, Valor2` | `Case 1, 2` |
| `Case ValorInicio To ValorFinal` | `Case 1 To 5` |
| `Case Is>Valor` | `Case Is > 100`<br>**`Case Is < 100`** |

### D. Implementación de la sentencia Select Case con código VBA

**a.** Determinar si la cuantía de venta es inferior a S/1000, si se encuentra entre 1000 y 2000 y si supera a 2000.

```
Dim monto As Currency
Dim mensaje As String
monto = 1500
Select Case monto
 Case Is<1000: mensaje = "Monto inferior a 1000"
 Case Is<=2000: mensaje = "Monto entre 1000 y 2000"
 Else
  mensaje = "Monto supera a 2000"
End Select
```

**b.** Determinar si la categoría de un empleado es Operario, Técnico o Jefe, pero no otras categorías.

```
Dim categoria As String
Dim mensaje As String
categoria = "Técnico"
Select Case categoria
 Case "Operario": mensaje = "La categoría es Operario"
 Case "Técnico": mensaje = "La categoría es Técnico"
 Case "Jefe": mensaje = "La categoría es Jefe"
 Else
  mensaje = "La categoría NO se encuentra registrada"
End Select
```

**c.** Determinar si la fecha de acceso de un empleado se encuentra entre los años 2023, 2024 y 2025, pero no en otros años.

```
Dim fecha As Date
Dim mensaje As String
fecha= "11/01/2024"
Select Case fecha
 Case "01/01/2023" To "31/12/2023":
  mensaje = "La fecha se encuentra en el año 2023"
 Case "01/01/2024" To "31/12/2024":
  mensaje = "La fecha se encuentra en el año 2024"
 Case "01/01/2025" To "31/12/2025":
  mensaje = "La fecha se encuentra en el año 2025"
 Else
  mensaje="La fecha NO se encuentra entre los años 2023, 2024 y 2025"
End Select
```

# 4.7 Casos desarrollados

## 4.7.1 Caso desarrollado 1: venta de ventiladores (If simple)

Una empresa de venta de electrodomésticos de la ciudad de Lima requiere controlar la venta de sus ventiladores, puesto que ha aumentado la demanda de estos productos. Usted debe implementar una aplicación VBA que permita simular la venta de cierta cantidad de ventiladores. Por lo tanto, debe tener en cuenta los siguientes aspectos:

**a.** Debe usar funciones o procedimientos necesarios para la aplicación.

**b.** Debe validar que, antes de mostrar los resultados solicitados, se compruebe la introducción de la cantidad de productos. En caso de que no sea introducida, debe mostrarse un mensaje de error y limpiar las celdas de Excel.

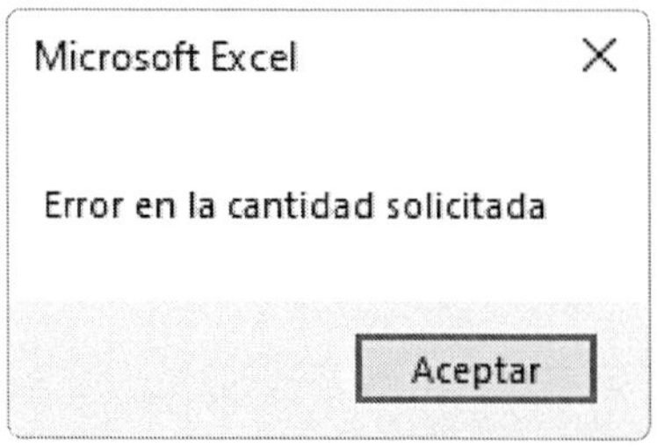

Pasos:

1. Diseñe el siguiente modelo de solución en Excel.

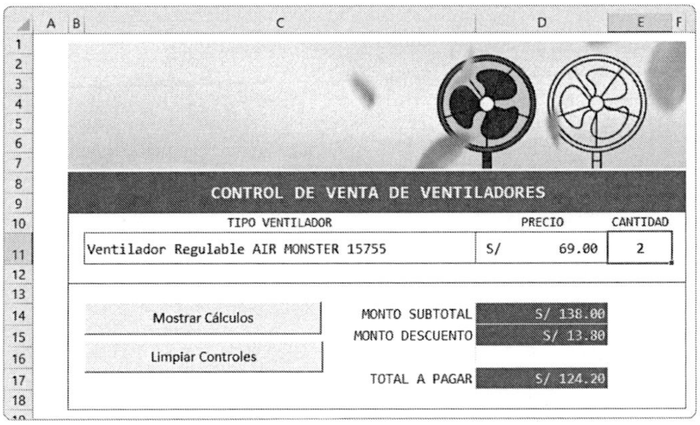


***Figura 23.*** Control de venta de Excel

2. Tenga en cuenta que los botones **Mostrar Cálculos** y **Limpiar Controles** se diseñan después de codificar en VBA.
3. El proyecto consta de dos hojas: la primera hoja se llama **Venta**, donde se muestran los datos de la solución; y la segunda hoja, **Fuente**, donde se muestra una lista de los productos en venta.

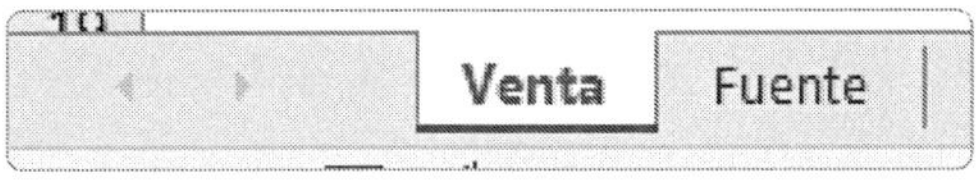


4. En la sección **TIPO VENTILADOR**, el usuario debe seleccionar el tipo de ventilador. Para esto, debe agregar una hoja de Excel tal como se muestra a continuación:

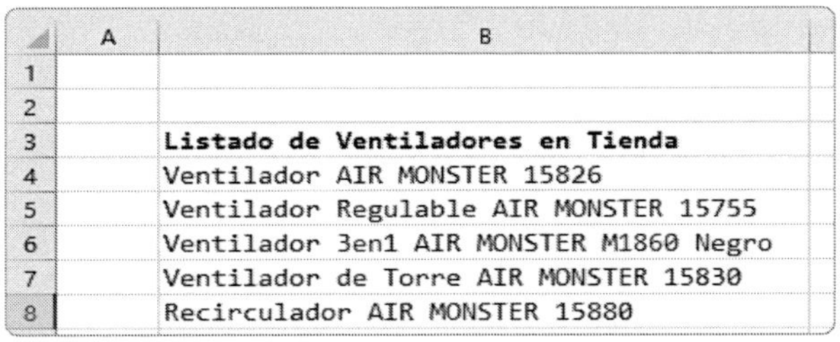


5. Ubíquese en la **celda C11 de la primera hoja > Datos > Validación de datos** y aplique las opciones como se muestra en la siguiente imagen:

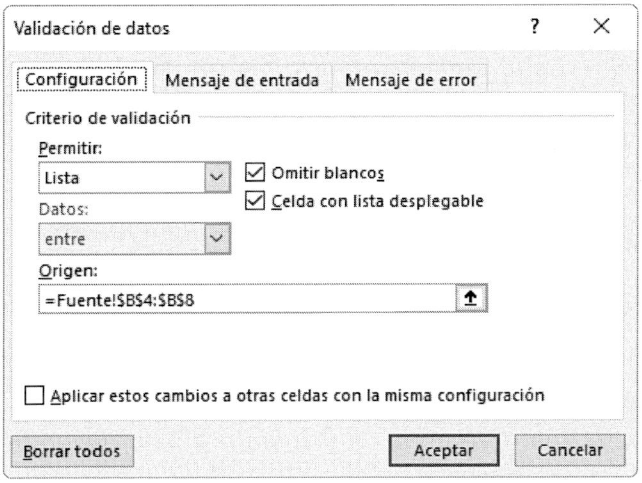

6. Seleccione desde Excel **Ficha > Programador > Visual Basic**.
7. Agregue un módulo y llámelo "modCalculos".
8. Agregue el siguiente código en el módulo:

```
Function fnAsignarPrecio(ByVal tipo As String)
    Dim precio As Currency
    If tipo = "Ventilador AIR MONSTER 15826" Then precio = 89
    If tipo = "Ventilador Regulable AIR MONSTER 15755" Then precio = 69
    If tipo = "Ventilador 3en1 AIR MONSTER M1860 Negro" Then precio = 169
    If tipo = "Ventilador de Torre AIR MONSTER 15830" Then precio = 129
    If tipo = "Recirculador AIR MONSTER 15880" Then precio = 119
    fnAsignarPrecio = precio
End Function

Sub realizarCalculos()
    Dim precio As Currency
    Dim cantidad As Integer
    Dim subtotal As Currency
    Dim descuento As Currency
    Dim total As Currency

    If (Range("D11").Value = "") Then
        MsgBox "Error en el precio del producto"
        Range("D11").Activate
        Exit Sub
    End If
    If (Range("E11").Value = "") Then
        MsgBox "Error en la cantidad solicitada"
        Range("E11").Activate
        Exit Sub
    End If

    'Obtener la información desde Excel
    precio = CDbl(Range("D11").Value)
    cantidad = CInt(Range("E11").Value)

    'Determinar el subtotal de la venta
    subtotal = precio * cantidad

    'Determinar el descuento según el subtotal
    If (subtotal <= 100) Then descuento = 0
    If (subtotal > 100 And subtotal < 250) Then descuento = 0.1 * subtotal
```

```
    If (subtotal >= 250) Then descuento = 0.15 * subtotal

    'Calcular el total a pagar
    total = subtotal - descuento

    'Impresión
    Range("D14").Value = subtotal
    Range("D15").Value = descuento
    Range("D17").Value = total

End Sub

Sub limpiarControles()
    Range("E11").Value = ""
    Range("D14").Value = ""
    Range("D15").Value = ""
    Range("D17").Value = ""
    Range("E11").Activate
End Sub
```

9. En la celda **D11** de Excel agregue la función **fnAsignarPrecio** y seleccione la celda **C11** como parámetro de la función.
10. Agregue el botón **Mostrar Cálculos** desde la ficha **Programador > Insertar > Botón** y asígnele el procedimiento **realizarCalculos**.
11. Agregue el botón **Limpiar Controles** desde la ficha **Programador > Insertar > Botón** y asígnele el procedimiento **limpiarControles**.
12. Finalmente, guarde el proyecto como tipo de **Libro de Excel habilitado para Macros**.

### 4.7.2 Caso desarrollado 2: pago por estacionamiento (If simple)

Una empresa de alquiler de espacios para el estacionamiento de coches en la ciudad de Lima requiere controlar el coste que debe realizar a un determinado cliente cuando este deja su automóvil y lo recoge. Esta actividad se viene realizando de manera manual, es decir, anotando en un cuaderno y calculando, sin precisión, las cuantías que el usuario debe pagar. Usted debe implementar una aplicación VBA que permita controlar el pago que debe realizar un usuario cuando deja su automóvil en el estacionamiento. Por lo tanto, debe tener en cuenta los siguientes aspectos:

- **a.** Debe usar funciones o procedimientos necesarios para la aplicación.
- **b.** El coste por hora exacta es de 5 soles para cualquier tipo de vehículo.
- **c.** Solo se darán 5 minutos de cortesía antes de cobrar por una hora más de alquiler del espacio.
- **d.** Se considera una nueva hora de alquiler si se superan los 5 minutos. Por ejemplo, si la hora de acceso son las 08:00:00 y la hora de recogida las 09:06:00 se cobrarán dos horas.

Pasos:

1. Diseñe el siguiente modelo de solución en Excel.

*Figura 24.* Control de pago por estacionamiento

2. Tenga en cuenta que los botones **Mostrar Fecha y Hora** y **Mostrar Resultados** se diseñan después de codificar en VBA.
3. Seleccione desde Excel **Ficha > Programador > Visual Basic**.
4. Agregue dos módulos, tal como se muestra en la siguiente imagen:

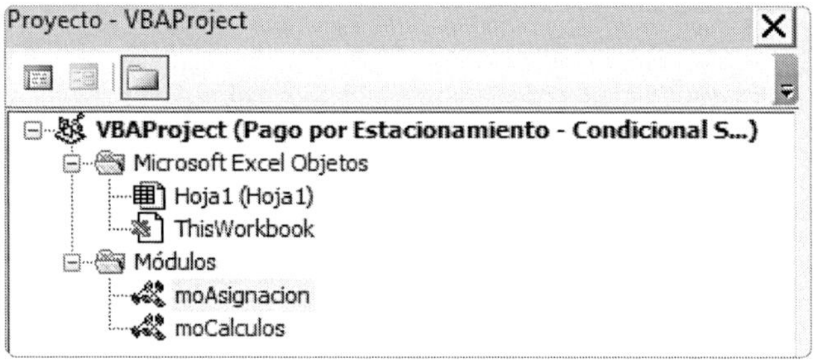


5. Agregue el siguiente código al módulo **moAsignación**:

```
Sub mostrarFechayHora()
     Range("G12").Value = Date
     Range("D18").Value = Format(Now, "hh:mm:ss")
     Range("D20").Activate
End Sub
```

6. Agregue el siguiente código al módulo **moCalculos**:

```
Sub determinarCalculos()
    Dim hEntrada As Date
    Dim hRegreso As Date
    Dim diferencia As Date
```

```
    Dim monto As Currency
    Dim h, m, s As Integer

    hEntrada = Range("D18").Value
    hRegreso = Range("D20").Value

    diferencia = hRegreso - hEntrada

    h = Hour(diferencia)
    m = Minute(diferencia)
    s = Second(diferencia)

    If (m > 5) Then
        monto = (h + 1) * 5
        Else
        monto = h * 5
    End If

    Range("G17").Value = h
    Range("G18").Value = m
    Range("G19").Value = s

    Range("G21").Value = monto
End Sub
```

7. Agregue el botón **Mostrar Fecha y Hora** desde la ficha **Programador > Insertar > Botón** y asígnele el procedimiento **mostrarFechayHora**.
8. Agregue el botón **Mostrar Resultados** desde la ficha **Programador > Insertar > Botón** y asígnele el procedimiento **determinarCalculos**.
9. Finalmente, guarde el proyecto como tipo de **Libro de Excel habilitado para Macros**.

### 4.7.3 Caso desarrollado 3: venta de papeles (If doble)

La empresa papelera Umbrella SAC se dedica a la fabricación y distribución de papel por paquetes de 500 hojas. Por campaña escolar, en el mes de enero y febrero, se oferta la venta de papel bond en todos sus puntos de venta. Usted debe implementar una aplicación VBA que permita controlar las ventas de los paquetes de papeles. Por lo tanto, debe tener en cuenta los siguientes aspectos:

a. Debe usar funciones o procedimientos necesarios para la aplicación.
b. Para compras menores o iguales a 5 paquetes se paga el precio normal.
c. Para los primeros 5 paquetes se paga el precio normal, y por compras mayores se paga el 85 % del precio normal.
d. Adicionalmente, en las compras de más de 10 paquetes el cliente recibe dos extra.

Pasos:

1. Diseñe el siguiente modelo de solución en Excel.

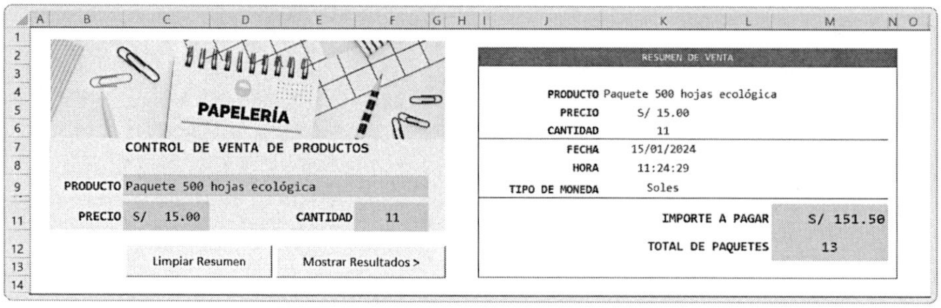


***Figura 25.*** Control de venta de papeles

2. Tenga en cuenta que los botones **Mostrar Resultados >** y **Limpiar Resumen** se diseñan después de codificar en VBA.
3. Seleccione desde Excel **Ficha > Programador > Visual Basic**.
4. Agregue un módulo tal como se muestra en la siguiente imagen:

5. Añada el siguiente código al módulo **moCalculos**:

```
Sub mostrarCalculos()
    Dim producto As String
    Dim precio As Currency
    Dim cantidad As Integer
    Dim importe As Currency
    Dim total As Integer

    If (Range("C11").Value = "") Then
        MsgBox "Debe ingresar el precio"
        Range("C11").Activate
        Exit Sub
    End If
    If (Range("F11").Value = "") Then
        MsgBox "Debe ingresar una cantidad"
        Range("F11").Activate
        Exit Sub
    End If
```

```
    'Obtener la información desde Excel
    producto = Range("C9").Value
    precio = Range("C11").Value
    cantidad = Range("F11").Value

    'Realizar los cálculos
    If (cantidad <= 5) Then
        importe = precio * cantidad
    Else
        importe = precio * 5 + 0.85 * precio * (cantidad - 5)
    End If

    If (cantidad > 10) Then
        total = cantidad + 2
    Else
        total = cantidad
    End If

    'Impresión
    Range("K4").Value = producto
    Range("K5").Value = precio
    Range("K6").Value = cantidad
    Range("K7").Value = Date
    Range("K8").Value = Now
    Range("K9").Value = "Soles"

    Range("M11").Value = importe
    Range("M12").Value = total
End Sub

Sub limpiarCeldas()
    Range("K4").Value = ""
    Range("K5:K9").ClearContents
    Range("M11").Value = ""
    Range("M12").Value = ""
    Range("K4").Activate
End Sub
```

6. Agregue el botón **Mostrar Resultados** > desde la ficha **Programador > Insertar > Botón** y asígnele el procedimiento **mostrarCalculos**.
7. Agregue el botón **Limpiar Resumen** desde la ficha **Programador > Insertar > Botón** y asígnele el procedimiento **limpiarCeldas**.
8. Finalmente, guarde el proyecto como tipo de **Libro de Excel habilitado para Macros**.

### 4.7.4 Caso desarrollado 4: pago a empleados (If doble)

Una empresa de venta de piezas de automóviles en Lima paga a sus empleados por horas trabajadas por cada semana. El sueldo bruto semanal se calcula multiplicando las horas trabajadas por la tarifa horaria del empleado. Por ley, todo empleado está sujeto a un descuento del 12 % del sueldo bruto si es mayor de S/2500; en caso contrario, solo se descuenta el 9 % del sueldo bruto. El sueldo neto se calcula restando el sueldo bruto menos el importe del descuento. Usted debe implementar una aplicación VBA que permita controlar los pagos a los empleados. Por lo tanto, debe tener en cuenta los siguientes aspectos:

- **a.** Debe usar funciones o procedimientos necesarios para la aplicación.
- **b.** El nombre del empleado, la tarifa y las horas de trabajo deben ser introducidas en la hoja de Excel.
- **c.** Compruebe que las celdas donde se encuentre el nombre, las horas y la tarifa no se encuentren vacías; en ese caso, la aplicación debe mostrar un mensaje y ubicar el cursor donde falte algún dato.

Pasos:

1. Diseñe el siguiente modelo de solución en Excel.

***Figura 26.*** Control de pago a empleados

2. Tenga en cuenta que el botón **Calcular** se diseña después de codificar en VBA.
3. Seleccione desde Excel **Ficha > Programador > Visual Basic**.
4. Agregue un módulo tal como se muestra en la siguiente imagen:

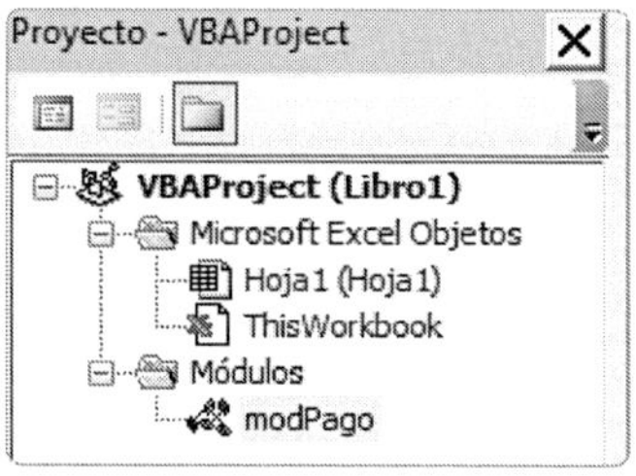


5. Añada el siguiente código al módulo **modPago**:

```
Sub generarCalculos()
    Dim horasTrabajas As Integer
    Dim tarifa As Currency
    Dim sueldoBruto As Currency
    Dim descuento As Currency
    Dim neto As Currency

    If (Range("D11").Value = "") Then
        MsgBox "Debe ingresar nombre del empleado"
        Range("D11").Activate
        Exit Sub
    End If
    If (Range("D12").Value = "") Then
        MsgBox "Debe ingresar las horas de trabajo"
        Range("D12").Activate
        Exit Sub
    End If
    If (Range("F12").Value = "") Then
        MsgBox "Debe ingresar la tarifa horaria"
        Range("F12").Activate
        Exit Sub
    End If

    'Obtener los valores de Excel
    horasTrabajadas = Range("D12").Value
    tarifa = Range("F12").Value

    'Realizando cálculos
    sueldoBruto = horasTrabajadas * tarifa

    If (sueldoBruto > 2500) Then
        descuento = 0.12 * sueldoBruto
        Else
        descuento = 0.09 * sueldoBruto
    End If

    neto = sueldoBruto - descuento

    'Imprimir
```

```
    Range("H12").Value = Date
    Range("D15").Value = sueldoBruto
    Range("D16").Value = descuento
    Range("D17").Value = neto
End Sub
```

6. Agregue el botón **Calcular** desde la ficha **Programador > Insertar > Botón** y asígnele el procedimiento **generarCalculos**.
7. Finalmente, guarde el proyecto como tipo de **Libro de Excel habilitado para Macros**.

### 4.7.5 Caso desarrollado 5: pago de pensiones (If doblemente enlazado)

Un colegio particular de Lima necesita controlar los pagos mensuales que realizan los padres de familia según la media obtenida en su anterior colegio; pero si estudió en el mismo colegio se obtiene la media del año anterior de estudio. Usted debe implementar una aplicación VBA que permita controlar los pagos de las pensiones que se realizan. Por lo tanto, debe tener en cuenta los siguientes aspectos:

a. Debe usar funciones o procedimientos necesarios para la aplicación.
b. El nombre, la categoría y la media del estudiante deben ser introducidos en la hoja de Excel.
c. De acuerdo con la categoría del estudiante, se asigna una pensión mensual tal como se muestra en el siguiente cuadro:

| CATEGORÍA | PENSIÓN MENSUAL |
|---|---|
| Regular | S/700.00 |
| Becado | S/100.00 |
| Semibeca | S/400.00 |
| Hijo de Personal | S/325.00 |

d. La selección de la categoría del estudiante se debe seleccionar desde una lista desplegable desde Excel. Para esto, agregue una hoja llamada Fuente donde defina las categorías de los estudiantes y asóciela a la celda de la categoría mediante **Validación de datos** de la ficha **Datos**.
e. Al inicio del año escolar se definen los descuentos conforme al rendimiento del estudiante tal como se muestra en la siguiente tabla:

| PROMEDIO | DESCUENTO SOBRE PENSIÓN MENSUAL |
|---|---|
| Hasta 14 | No aplica descuento |
| 15 a 17 | 5 % |
| 18 a 19 | 10 % |
| 20 | 20 % |

f. Compruebe que las celdas donde se encuentre el nombre, la categoría y el promedio no se encuentren vacías, en caso contrario, la aplicación debe mostrar un mensaje y ubicar el cursor donde falte rellenar algún dato.

Pasos:

1. Diseñe el siguiente modelo de solución en Excel.

*Figura 27.* Control de pago de pensiones

2. Tenga en cuenta que el botón **Mostrar Resultados** se diseña después de codificar en VBA.
3. Seleccione desde Excel **Ficha > Programador > Visual Basic**.
4. Agregue un módulo tal como se muestra en la siguiente imagen:

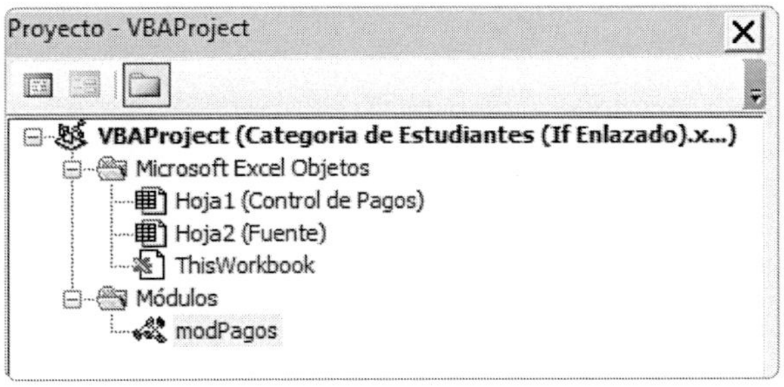


5. Añada el siguiente código al módulo **modPagos**:

```
Sub mostrarCalculos()
    Dim categoria As String
    Dim promedio As Integer
    Dim monto As Currency
    Dim descuento As Currency
    Dim pension As Currency

    'Validando los datos desde Excel
    If (Range("D9").Value = "") Then
        MsgBox "Debe ingresar nombre del estudiante"
        Range("D9").Activate
        Exit Sub
```

```
End If
If (Range("D10").Value = "") Then
    MsgBox "Debe seleccionar una categoría"
    Range("D10").Activate
    Exit Sub
End If
If (Range("F10").Value = "") Then
    MsgBox "Debe ingresar un promedio"
    Range("F10").Activate
    Exit Sub
End If

'Obtener los valores desde Excel
categoria = Range("D10").Value
promedio = Range("F10").Value

'Determinar el monto por categoría
If (categoria = "Regular") Then
    monto = 700
ElseIf (categoria = "Becado") Then
    monto = 100
ElseIf (categoria = "SemiBeca") Then
    monto = 400
Else
    monto = 325
End If

'Determinar el descuento
If (promedio <= 14) Then
    descuento = 0
ElseIf (promedio >= 15 And promedio <= 17) Then
    descuento = 0.05 * monto
ElseIf (promedio >= 18 And promedio <= 19) Then
    descuento = 0.1 * monto
Else
    descuento = 0.2 * monto
End If

'Obtener la pensión
pension = monto - descuento
```

```
    'Imprimir
    Range("E15").Value = monto
    Range("E16").Value = descuento
    Range("E18").Value = pension
End Sub
```

6. Agregue el botón **Mostrar Resultados** desde la ficha **Programador** > **Insertar** > **Botón** y asígnele el procedimiento **mostrarCalculos**.
7. Finalmente, guarde el proyecto como tipo de **Libro de Excel habilitado para Macros**.

### 4.7.6 Caso desarrollado 6: venta de productos (If doblemente enlazado)

Un supermercado en la ciudad de Lima necesita controlar la venta de una promoción por apertura de bebidas gaseosas de 625 ml debido a que quieren aumentar el reconocimiento de la comunidad. Usted debe implementar una aplicación VBA que permita controlar las ventas de las bebidas que se realizan. Por tanto, debe tener en cuenta los siguientes aspectos:

a. Debe usar funciones o procedimientos necesarios para la aplicación.
b. El producto y la cantidad seleccionada deben ser introducidos en la hoja de Excel.
c. Según el producto se asigna un precio, que luego debe ser mostrado en la hoja de Excel (por lo que usted no debe introducir el precio), tal como se muestra en el siguiente cuadro:

| PRODUCTO | PRECIO |
|---|---|
| Coca Cola | S/3.50 |
| Pepsi Cola | S/3.00 |
| Crush | S/2.50 |
| Kola Escocesa | S/5.00 |

d. El producto se debe seleccionar desde una lista desplegable desde Excel. Para esto, agregue una hoja llamada Fuente donde defina los productos y asóciela a la celda del producto mediante **Validación de datos** de la ficha **Datos**.
e. Aplique los siguientes descuentos de acuerdo con la cantidad de botellas adquiridas tal como se muestra en la siguiente tabla:

| CANTIDAD | DESCUENTO |
|---|---|
| Hasta 2 | No aplica descuento |
| Entre 3 y 5 | 10 % |
| 6 | 20 % |
| Superior a 6 | 25 % |

f. Compruebe que las celdas donde se encuentre el producto y la cantidad no se encuentren vacías; en ese caso, la aplicación debe mostrar un mensaje y ubicar el cursor donde falte rellenar algún dato.

Pasos:

1. Diseñe el siguiente modelo de solución en Excel.

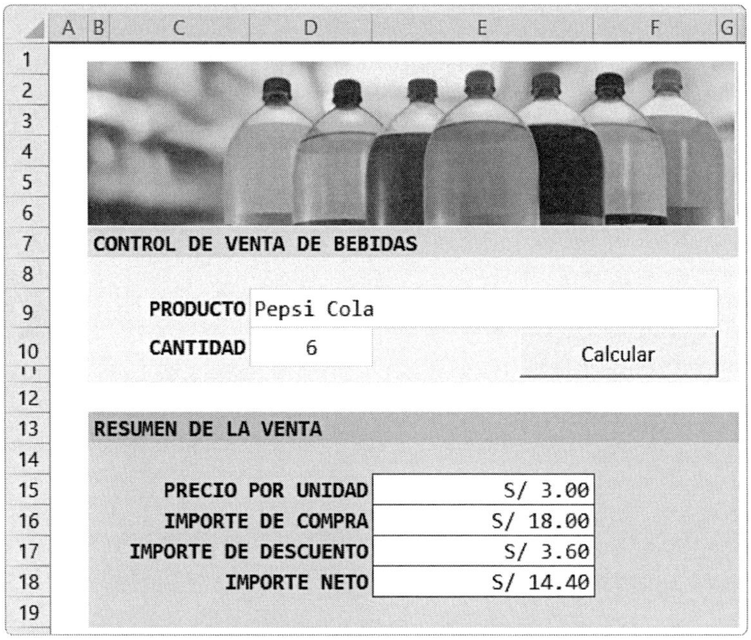


*Figura 28.* Control de venta de productos

2. Tenga en cuenta que el botón **Calcular** se diseña después de codificar en VBA.
3. Seleccione desde Excel **Ficha** > **Programador** > **Visual Basic**.
4. Agregue un módulo tal como se muestra en la siguiente imagen:

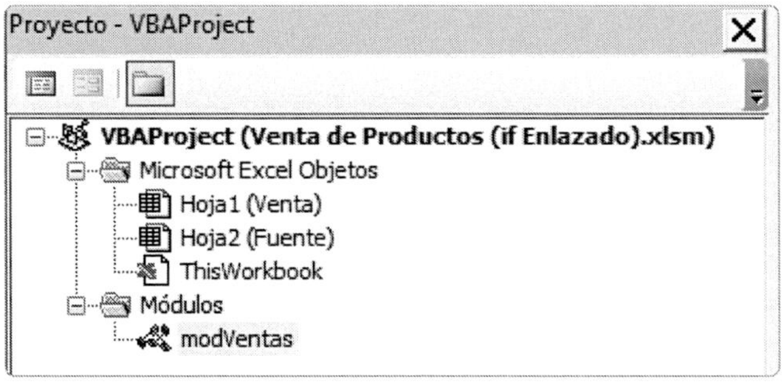


5. Añada el siguiente código al módulo **modVenta**:

```
Sub mostrarCalculos()
    Dim producto As String
    Dim cantidad As Integer
    Dim precio As Currency
    Dim importeCompra As Currency
    Dim importeDescuento As Currency
    Dim importeNeto As Currency
```

```
'Validar los datos desde Excel
If (Range("D9").Value = "") Then
    MsgBox "Debe seleccionar el producto"
    Range("D9").Activate
    Exit Sub
End If
If (Range("D10").Value = "") Then
    MsgBox "Debe ingresar la cantidad"
    Range("D10").Activate
    Exit Sub
End If

'Obtener los valores desde Excel
producto = Range("D9").Value
cantidad = Range("D10").Value

'Asignar el precio de los productos
If (producto = "Coca Cola") Then
    precio = 3.5
ElseIf (producto = "Pepsi Cola") Then
    precio = 3
ElseIf (producto = "Crush") Then
    precio = 2.5
Else
    precio = 5
End If

'Calcular el importe de Compra
importeCompra = precio * cantidad

'Determinar el descuento
If (cantidad <= 2) Then
    importeDescuento = 0
ElseIf (cantidad >= 3 And cantidad <= 5) Then
    importeDescuento = 0.1 * importeCompra
ElseIf (cantidad = 6) Then
    importeDescuento = 0.2 * importeCompra
ElseIf (cantidad > 6) Then
    importeDescuento = 0.25 * importeCompra
End If
```

```
    'Calcular el importe neto
    importeNeto = importeCompra - importeDescuento

    'Imprimir
    Range("E15").Value = precio
    Range("E16").Value = importeCompra
    Range("E17").Value = importeDescuento
    Range("E18").Value = importeNeto
End Sub
```

6. Agregue el botón **Calcular** desde la ficha **Programador** > **Insertar** > **Botón** y asígnele el procedimiento **mostrarCalculos**.
7. Finalmente, guarde el proyecto como tipo de **Libro de Excel habilitado para Macros**.

### 4.7.7 Caso desarrollado 7: pago de pensiones (Select Case)

Un colegio particular ubicado en la ciudad de Lima necesita controlar los pagos mensuales que realizan los padres de familia según la media obtenida en su anterior colegio; y, si estudió en el mismo colegio, se obtiene la media del año anterior de estudio. Usted debe implementar una aplicación VBA que permita controlar los pagos de las pensiones. Asimismo, debe tener en cuenta los siguientes aspectos:

a. Debe usar funciones o procedimientos necesarios para la aplicación.
b. El nombre, la categoría y la media del estudiante deben ser introducidos en la hoja de Excel.
c. De acuerdo con la categoría del estudiante, se asigna una pensión mensual tal como se muestra en el siguiente cuadro:

| CATEGORÍA | PENSIÓN MENSUAL |
|---|---|
| Regular | S/700.00 |
| Becado | S/100.00 |
| Semibeca | S/400.00 |
| Hijo de Personal | S/325.00 |

d. La selección de la categoría del estudiante se debe seleccionar desde una lista desplegable desde Excel. Para esto, agregue una hoja llamada Fuente donde defina las categorías de los estudiantes y asóciela con la celda de la categoría mediante **Validación de datos** de la ficha **Datos**.
e. Al inicio del año escolar se definen los descuentos conforme al rendimiento del estudiante tal como se muestra en la siguiente tabla:

| CATEGORÍA | PENSIÓN MENSUAL |
|---|---|
| Regular | S/700.00 |
| Becado | S/100.00 |
| Semibeca | S/400.00 |
| Hijo de Personal | S/325.00 |

f. Compruebe que las celdas donde se encuentren el nombre, la categoría y la media no se encuentren vacías; en ese caso, la aplicación debe mostrar un mensaje y ubicar el cursor donde falte rellenar algún dato.

Pasos:

1. Diseñe el siguiente modelo de solución en Excel.

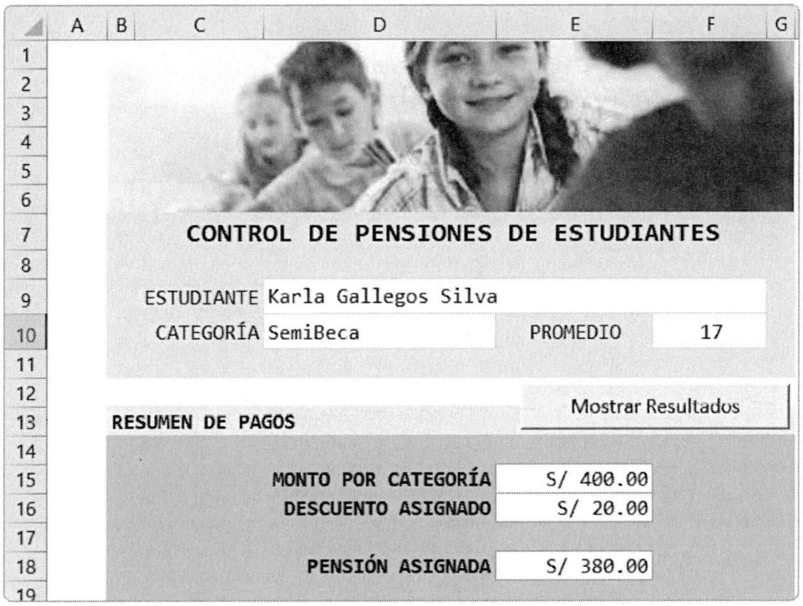


*Figura 29.* Control de pago de pensiones

2. Tenga en cuenta que el botón **Mostrar Resultados** se diseña después de codificar en VBA.
3. Seleccione desde Excel **Ficha > Programador > Visual Basic**.
4. Agregue un módulo tal como se muestra en la siguiente imagen:

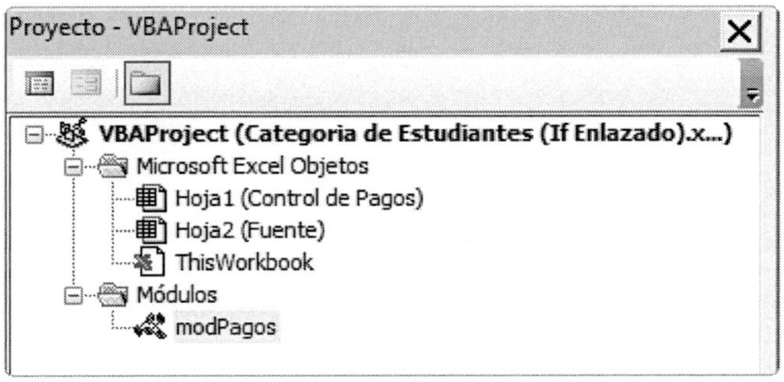


5. Añada el siguiente código al módulo **modPagos**:

```
Sub mostrarCalculos()
    Dim categoria As String
    Dim promedio As Integer
    Dim monto As Currency
    Dim descuento As Currency
    Dim pension As Currency
    'Validando los datos desde Excel
```

```
If (Range("D9").Value = "") Then
    MsgBox "Debe ingresar nombre del estudiante"
    Range("D9").Activate
    Exit Sub
End If
If (Range("D10").Value = "") Then
    MsgBox "Debe seleccionar una categoría"
    Range("D10").Activate
    Exit Sub
End If
If (Range("F10").Value = "") Then
    MsgBox "Debe ingresar un promedio"
    Range("F10").Activate
    Exit Sub
End If

'Obtener los valores desde Excel
categoria = Range("D10").Value
promedio = Range("F10").Value

'Determinar el monto por categoría
Select Case categoria
    Case "Regular": monto = 700
    Case "Becado": monto = 100
    Case "SemiBeca": monto = 400
    Case Else: monto = 325
End Select

'Determinar el descuento
Select Case promedio
    Case Is <= 14: descuento = 0
    Case Is <= 17: descuento = 0.05 * monto
    Case Is <= 19: descuento = 0.1 * monto
    Case Is > 19: descuento = 0.2 * monto
End Select

'Obtener la pensión
pension = monto - descuento

'Imprimir
```

```
    Range("E15").Value = monto
    Range("E16").Value = descuento
    Range("E18").Value = pension
End Sub
```

6. Agregue el botón **Mostrar Resultados** desde la ficha **Programador > Insertar > Botón** y asígnele el procedimiento **mostrarCalculos**.
7. Finalmente, guarde el proyecto como tipo de **Libro de Excel habilitado para Macros**.

### 4.7.8 Caso desarrollado 8: venta de productos (Select Case)

Un supermercado de Lima requiere controlar la venta de las bebidas gaseosas de 625 ml en promoción por su apertura, ya que necesitan aumentar el reconocimiento de la comunidad. Usted debe implementar una aplicación VBA que permita controlar las ventas de las bebidas que se realiza. Por lo tanto, debe tener en cuenta los siguientes aspectos:

a. Debe usar funciones o procedimientos necesarios para la aplicación.
b. El producto y la cantidad seleccionados deben ser introducidos en la hoja de Excel.
c. Según el producto, se asigna el precio que luego debe ser mostrado en la hoja de Excel (usted no debe introducir el precio) como se muestra en el siguiente cuadro:

| PRODUCTO | PRECIO |
|---|---|
| Coca Cola | S/3.50 |
| Pepsi Cola | S/3.00 |
| Crush | S/2.50 |
| Kola Escocesa | S/5.00 |

d. El producto se debe seleccionar desde una lista desplegable desde Excel. Para esto, agregue una hoja llamada Fuente donde defina los productos y asóciela a la celda del producto mediante **Validación de datos** de la ficha **Datos**.
e. Aplique los siguientes descuentos de acuerdo con la cantidad de botellas adquiridas, tal como se muestra en la siguiente tabla:

| CANTIDAD | DESCUENTO |
|---|---|
| Hasta 2 | No aplica descuento |
| Entre 3 y 5 | 10 % |
| 6 | 20 % |
| Superior a 6 | 25 % |

f. Compruebe que las celdas donde se encuentre el producto y la cantidad no se encuentren vacías; en ese caso, la aplicaicón mostrará un mensaje y ubicará el cursor donde falte rellenar algún dato.

Pasos:

1. Diseñe el siguiente modelo de solución en Excel.

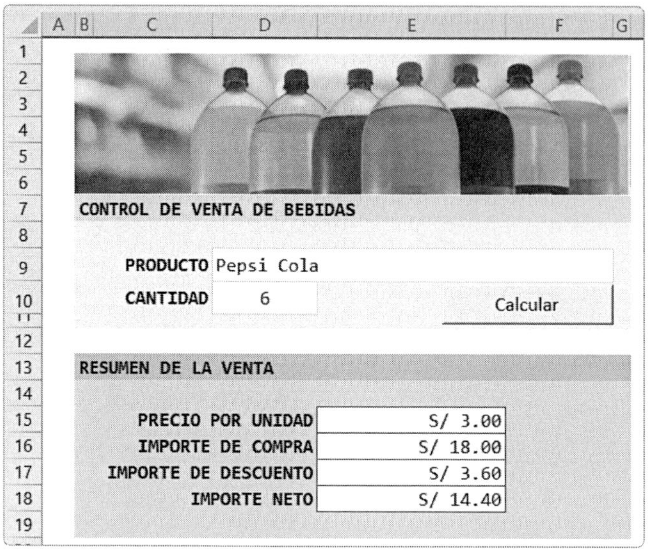


***Figura 30.*** Control de venta de productos

2. Tenga en cuenta que el botón **Calcular** se diseña después de codificar en VBA.
3. Seleccione desde Excel **Ficha > Programador > Visual Basic**.
4. Agregue un módulo tal como se muestra en la siguiente imagen:

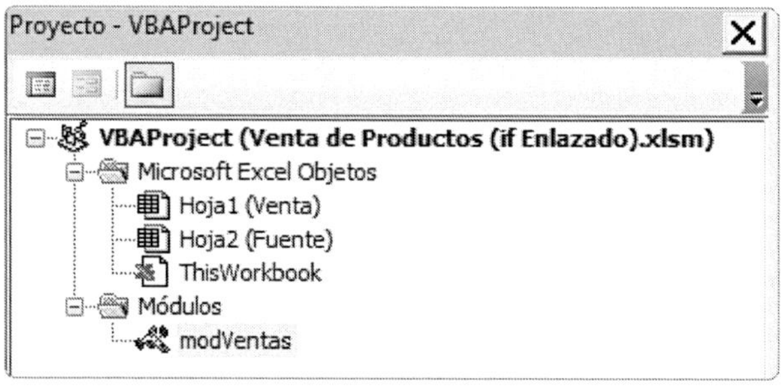


5. Agregue el siguiente código al módulo **modVenta**:

```
Sub mostrarCalculos()
    Dim producto As String
    Dim cantidad As Integer
    Dim precio As Currency
    Dim importeCompra As Currency
    Dim importeDescuento As Currency
    Dim importeNeto As Currency

    'Validar los datos desde Excel
    If (Range("D9").Value = "") Then
        MsgBox "Debe seleccionar el producto"
        Range("D9").Activate
```

```
        Exit Sub
    End If
    If (Range("D10").Value = "") Then
        MsgBox "Debe ingresar la cantidad"
        Range("D10").Activate
        Exit Sub
    End If

    'Obtener los valores desde Excel
    producto = Range("D9").Value
    cantidad = Range("D10").Value

    'Asignar el precio de los productos
    Select Case producto
        Case "Coca Cola": precio = 3.5
        Case "Pepsi Cola": precio = 3
        Case "Crush": precio = 2.5
        Case Else: precio = 5
    End Select

    'Calcular el importe de Compra
    importeCompra = precio * cantidad

    'Determinar el descuento
    Select Case cantidad
        Case Is <= 2: importeDescuento = 0
        Case Is <= 5: importeDescuento = 0.1 * importeCompra
        Case 6: importeDescuento = 0.2 * importeCompra
        Case Is > 6: importeDescuento = 0.25 * importeCompra
    End Select

    'Calcular el importe neto
    importeNeto = importeCompra - importeDescuento

    'Imprimir
    Range("E15").Value = precio
    Range("E16").Value = importeCompra
    Range("E17").Value = importeDescuento
    Range("E18").Value = importeNeto
End Sub
```

6. Agregue el botón **Calcular** desde la ficha **Programador > Insertar > Botón** y asígnele el procedimiento **mostrarCalculos**.
7. Finalmente, guarde el proyecto como tipo de **Libro de Excel habilitado para Macros**.

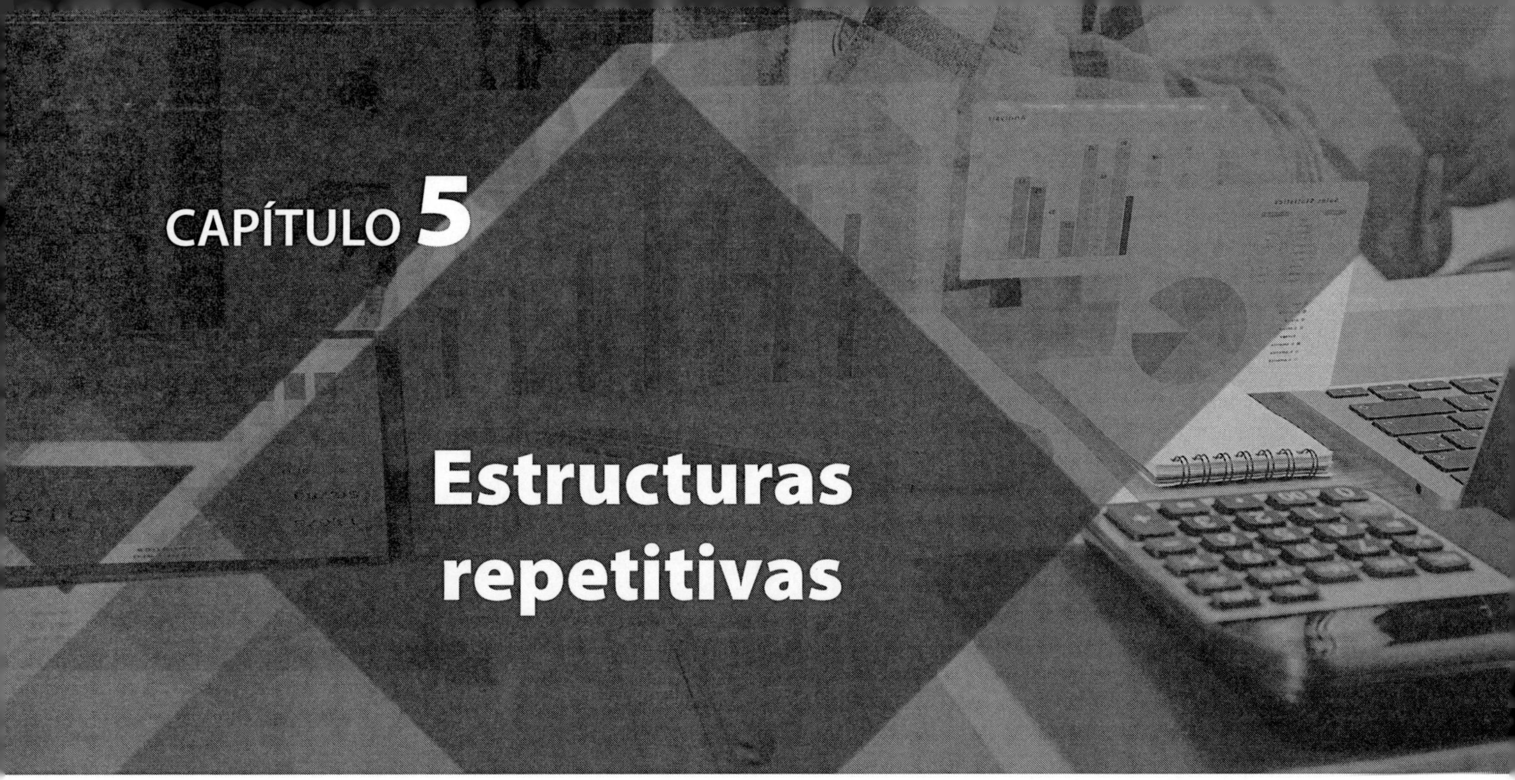

# CAPÍTULO 5

# Estructuras repetitivas

## 5.1 Introducción

El uso de los ordenadores presenta capacidades muy importantes, tales como la velocidad en la que ejecuta sus procesos, la precisión que presentan sus resultados y la fiabilidad de la información. Entonces, si se quiere aumentar dicha capacidad dentro de los procesos, se deben optimizar tareas haciendo uso de las estructuras de repetición.

Las estructuras de repetición se caracterizan por ejecutar un bloque de instrucciones o sentencias un número determinado de veces. Por consiguiente, se puede ahorrar espacio en código y variables ante el uso de una estructura repetitiva, la cual es llamada optimización del código. Cabe mencionar que las estructuras de repetición tienen su base fundamental para generar dichas repeticiones usando la estructura While, For y Do While.

Se pudo notar que es necesario el uso sentencias repetitivas dentro de un bloque de código, puesto que no es solo el hecho de ahorrar líneas de código, sino que el concepto es más técnico. Cada proceso tiene su propia necesidad, de modo que debe darse cuenta de si necesita o no estas estructuras. En ese sentido, se podrían presentar en los siguientes casos:

- **a.** Proceso de registros de los movimientos bancarios que realiza un determinado cliente en un mes.
- **b.** Determinar el número de candidatos aprobados y suspensos en un examen de admisión.
- **c.** Determinar las cuantías y las fechas de pago que debe realizar un cliente por un préstamo bancario.
- **d.** Contabilizar los puntos ganados en un juego en línea.

En este capítulo se analizarán los contadores y acumuladores; esto permitirá comprender por qué una estructura repetitiva genera ciclos de repeticiones o bucles. Seguidamente, se estudiará la estructura While, For, Do While. Finalmente, se desarrollarán casos prácticos sobre estructuras de repetición integrando los contadores y acumuladores.

## 5.2 Contadores

Son sentencias que permiten contabilizar algún evento o suceso dentro del código VBA. Su mayor rendimiento se da al integrarse en las estructuras de repetición, de otra manera los contadores deben declararse de forma global.

### A. Formato de contadores

#### a. Recuento directo

Los recuentos siempre se ejecutan por unidades, por tanto, siempre se debe colocar el valor 1 en todo tipo de recuento, ya sea positivo o negativo.

```
Contador = Contador + 1
```

**Contador+1** indica que el último valor que contenga la variable Contador aumentará en una unidad, mientras que **Contador=** registra el nuevo valor del contador.

Se debe tener en cuenta que puede usarse cualquier variable en el formato, no necesariamente la variable Contador. Por ejemplo:

- CP = CP+1, contador de números pares.
- CMOV = CMOV+1, contador de movimientos bancarios.
- GOL = GOL+1, contador de goles anotados en un partido de fútbol.

#### b. Recuento inverso

También se puede realizar el recuento de manera inversa, pero esto no cambia el formato estudiado inicialmente. Entonces, se podría colocar de la siguiente manera:

```
Contador = Contador - 1
```

Solo se debe tener en cuenta la situación inicial de la variable Contador, puesto que, si en algún momento llega a tener el valor cero, el contador seguirá el proceso con los números negativos.

### B. Caso del uso de contadores

Suponga que se cuenta con una lista de edades en una hoja de Excel, pero se quiere contar el total de las edades, el total de mayores y menores de edad y el total de edades iguales a veinte.

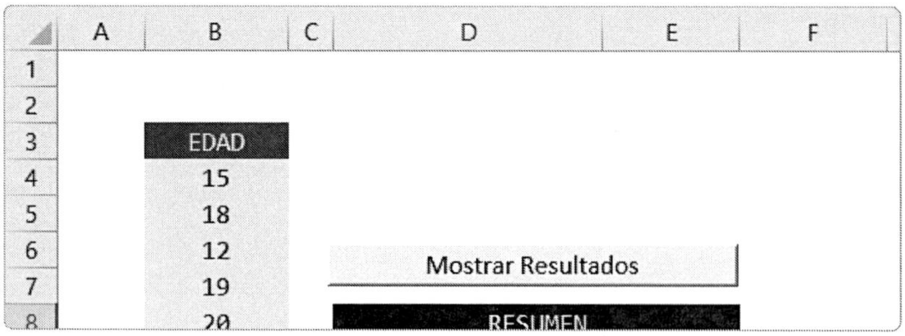


*Figura 31.* Aplicación de contadores

Entonces, colocará el siguiente código:

```
Sub realizarConteos()
    Dim total As Integer
    Dim totalMayores As Integer
    Dim totalMenores As Integer
    Dim total20 As Integer

    'Punto de inicio de las edades
    Range("B4").Select

    'Recorrer por las celdas hasta encontrar un vacío
    Do While ActiveCell.Value <> ""
        'Determinar el total de registros
        If ActiveCell.Value Then
            total = total + 1
        End If

        'Determinar el total de mayores y menores de edad
        If ActiveCell.Value >= 18 Then
            totalMayores = totalMayores + 1
            Else
            totalMenores = totalMenores + 1
        End If

        'Determinar el total de 20 años
        If ActiveCell.Value = 20 Then
            total20 = total20 + 1
        End If
        'Bajar una celda
        ActiveCell.Offset(1, 0).Select
    Loop

    'Imprimir los contadores
    Range("E9").Value = total
    Range("E10").Value = totalMayores
    Range("E11").Value = totalMenores
    Range("E12").Value = total20
End Sub
```

# 5.3 Acumuladores

El Acumulador o Totalizador es una variable cuya misión es registrar cierto número de cantidades en sumas o multiplicaciones sucesivas. Su función es muy parecida a la de los contadores, aunque su diferencia radica en que un contador realiza una sentencia de valor constante, mientras que en el acumulador su valor es variable.

## A. Formato de acumuladores

### a. Acumulador directo

Los acumuladores siempre se ejecutan por valores diferentes; por tanto, el valor debe ser del mismo tipo de datos y debe asegurarse que siempre cambie de valor.

```
Acumulador = Acumulador + Valor
```

**Acumulador+Valor** indica que el último valor que contenga la variable Acumulador aumentará de acuerdo con el valor, mientras que **Acumulador=** registra el nuevo valor del acumulador.

Se debe tener en cuenta que puede usarse cualquier variable en el formato, no necesariamente la variable Acumulador. Por ejemplo:

- SUMA = SUMA+VALOR, acumulador de sumas sucesivas.
- TOTAL = TOTAL+VALOR, acumulador de totales sucesivos.
- MONTO = MONTO+VALOR, acumulador de cuantías sucesivas.

### b. Acumulador inverso

También se puede realizar el acumulador de manera inversa, pero esto no cambia el formato estudiado inicialmente. Entonces, se podría colocar de la siguiente manera:

```
Acumulador = Acumulador - 1
```

Se debe tener en cuenta la situación inicial de la variable Acumulador, puesto que, si en algún momento llega a tener el valor cero, el acumulador seguirá el proceso con los números negativos.

## B. Caso de uso de los acumuladores

Suponga que se cuenta con una lista de edades en una hoja de Excel, pero se quiere contar el total de las edades, el total de mayores y menores de edad y el total de edades iguales a veinte.

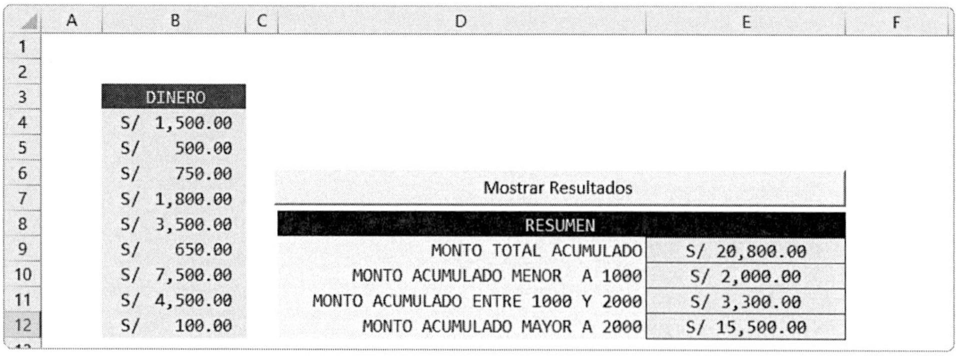


***Figura 32.*** Aplicación de acumuladores

Entonces, colocará el siguiente código:

```
Sub realizarConteos()
    Dim total As Currency
    Dim total1000 As Currency
    Dim total2000 As Currency
    Dim total3000 As Currency

    'Punto de inicio de los montos
    Range("B4").Select

    'Recorrer por las celdas hasta encontrar un vacío
    Do While ActiveCell.Value <> ""
        'Determinar el total acumulado
        If ActiveCell.Value Then
            total = total + ActiveCell.Value
        End If

        'Determinar los montos
        If ActiveCell.Value < 1000 Then
            total1000 = total1000 + ActiveCell.Value
            ElseIf ActiveCell.Value <= 2000 Then
            total2000 = total2000 + ActiveCell.Value
            Else
            total3000 = total3000 + ActiveCell.Value
        End If

        'Bajar una celda
        ActiveCell.Offset(1, 0).Select
    Loop

    'Imprimir los acumuladores
    Range("E9").Value = total
    Range("E10").Value = total1000
    Range("E11").Value = total2000
    Range("E12").Value = total3000
End Sub
```

## 5.4 Estructura For...Next

Son llamados bucles o ciclos controlados por un contador, ya que ejecuta un bloque de sentencias en un número determinado de veces según el rango especificado en la estructura. Asimismo, la estructura For permite recorrer ciclos de repeticiones tanto ascendentes como descendentes, los cuales dependerán de los valores especificados en la estructura.

### A. Formato de la estructura For

#### a. Formato ascendente

```
For Variable = ValorInicio TO ValorTope [Step +Valor]
   'Cuerpo del Bucle
Next
```

#### b. Formato descendente

```
For Variable = ValorInicio TO ValorTope [Step -Valor]
  'Cuerpo del Bucle
Next
```

Donde:

- **For:** indica el inicio de la estructura de repetición.
- **Variable:** es el responsable de la cantidad de ciclos repetidos, dicha variable debe ser declarada como Integer.
- **ValorInicial:** es el valor de inicio para el rango perteneciente al ciclo de repeticiones, dicho valor puede ser un número entero positivo o negativo.
- **To:** indica el otro valor del rango.
- **ValorFinal:** es el valor que define hasta dónde recorre el rango de repeticiones, el cual puede ser expresado por un número entero positivo o negativo.
- **Step Valor:** indica cuál será la dirección del ciclo de repeticiones, el cual puede ser ascendente o descendente.
- **Cuerpo del bucle:** son las sentencias que se ejecutarán mientras se encuentre en el rango del ciclo de repeticiones.
- **Next:** indica la finalización de la estructura repetitiva For.

### B. Casos de uso de la estructura For

**a.** Imprimir en una lista los 10 primeros números.

```
Dim i As Integer
For i = 1 To 10
   msgbox i
Next
```

**b.** Imprimir en una lista los 10 primeros números de forma descendente.

```
Dim i As Integer
For i = 10 To 1 Step -1
   msgbox i
Next
```

**c.** Imprimir los 10 primeros números pares.

```
Dim i As Integer
For i = 2 To 20 Step +2
   msgbox i
Next
```

**d.** Imprimir los 10 primeros números pares.

```
Dim i As Integer
For i = 1 To 10
   msgbox i*2
Next
```

**e.** Imprimir los 10 primeros números impares.

```
Dim i As Integer
For i = 1 To 10
   msgbox i*2-1
Next
```

**f.** Imprimir dentro de una lista N veces la palabra VBA Macros.

```
Dim i As Integer
Dim n As Integer
N=Inputbox("Ingrese Valor para N:")
For i = 1 To N
   msgbox "VBA Macros"
Next
```

## 5.5 Estructura While

La estructura While cuenta con una condición para controlar la secuencia de repeticiones. La estructura For recorre el ciclo de repeticiones hasta cumplir con el rango especificado, mientras que While condiciona cada ciclo de repetición hasta que esta sea falsa, y es ahí cuando finaliza dicho ciclo.

### A. Formatos de la estructura While

#### a. Formato 1

Las sentencias se repetirán siempre que la condición especificada en el While sea verdadera. Entonces, cuando la condición emita un falso, el ciclo de repeticiones terminará. Se debe tener en cuenta que para acceder al ciclo de repeticiones la condición debe ser obligatoriamente verdadera, por lo menos la primera vez.

```
Do While  condicion
   'Cuerpo del Bucle
Loop
```

#### b. Formato 2

Las sentencias se repetirán hasta que la condición especificada sea verdadera, es decir, la condición debe ser falsa para iniciar el ciclo. Entonces, cuando el resultado de evaluar la condición sea verdadero, se terminará el ciclo de repeticiones.

```
Do Until condicion
   'Cuerpo del Bucle
Loop
```

**c. Formato 3**

Las sentencias se repetirán mientras que la condición especificada sea verdadera, es decir, la condición debe ser falsa para finalizar el ciclo de repeticiones. Se debe tener en cuenta que la condición evalúa después de un ciclo de repetición.

```
Do
   'Cuerpo del Bucle
Loop While condicion
```

**d. Formato 4**

Las sentencias se repetirán mientras no se cumpla con la condición especificada. Entonces, cuando esta sea verdadera, el ciclo de repeticiones finalizará. Se debe tener en cuenta que la condición evalúa después de un ciclo de repetición.

```
Do
   'Cuerpo del Bucle
Loop Until Condicion
```

## B. Casos de uso de la estructura While

**a.** Imprimir los diez primeros números enteros de forma ascendente usando el formato 1:

```
Dim i As Integer
i = 1
Do While i <= 10
    MsgBox i
    i = i + 1
Loop
```

**b.** Imprimir los diez primeros números enteros de forma ascendente usando el formato 2:

```
Dim i As Integer
i = 1
Do Until i > 10
   MsgBox  i
   i = i + 1
Loop
```

**c.** Imprimir los diez primeros números enteros de forma ascendente usando el formato 3:

```
Dim i As Integer
i = 1
Do
   MsgBox  i
   i = i + 1
Loop While i <= 10
```

**d.** Imprimir los diez primeros números enteros de forma ascendente usando el formato 4:

```
Dim i As Integer
i = 1
Do
   MsgBox  i
   i = i + 1
Loop Until i > 10
```

# 5.6 Casos desarrollados

## 5.6.1 Caso desarrollado 1: listado de estudiantes (For + Contadores)

Una empresa de formación virtual necesita controlar las estadísticas de sus participantes, los cuales llenan una hoja de Excel con sus datos personales. En este sentido, para la empresa resulta importante en la toma de decisiones determinar el tipo de sexo, a qué curso asisten, los aprobados y desaprobados, y la cantidad recaudada. Usted debe implementar una aplicación VBA que permita controlar dichas estadísticas. Por lo tanto, debe considerar los siguientes aspectos:

**a.** Debe usar funciones o procedimientos necesarios para la aplicación.

**b.** La lista de estudiantes debe ser introducida en la hoja de Excel según sus sus apellidos, nombres, curso, coste, examen final, observación (aprobado o suspenso), tipo de sexo (masculino o femenino) y el turno elegido por los participantes.

**c.** Determine la cantidad de costes que sean menores a S/150, entre S/150 y S/250 y mayores a S/250.

**d.** Determine la cantidad de aprobados y suspensos.

**e.** Determine la cantidad de personas masculinas y femeninas.

**f.** Use la sentencia For.

Pasos:

**1.** Diseñe el siguiente modelo de solución en Excel:

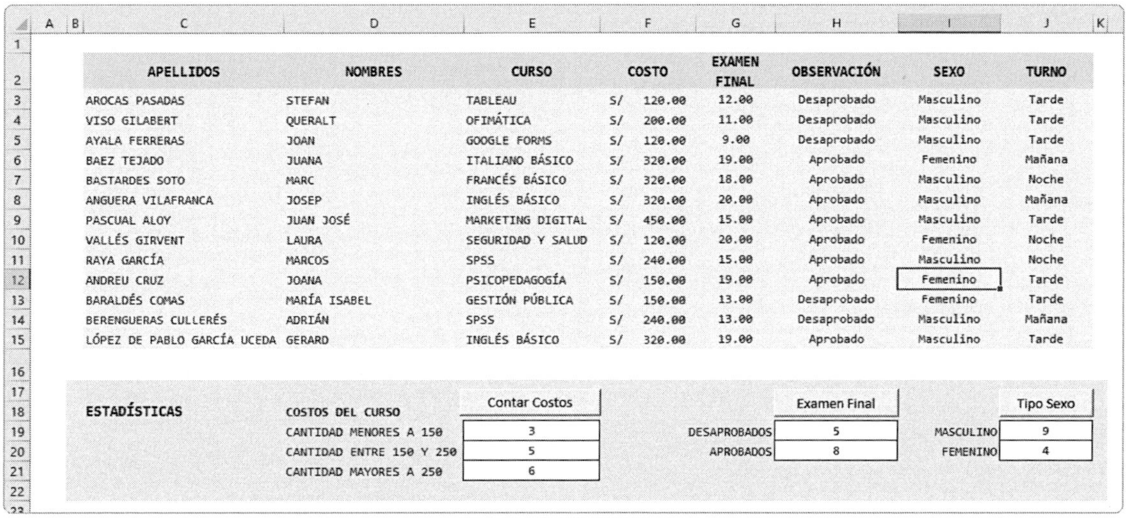

| APELLIDOS | NOMBRES | CURSO | COSTO | EXAMEN FINAL | OBSERVACIÓN | SEXO | TURNO |
|---|---|---|---|---|---|---|---|
| AROCAS PASADAS | STEFAN | TABLEAU | S/ 120.00 | 12.00 | Desaprobado | Masculino | Tarde |
| VISO GILABERT | QUERALT | OFIMÁTICA | S/ 200.00 | 11.00 | Desaprobado | Masculino | Tarde |
| AYALA FERRERAS | JOAN | GOOGLE FORMS | S/ 120.00 | 9.00 | Desaprobado | Masculino | Tarde |
| BAEZ TEJADO | JUANA | ITALIANO BÁSICO | S/ 320.00 | 19.00 | Aprobado | Femenino | Mañana |
| BASTARDES SOTO | MARC | FRANCÉS BÁSICO | S/ 320.00 | 18.00 | Aprobado | Masculino | Noche |
| ANGUERA VILAFRANCA | JOSEP | INGLÉS BÁSICO | S/ 320.00 | 20.00 | Aprobado | Masculino | Mañana |
| PASCUAL ALOY | JUAN JOSÉ | MARKETING DIGITAL | S/ 450.00 | 15.00 | Aprobado | Masculino | Tarde |
| VALLÉS GIRVENT | LAURA | SEGURIDAD Y SALUD | S/ 120.00 | 20.00 | Aprobado | Femenino | Noche |
| RAYA GARCÍA | MARCOS | SPSS | S/ 240.00 | 15.00 | Aprobado | Masculino | Noche |
| ANDREU CRUZ | JOANA | PSICOPEDAGOGÍA | S/ 150.00 | 19.00 | Aprobado | Femenino | Tarde |
| BARALDÉS COMAS | MARÍA ISABEL | GESTIÓN PÚBLICA | S/ 150.00 | 13.00 | Desaprobado | Femenino | Tarde |
| BERENGUERAS CULLERÉS | ADRIÁN | SPSS | S/ 240.00 | 13.00 | Desaprobado | Masculino | Mañana |
| LÓPEZ DE PABLO GARCÍA UCEDA | GERARD | INGLÉS BÁSICO | S/ 320.00 | 19.00 | Aprobado | Masculino | Tarde |

| ESTADÍSTICAS | COSTOS DEL CURSO | Contar Costos | | Examen Final | | Tipo Sexo |
|---|---|---|---|---|---|---|
| | CANTIDAD MENORES A 150 | 3 | DESAPROBADOS | 5 | MASCULINO | 9 |
| | CANTIDAD ENTRE 150 Y 250 | 5 | APROBADOS | 8 | FEMENINO | 4 |
| | CANTIDAD MAYORES A 250 | 6 | | | | |

*Figura 33.* Listado de estudiantes (For + Contadores)

2. Tenga en cuenta que los botones **Contar Costos**, **Examen Final** y **Tipo Sexo** se diseñan después de codificar en VBA.
3. Seleccione desde Excel **Ficha** > **Programador** > **Visual Basic**.
4. Agregue un módulo tal como se muestra en la siguiente imagen:

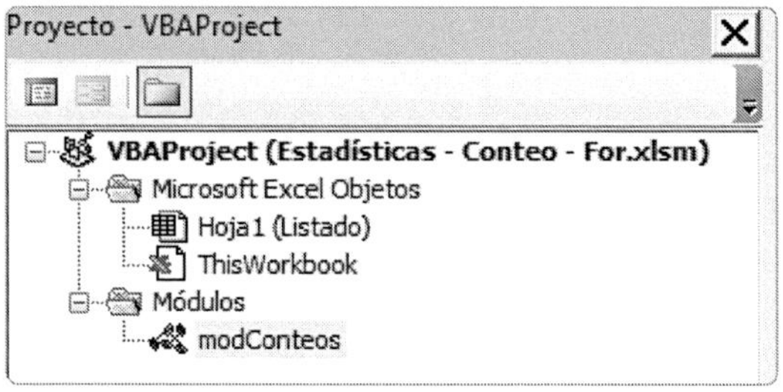


5. Agregar el siguiente código al módulo **modConteos**:

```
Sub contarCostos()
    Dim menor150 As Integer
    Dim entre150250 As Integer
    Dim mayor250 As Integer
    Dim i As Integer

    'Punto de inicio de los costos
    Cells(3, 6).Select

    'Recorrer por las celdas hasta encontrar un vacío
    For i = 1 To 1000
        'Realizar los conteos
        If ActiveCell.Value > 0 And ActiveCell.Value < 150 Then
            menor150 = menor150 + 1
        ElseIf ActiveCell.Value >= 150 And ActiveCell.Value <= 250 Then
            entre150250 = entre150250 + 1
        Else
            mayor250 = mayor250 + 1
        End If

        'Avanzar filas hacia abajo de acuerdo al valor de la celda
        If ActiveCell.Value <> "" Then
            Cells(3 + i, 6).Select
            Else
            Exit For    'Expulsa del for
        End If
    Next
```

```
    'Imprimir los conteos
    Range("E19").Value = menor150
    Range("E20").Value = entre150250
    Range("E21").Value = mayor250

End Sub

Sub contarExamen()
    Dim totalA As Integer
    Dim totalD As Integer

    'Punto de inicio de las observaciones
   Cells(3, 8).Select

    'Recorrer por las celdas hasta encontrar un vacío
    For i = 1 To 1000
        'Realizar los conteos
        If ActiveCell.Value = "Desaprobado" Then totalD = totalD + 1
        If ActiveCell.Value = "Aprobado" Then totalA = totalA + 1

        'Avanzar filas hacia abajo de acuerdo al valor de la celda
        If ActiveCell.Value <> "" Then
            Cells(3 + i, 8).Select
            Else
            Exit For    'Expulsa del for
        End If
    Next

    'Imprimir los conteos
    Range("H19").Value = totalD
    Range("H20").Value = totalA

End Sub

Sub contarTipoSexo()
    Dim totalM As Integer
    Dim totalF As Integer

    'Punto de inicio de los tipos de sexo
    Cells(3, 9).Select
```

```
    'Recorrer por las celdas hasta encontrar un vacío
    For i = 1 To 1000
        'Realizar los conteos
        If ActiveCell.Value = "Masculino" Then totalM = totalM + 1
        If ActiveCell.Value = "Femenino" Then totalF = totalF + 1

        'Avanzar filas hacia abajo de acuerdo al valor de la celda
        If ActiveCell.Value <> "" Then
            Cells(3 + i, 9).Select
            Else
            Exit For    'Expulsa del for
        End If
    Next

    'Imprimir los conteos
    Range("J19").Value = totalM
    Range("J20").Value = totalF

End Sub
```

6. Agregue el botón **Contar Costos** desde la ficha **Programador > Insertar > Botón** y asígnele el procedimiento **contarCostos**.
7. Añada el botón **Examen Final** desde la ficha **Programador > Insertar > Botón** y asígnele el procedimiento **contarExamen**.
8. Agregue el botón **Tipo Sexo** desde la ficha **Programador > Insertar > Botón** y asígnele el procedimiento **contarTipoSexo**.
9. Finalmente, guarde el proyecto como tipo de **Libro de Excel habilitado para Macros**.

### 5.6.2 Caso desarrollado 2: listado de estudiantes (While + Contadores)

Una empresa de formación virtual necesita controlar las estadísticas de sus participantes, los cuales llenan una hoja de Excel con sus datos personales. En este sentido, para la empresa resulta importante en la toma de decisiones determinar el tipo de sexo, a qué curso asisten, los aprobados y suspensos y la cantidad recaudada. Usted debe implementar una aplicación VBA que permita controlar dichas estadísticas. Por lo tanto, debe tener en cuenta los siguientes aspectos:

a. Debe usar funciones o procedimientos necesarios para la aplicación.
b. La lista de estudiantes debe ser introducida en la hoja de Excel según sus apellidos, nombres, curso, coste, examen final, observación (aprobado o suspenso), tipo de sexo (masculino o femenino) y el turno elegido por los participantes.
c. Determine la cantidad de costes que sean menores a S/150, entre S/150 y S/250 y mayores a S/250.

**d.** Determine la cantidad de aprobados y suspensos.

**e.** Determine la cantidad de personas masculinas y femeninas.

**f.** Use la sentencia While.

Pasos:

1. Diseñe el siguiente modelo de solución en Excel.

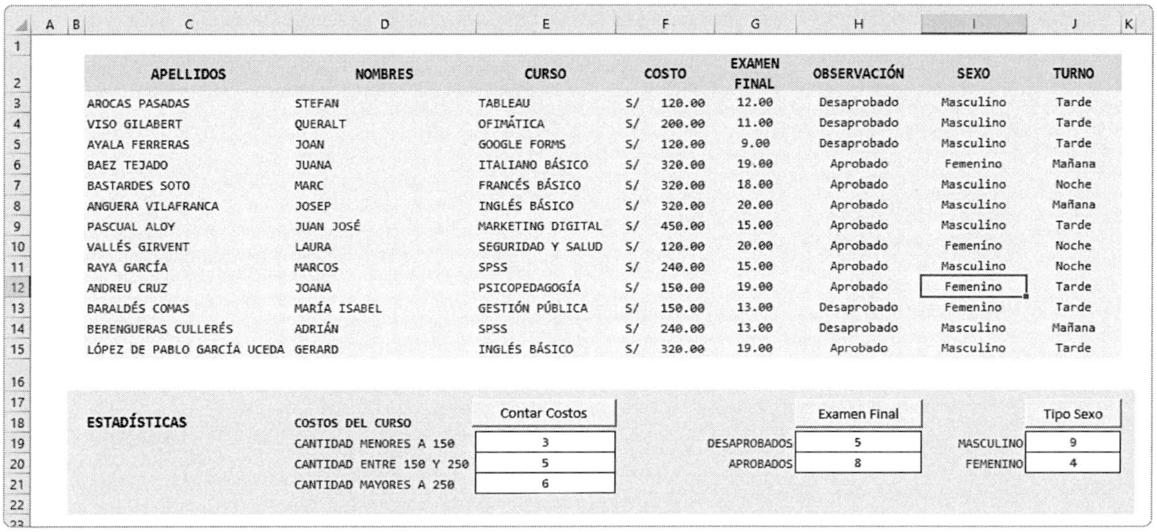

| APELLIDOS | NOMBRES | CURSO | COSTO | EXAMEN FINAL | OBSERVACIÓN | SEXO | TURNO |
|---|---|---|---|---|---|---|---|
| AROCAS PASADAS | STEFAN | TABLEAU | S/ 120.00 | 12.00 | Desaprobado | Masculino | Tarde |
| VISO GILABERT | QUERALT | OFIMÁTICA | S/ 200.00 | 11.00 | Desaprobado | Masculino | Tarde |
| AYALA FERRERAS | JOAN | GOOGLE FORMS | S/ 120.00 | 9.00 | Desaprobado | Masculino | Tarde |
| BAEZ TEJADO | JUANA | ITALIANO BÁSICO | S/ 320.00 | 19.00 | Aprobado | Femenino | Mañana |
| BASTARDES SOTO | MARC | FRANCÉS BÁSICO | S/ 320.00 | 18.00 | Aprobado | Masculino | Noche |
| ANGUERA VILAFRANCA | JOSEP | INGLÉS BÁSICO | S/ 320.00 | 20.00 | Aprobado | Masculino | Mañana |
| PASCUAL ALOY | JUAN JOSÉ | MARKETING DIGITAL | S/ 450.00 | 15.00 | Aprobado | Masculino | Tarde |
| VALLÉS GIRVENT | LAURA | SEGURIDAD Y SALUD | S/ 120.00 | 20.00 | Aprobado | Femenino | Noche |
| RAYA GARCÍA | MARCOS | SPSS | S/ 240.00 | 15.00 | Aprobado | Masculino | Noche |
| ANDREU CRUZ | JOANA | PSICOPEDAGOGÍA | S/ 150.00 | 19.00 | Aprobado | Femenino | Tarde |
| BARALDÉS COMAS | MARÍA ISABEL | GESTIÓN PÚBLICA | S/ 150.00 | 13.00 | Desaprobado | Femenino | Tarde |
| BERENGUERAS CULLERÉS | ADRIÁN | SPSS | S/ 240.00 | 13.00 | Desaprobado | Masculino | Mañana |
| LÓPEZ DE PABLO GARCÍA UCEDA | GERARD | INGLÉS BÁSICO | S/ 320.00 | 19.00 | Aprobado | Masculino | Tarde |

**ESTADÍSTICAS**

| COSTOS DEL CURSO | Contar Costos |
|---|---|
| CANTIDAD MENORES A 150 | 3 |
| CANTIDAD ENTRE 150 Y 250 | 5 |
| CANTIDAD MAYORES A 250 | 6 |

| | Examen Final |
|---|---|
| DESAPROBADOS | 5 |
| APROBADOS | 8 |

| | Tipo Sexo |
|---|---|
| MASCULINO | 9 |
| FEMENINO | 4 |

***Figura 34.*** Listado de estudiantes (While + Contadores)

2. Tenga en cuenta que los botones **Contar Costos**, **Examen Final** y **Tipo Sexo** se diseñan después de codificar en VBA.
3. Seleccione desde Excel **Ficha > Programador > Visual Basic**.
4. Agregue un módulo tal como se muestra en la siguiente imagen:

5. Añada el siguiente código al módulo **modConteos**:

```
Sub contarCostos()
    Dim menor150 As Integer
    Dim entre150250 As Integer
    Dim mayor250 As Integer

    'Punto de inicio de los costos
    Range("F3").Select
```

```
    'Recorrer por las celdas hasta encontrar un vacío
    Do While ActiveCell.Value <> ""
        'Realizar los conteos
        If ActiveCell.Value < 150 Then
            menor150 = menor150 + 1
        ElseIf ActiveCell.Value >= 150 And ActiveCell.Value <= 250 Then
            entre150250 = entre150250 + 1
        Else
            mayor250 = mayor250 + 1
        End If

        'Bajar una celda
        ActiveCell.Offset(1, 0).Select
    Loop

    'Imprimir los conteos
    Range("E19").Value = menor150
    Range("E20").Value = entre150250
    Range("E21").Value = mayor250

End Sub

Sub contarExamen()
    Dim totalA As Integer
    Dim totalD As Integer

    'Punto de inicio de los costos
    Range("H3").Select

    'Recorrer por las celdas hasta encontrar un vacío
    Do While ActiveCell.Value <> ""
        'Realizar los conteos
        If ActiveCell.Value = "Desaprobado" Then
            totalD = totalD + 1
        Else
            totalA = totalA + 1
        End If

        'Bajar una celda
        ActiveCell.Offset(1, 0).Select
    Loop
```

```
    'Imprimir los conteos
    Range("H19").Value = totalD
    Range("H20").Value = totalA

End Sub
Sub contarTipoSexo()
    Dim totalM As Integer
    Dim totalF As Integer

    'Punto de inicio de los costos
    Range("i3").Select

    'Recorrer por las celdas hasta encontrar un vacío
    Do While ActiveCell.Value <> ""
        'Realizar los conteos
        If ActiveCell.Value = "Masculino" Then
            totalM = totalM + 1
        Else
            totalF = totalF + 1
        End If

        'Bajar una celda
        ActiveCell.Offset(1, 0).Select
    Loop

    'Imprimir los conteos
    Range("J19").Value = totalM
    Range("J20").Value = totalF

End Sub
```

6. Agregue el botón **Contar Costos** desde la ficha **Programador > Insertar > Botón** y asígnele el procedimiento **contarCostos**.
7. Añada el botón **Examen Final** desde la ficha **Programador > Insertar > Botón** y asígnele el procedimiento **contarExamen**.
8. Agregue el botón **Tipo Sexo** desde la ficha **Programador > Insertar > Botón** y asígnele el procedimiento **contarTipoSexo**.
9. Finalmente, guarde el proyecto como tipo de **Libro de Excel habilitado para Macros**.

### 5.6.3 Caso desarrollado 3: listado de estudiantes (Do Until + Contadores)

Una empresa de formación virtual necesita controlar las estadísticas de sus participantes, los cuales llenan una hoja de Excel con sus datos personales. En este sentido, para la empresa resulta importante en la toma de decisiones determinar el tipo de sexo, a qué curso asisten, los aprobados y suspensos, y la cantidad recaudada. Usted debe implementar una aplicación VBA que permita controlar dichas estadísticas. Por lo tanto, debe tener en cuenta los siguientes aspectos:

a. Debe usar funciones o procedimientos necesarios para la aplicación.
b. La lista de estudiantes debe ser introducida en la hoja de Excel según sus apellidos, nombres, curso, coste, examen final, observación (aprobado-suspenso), tipo de sexo (masculino-femenino) y el turno elegido por los participantes.
c. Determine la cantidad de costes que sean menores a S/150, entre S/150 y S/250 y mayores a S/250.
d. Determine la cantidad de aprobados y suspensos.
e. Determine la cantidad de personas masculinas y femeninas.
f. Use la sentencia Do Until.

Pasos:

1. Diseñe el siguiente modelo de solución en Excel.

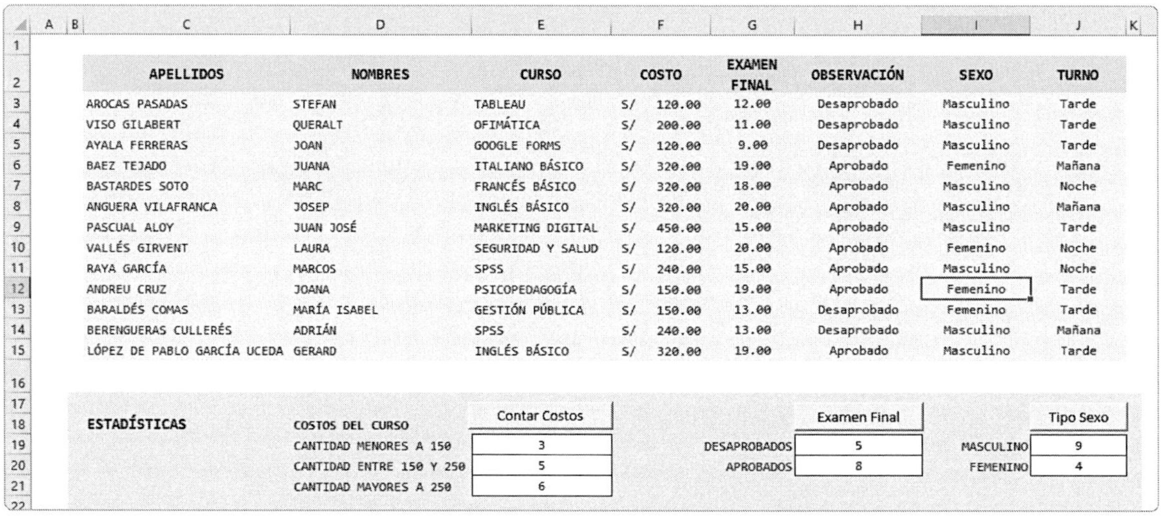

| APELLIDOS | NOMBRES | CURSO | COSTO | EXAMEN FINAL | OBSERVACIÓN | SEXO | TURNO |
|---|---|---|---|---|---|---|---|
| AROCAS PASADAS | STEFAN | TABLEAU | S/ 120.00 | 12.00 | Desaprobado | Masculino | Tarde |
| VISO GILABERT | QUERALT | OFIMÁTICA | S/ 200.00 | 11.00 | Desaprobado | Masculino | Tarde |
| AYALA FERRERAS | JOAN | GOOGLE FORMS | S/ 120.00 | 9.00 | Desaprobado | Masculino | Tarde |
| BAEZ TEJADO | JUANA | ITALIANO BÁSICO | S/ 320.00 | 19.00 | Aprobado | Femenino | Mañana |
| BASTARDES SOTO | MARC | FRANCÉS BÁSICO | S/ 320.00 | 18.00 | Aprobado | Masculino | Noche |
| ANGUERA VILAFRANCA | JOSEP | INGLÉS BÁSICO | S/ 320.00 | 20.00 | Aprobado | Masculino | Mañana |
| PASCUAL ALOY | JUAN JOSÉ | MARKETING DIGITAL | S/ 450.00 | 15.00 | Aprobado | Masculino | Tarde |
| VALLÉS GIRVENT | LAURA | SEGURIDAD Y SALUD | S/ 120.00 | 20.00 | Aprobado | Femenino | Noche |
| RAYA GARCÍA | MARCOS | SPSS | S/ 240.00 | 15.00 | Aprobado | Masculino | Noche |
| ANDREU CRUZ | JOANA | PSICOPEDAGOGÍA | S/ 150.00 | 19.00 | Aprobado | Femenino | Tarde |
| BARALDÉS COMAS | MARÍA ISABEL | GESTIÓN PÚBLICA | S/ 150.00 | 13.00 | Desaprobado | Femenino | Tarde |
| BERENGUERAS CULLERÉS | ADRIÁN | SPSS | S/ 240.00 | 13.00 | Desaprobado | Masculino | Mañana |
| LÓPEZ DE PABLO GARCÍA UCEDA | GERARD | INGLÉS BÁSICO | S/ 320.00 | 19.00 | Aprobado | Masculino | Tarde |

| ESTADÍSTICAS | COSTOS DEL CURSO | Contar Costos | | Examen Final | | Tipo Sexo |
|---|---|---|---|---|---|---|
| | CANTIDAD MENORES A 150 | 3 | DESAPROBADOS | 5 | MASCULINO | 9 |
| | CANTIDAD ENTRE 150 Y 250 | 5 | APROBADOS | 8 | FEMENINO | 4 |
| | CANTIDAD MAYORES A 250 | 6 | | | | |

*Figura 35.* Listado de estudiantes (Do Until + Contadores)

2. Tenga en cuenta que los botones **Contar Costos**, **Examen Final** y **Tipo Sexo** se diseñan después de codificar en VBA.
3. Seleccione desde Excel **Ficha > Programador > Visual Basic**.
4. Agregue un módulo como se muestra en la siguiente imagen:

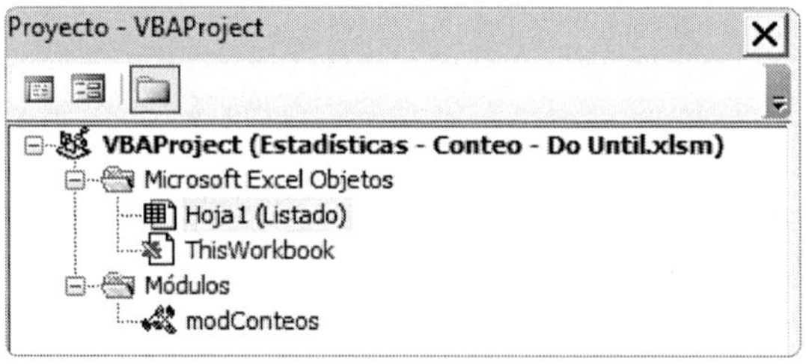

5. Añada el siguiente código al módulo **modConteos**:

```
Sub contarCostos()
    Dim menor150 As Integer
    Dim entre150250 As Integer
    Dim mayor250 As Integer
        'Punto de inicio de los costos
    Range("F3").Select

    'Recorrer por las celdas hasta NO encontrar un vacío
    Do Until ActiveCell.Value = ""
        'Realizar los conteos
        If ActiveCell.Value < 150 Then
            menor150 = menor150 + 1
        ElseIf ActiveCell.Value >= 150 And ActiveCell.Value <= 250 Then
            entre150250 = entre150250 + 1
        Else
            mayor250 = mayor250 + 1
        End If

        'Bajar una celda
        ActiveCell.Offset(1, 0).Select
    Loop

    'Imprimir los conteos
    Range("E19").Value = menor150
    Range("E20").Value = entre150250
    Range("E21").Value = mayor250

End Sub

Sub contarExamen()
    Dim totalA As Integer
    Dim totalD As Integer

    'Punto de inicio de los costos
    Range("H3").Select

    'Recorrer por las celdas hasta NO encontrar un vacío
    Do Until ActiveCell.Value = ""
```

```
        'Realizar los conteos
        If ActiveCell.Value = "Desaprobado" Then
            totalD = totalD + 1
        Else
            totalA = totalA + 1
        End If

        'Bajar una celda
        ActiveCell.Offset(1, 0).Select
    Loop

    'Imprimir los conteos
    Range("H19").Value = totalD
    Range("H20").Value = totalA

End Sub

Sub contarTipoSexo()
    Dim totalM As Integer
    Dim totalF As Integer

    'Punto de inicio de los costos
    Range("i3").Select

    'Recorrer por las celdas hasta NO encontrar un vacío
    Do Until ActiveCell.Value = ""
        'Realizar los conteos
        If ActiveCell.Value = "Masculino" Then
            totalM = totalM + 1
        Else
            totalF = totalF + 1
        End If

        'Bajar una celda
        ActiveCell.Offset(1, 0).Select
    Loop

    'Imprimir los conteos
    Range("J19").Value = totalM
    Range("J20").Value = totalF

End Sub
```

6. Agregue el botón **Contar Costos** desde la ficha **Programador > Insertar > Botón** y asígnele el procedimiento **contarCostos**.
7. Añada el botón **Examen Final** desde la ficha **Programador > Insertar > Botón** y asígnele el procedimiento **contarExamen**.
8. Agregue el botón **Tipo Sexo** desde la ficha **Programador > Insertar > Botón** y asígnele el procedimiento **contarTipoSexo**.
9. Finalmente, guarde el proyecto como tipo de **Libro de Excel habilitado para Macros**.

### 5.6.4 Caso desarrollado 4: listado de estudiantes (Do Loop While + Contadores)

Una empresa de formación virtual necesita controlar las estadísticas de sus participantes, los cuales llenan una hoja de Excel con sus datos personales. En este sentido, para la empresa resulta importante en la toma de decisiones determinar el tipo de sexo, a qué curso asisten, los aprobados y suspensos y la cantidad recaudada. Usted debe implementar una aplicación VBA que permita controlar dichas estadísticas. Por lo tanto, debe tener en cuenta los siguientes aspectos:

a. Debe usar funciones o procedimientos necesarios para la aplicación.
b. La lista de estudiantes debe ser introducida en la hoja de Excel según sus apellidos, nombres, curso, coste, examen final, observación (aprobado-suspenso), tipo de sexo (masculino-femenino) y el turno elegido por los participantes.
c. Determine la cantidad de costes que sean menores a S/150, entre S/150 y S/250 y mayores a S/250.
d. Determine la cantidad de aprobados y desaprobados.
e. Determine la cantidad de masculinos y femeninos.
f. Use la sentencia Do Loop While.

Pasos:

1. Diseñe el siguiente modelo de solución en Excel.

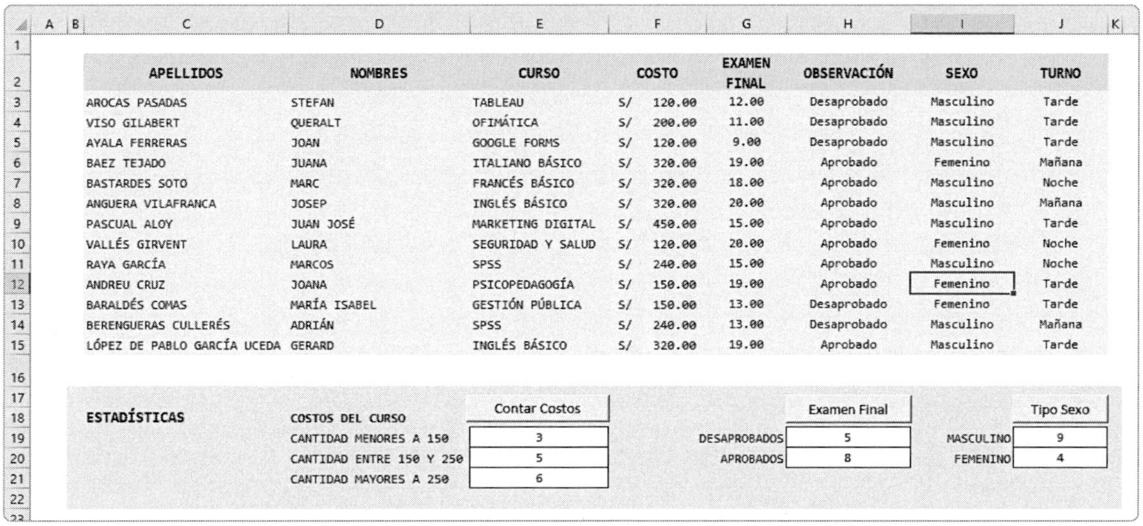

| APELLIDOS | NOMBRES | CURSO | COSTO | EXAMEN FINAL | OBSERVACIÓN | SEXO | TURNO |
|---|---|---|---|---|---|---|---|
| AROCAS PASADAS | STEFAN | TABLEAU | S/ 120.00 | 12.00 | Desaprobado | Masculino | Tarde |
| VISO GILABERT | QUERALT | OFIMÁTICA | S/ 200.00 | 11.00 | Desaprobado | Masculino | Tarde |
| AYALA FERRERAS | JOAN | GOOGLE FORMS | S/ 120.00 | 9.00 | Desaprobado | Masculino | Tarde |
| BAEZ TEJADO | JUANA | ITALIANO BÁSICO | S/ 320.00 | 19.00 | Aprobado | Femenino | Mañana |
| BASTARDES SOTO | MARC | FRANCÉS BÁSICO | S/ 320.00 | 18.00 | Aprobado | Masculino | Noche |
| ANGUERA VILAFRANCA | JOSEP | INGLÉS BÁSICO | S/ 320.00 | 20.00 | Aprobado | Masculino | Mañana |
| PASCUAL ALOY | JUAN JOSÉ | MARKETING DIGITAL | S/ 450.00 | 15.00 | Aprobado | Masculino | Tarde |
| VALLÉS GIRVENT | LAURA | SEGURIDAD Y SALUD | S/ 120.00 | 20.00 | Aprobado | Femenino | Noche |
| RAYA GARCÍA | MARCOS | SPSS | S/ 240.00 | 15.00 | Aprobado | Masculino | Noche |
| ANDREU CRUZ | JOANA | PSICOPEDAGOGÍA | S/ 150.00 | 19.00 | Aprobado | Femenino | Tarde |
| BARALDÉS COMAS | MARÍA ISABEL | GESTIÓN PÚBLICA | S/ 150.00 | 13.00 | Desaprobado | Femenino | Tarde |
| BERENGUERAS CULLERÉS | ADRIÁN | SPSS | S/ 240.00 | 13.00 | Desaprobado | Masculino | Mañana |
| LÓPEZ DE PABLO GARCÍA UCEDA | GERARD | INGLÉS BÁSICO | S/ 320.00 | 19.00 | Aprobado | Masculino | Tarde |

| ESTADÍSTICAS | COSTOS DEL CURSO | Contar Costos | | Examen Final | | Tipo Sexo |
|---|---|---|---|---|---|---|
| | CANTIDAD MENORES A 150 | 3 | DESAPROBADOS | 5 | MASCULINO | 9 |
| | CANTIDAD ENTRE 150 Y 250 | 5 | APROBADOS | 8 | FEMENINO | 4 |
| | CANTIDAD MAYORES A 250 | 6 | | | | |

*Figura 36.* Listado de estudiantes (Do Loop While + Contadores)

2. Tenga en cuenta que los botones **Contar Costos**, **Examen Final** y **Tipo Sexo** se diseñan después de codificar en VBA.

3. Seleccione desde Excel **Ficha > Programador > Visual Basic**.
4. Agregue un módulo como se muestra en la siguiente imagen:

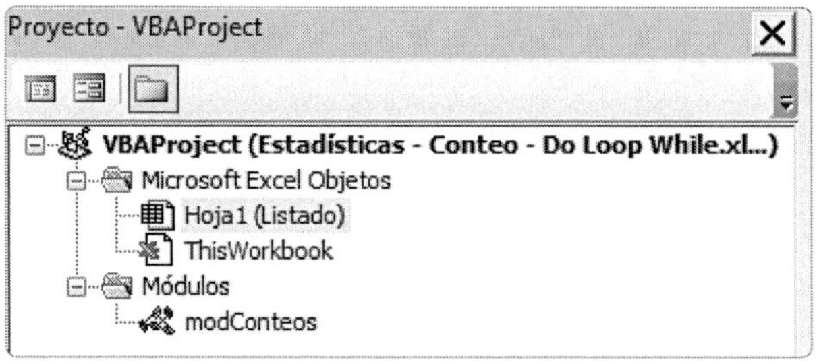


5. Añada el siguiente código al módulo **modConteos**:

```
Sub contarCostos()
    Dim menor150 As Integer
    Dim entre150250 As Integer
    Dim mayor250 As Integer

    'Punto de inicio de los costos
    Range("F3").Select

    'Recorrer por las celdas hasta encontrar un vacío
    Do
        'Realizar los conteos
        If ActiveCell.Value < 150 Then
            menor150 = menor150 + 1
        ElseIf ActiveCell.Value >= 150 And ActiveCell.Value <= 250 Then
            entre150250 = entre150250 + 1
        Else
            mayor250 = mayor250 + 1
        End If

        'Bajar una celda
        ActiveCell.Offset(1, 0).Select
    Loop While ActiveCell.Value <> ""

    'Imprimir los conteos
    Range("E19").Value = menor150
    Range("E20").Value = entre150250
    Range("E21").Value = mayor250

End Sub
Sub contarExamen()
    Dim totalA As Integer
```

```
    Dim totalD As Integer

    'Punto de inicio de los costos
    Range("H3").Select

    'Recorrer por las celdas hasta encontrar un vacío
    Do
        'Realizar los conteos
        If ActiveCell.Value = "Desaprobado" Then
            totalD = totalD + 1
        Else
            totalA = totalA + 1
        End If

        'Bajar una celda
        ActiveCell.Offset(1, 0).Select
    Loop While ActiveCell.Value <> ""

    'Imprimir los conteos
    Range("H19").Value = totalD
    Range("H20").Value = totalA

End Sub

Sub contarTipoSexo()
    Dim totalM As Integer
    Dim totalF As Integer

    'Punto de inicio de los costos
    Range("i3").Select

    'Recorrer por las celdas hasta encontrar un vacío
    Do
        'Realizar los conteos
        If ActiveCell.Value = "Masculino" Then
            totalM = totalM + 1
        Else
            totalF = totalF + 1
        End If
        'Bajar una celda
        ActiveCell.Offset(1, 0).Select
```

```
    Loop While ActiveCell.Value <> ""

    'Imprimir los conteos
    Range("J19").Value = totalM
    Range("J20").Value = totalF

End Sub
```

6. Agregue el botón **Contar Costos** desde la ficha **Programador** > **Insertar** > **Botón** y asígnele el procedimiento **contarCostos**.
7. Añada el botón **Examen Final** desde la ficha **Programador** > **Insertar** > **Botón** y asígnele el procedimiento **contarExamen**.
8. Agregue el botón **Tipo Sexo** desde la ficha **Programador** > **Insertar** > **Botón** y asígnele el procedimiento **contarTipoSexo**.
9. Finalmente, guarde el proyecto como tipo de **Libro de Excel habilitado para Macros**.

### 5.6.5 Caso desarrollado 5: listado de estudiantes (Do Loop Until + Contadores)

Una empresa de formación virtual necesita controlar las estadísticas de sus participantes, los cuales llenan una hoja de Excel con sus datos personales. En este sentido, para la empresa resulta importante en la toma de decisiones determinar el tipo de sexo, a qué curso asisten, los aprobados y suspensos, y la cantidad recaudada. Usted debe implementar una aplicación VBA que permita controlar dichas estadísticas. Por lo tanto, debe tener en cuenta los siguientes aspectos:

a. Debe usar funciones o procedimientos necesarios para la aplicación.
b. La lista de estudiantes debe ser introducida en la hoja de Excel según sus apellidos, nombres, curso, coste, examen final, observación (aprobado-suspenso), tipo de sexo (masculino-femenino) y el turno elegido por los participantes.
c. Determinar la cantidad de costes que sean menores a S/150, entre S/150 y S/250 y mayores a S/250.
d. Determine la cantidad de aprobados y suspensos.
e. Determine la cantidad de personas masculinas y femeninas.
f. Use la sentencia Do Loop Until.

Pasos:

1. Diseñe el siguiente modelo de solución en Excel.

| APELLIDOS | NOMBRES | CURSO | COSTO | EXAMEN FINAL | OBSERVACIÓN | SEXO | TURNO |
|---|---|---|---|---|---|---|---|
| AROCAS PASADAS | STEFAN | TABLEAU | S/ 120.00 | 12.00 | Desaprobado | Masculino | Tarde |
| VISO GILABERT | QUERALT | OFIMÁTICA | S/ 200.00 | 11.00 | Desaprobado | Masculino | Tarde |
| AYALA FERRERAS | JOAN | GOOGLE FORMS | S/ 120.00 | 9.00 | Desaprobado | Masculino | Tarde |
| BAEZ TEJADO | JUANA | ITALIANO BÁSICO | S/ 320.00 | 19.00 | Aprobado | Femenino | Mañana |
| BASTARDES SOTO | MARC | FRANCÉS BÁSICO | S/ 320.00 | 18.00 | Aprobado | Masculino | Noche |
| ANGUERA VILAFRANCA | JOSEP | INGLÉS BÁSICO | S/ 320.00 | 20.00 | Aprobado | Masculino | Mañana |
| PASCUAL ALOY | JUAN JOSÉ | MARKETING DIGITAL | S/ 450.00 | 15.00 | Aprobado | Masculino | Tarde |
| VALLÉS GIRVENT | LAURA | SEGURIDAD Y SALUD | S/ 120.00 | 20.00 | Aprobado | Femenino | Noche |
| RAYA GARCÍA | MARCOS | SPSS | S/ 240.00 | 15.00 | Aprobado | Masculino | Noche |
| ANDREU CRUZ | JOANA | PSICOPEDAGOGÍA | S/ 150.00 | 19.00 | Aprobado | Femenino | Tarde |
| BARALDÉS COMAS | MARÍA ISABEL | GESTIÓN PÚBLICA | S/ 150.00 | 13.00 | Desaprobado | Femenino | Tarde |
| BERENGUERAS CULLERÉS | ADRIÁN | SPSS | S/ 240.00 | 13.00 | Desaprobado | Masculino | Mañana |
| LÓPEZ DE PABLO GARCÍA UCEDA | GERARD | INGLÉS BÁSICO | S/ 320.00 | 19.00 | Aprobado | Masculino | Tarde |

| ESTADÍSTICAS | COSTOS DEL CURSO | Contar Costos | | Examen Final | | Tipo Sexo |
|---|---|---|---|---|---|---|
| | CANTIDAD MENORES A 150 | 3 | DESAPROBADOS | 5 | MASCULINO | 9 |
| | CANTIDAD ENTRE 150 Y 250 | 5 | APROBADOS | 8 | FEMENINO | 4 |
| | CANTIDAD MAYORES A 250 | 6 | | | | |

*Figura 37.* Listado de estudiantes (Do Loop Until + Contadores)

2. Tenga en cuenta que los botones **Contar Costos**, **Examen Final** y **Tipo Sexo** se diseñan después de codificar en VBA.
3. Seleccione desde **Excel Ficha > Programador > Visual Basic**.
4. Agregue un módulo como se muestra en la siguiente imagen:

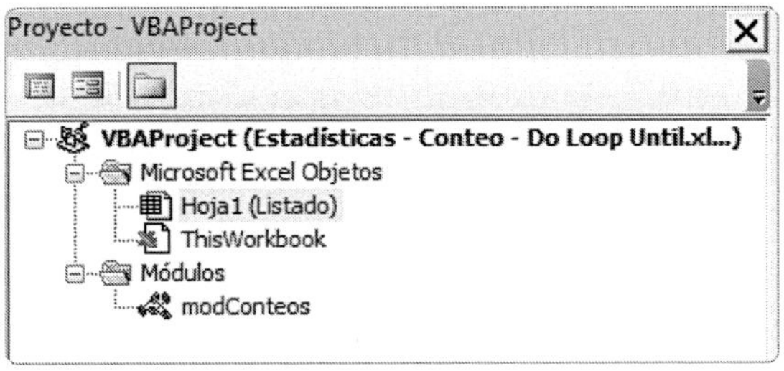


5. Añada el siguiente código al módulo **modConteos**:

```
Sub contarCostos()
    Dim menor150 As Integer
    Dim entre150250 As Integer
    Dim mayor250 As Integer

    'Punto de inicio de los costos
    Range("F3").Select

    'Recorrer por las celdas hasta encontrar un vacío
    Do
```

```
        'Realizar los conteos
        If ActiveCell.Value < 150 Then
            menor150 = menor150 + 1
        ElseIf ActiveCell.Value >= 150 And ActiveCell.Value <= 250 Then
            entre150250 = entre150250 + 1
        Else
            mayor250 = mayor250 + 1
        End If

        'Bajar una celda
        ActiveCell.Offset(1, 0).Select
    Loop Until ActiveCell.Value = ""

    'Imprimir los conteos
    Range("E19").Value = menor150
    Range("E20").Value = entre150250
    Range("E21").Value = mayor250

End Sub
Sub contarExamen()
    Dim totalA As Integer
    Dim totalD As Integer

    'Punto de inicio de los costos
    Range("H3").Select

    'Recorrer por las celdas hasta encontrar un vacío
    Do
        'Realizar los conteos
        If ActiveCell.Value = "Desaprobado" Then
            totalD = totalD + 1
        Else
            totalA = totalA + 1
        End If

        'Bajar una celda
        ActiveCell.Offset(1, 0).Select
    Loop Until ActiveCell.Value = ""
```

```
    'Imprimir los conteos
    Range("H19").Value = totalD
    Range("H20").Value = totalA

End Sub

Sub contarTipoSexo()
    Dim totalM As Integer
    Dim totalF As Integer

    'Punto de inicio de los costos
    Range("i3").Select

    'Recorrer por las celdas hasta encontrar un vacío
    Do
        'Realizar los conteos
        If ActiveCell.Value = "Masculino" Then
            totalM = totalM + 1
        Else
            totalF = totalF + 1
        End If

        'Bajar una celda
        ActiveCell.Offset(1, 0).Select
    Loop Until ActiveCell.Value = ""

    'Imprimir los conteos
    Range("J19").Value = totalM
    Range("J20").Value = totalF

End Sub
```

6. Agregue el botón **Contar Costos** desde la ficha **Programador > Insertar > Botón** y asígnele el procedimiento **contarCostos**.
7. Añada el botón **Examen Final** desde la ficha **Programador > Insertar > Botón** y asígnele el procedimiento **contarExamen**.
8. Agregue el botón **Tipo Sexo** desde la ficha **Programador > Insertar > Botón** y asígnele el procedimiento **contarTipoSexo**.
9. Finalmente, guarde el proyecto como tipo de **Libro de Excel habilitado para Macros**.

CAPÍTULO 6

# Modelo de objetos en VBA

## 6.1 Introducción

Un objeto es una representación de una clase interna que controla el lenguaje VBA que, a su vez, forman piezas individuales en el entorno de Excel. Se podría decir que un objeto de Excel es el mismo entorno de Excel: los libros, las hojas, un gráfico, etc.

Una de las ventajas del uso de objetos en VBA para Excel es la simplificación del código de programación, en el que se aprovecha el uso de los elementos las veces que sea necesario. En Excel los objetos presentan la siguiente jerarquía:

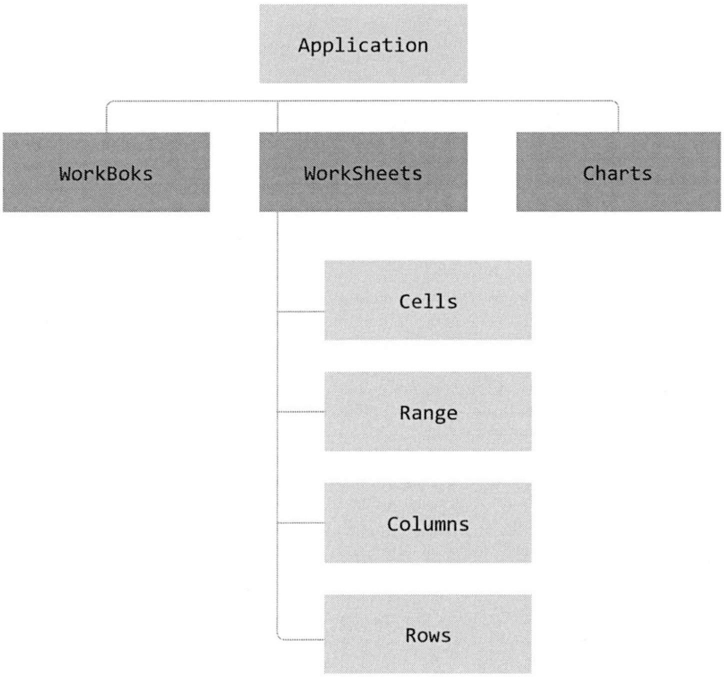


***Figura 38.*** Modelo de objetos VBA

Fuente. Elaboración propia

Por ejemplo, si necesita asignar el tipo de letra Tahoma, tamaño 14 y negrita a un texto asignado en la celda A5, entonces, puede usar la siguiente línea de código:

```
Application.ActiveWorkbook.ActiveSheet.Range("A5").Font.Name="Tahoma"
Application.ActiveWorkbook.ActiveSheet.Range("A5").Font.Size=14
Application.ActiveWorkbook.ActiveSheet.Range("A5").Font.Bold=True
```

Donde:

- **Application:** hace referencia al propio Excel.
- **ActiveWorkbook:** hace referencia al libro actual.
- **ActiveSheet:** hace referencia a la hoja activa.
- **Range:** hace referencia a una celda especifica de la hoja de Excel, en la cual primero se especifica la columna y luego la fila.
- **Font:** hace referencia a la propiedad **Tipo de letra** que será aplicada en un rango de celda.
- **Name:** hace referencia al nombre de la fuente, es decir, el tipo de letra.
- **Size:** hace referencia al tamaño del texto.
- **Bold:** hace referencia a una subopción de la propiedad **Font** que permite aplicar negrita sobre la celda especificada.

De acuerdo con lo mostrado, se puede decir que los objetos de Excel tienen dos características principales:

**Primera:** todo objeto posee propiedades, los cuales son considerados como características propias del objeto. En algunos casos se presentan propiedades comunes entre los objetos, y la característica principal de estos es que podrán ser modificados por el usuario.

Cabe ver los siguientes casos:

**a.** Asigne el color rojo (**vbRed**) y color azul (**vbBlue**) a hoja1 y hoja2 de Excel.

Prueba.xlsm - ThisWorkbook (Código)

Workbook | Activate

```
Private Sub Workbook_Activate()
Application.ThisWorkbook.Sheets(1).Tab.Color = vbRed
Application.ThisWorkbook.Sheets(2).Tab.Color = vbBlue
End Sub
```

**b.** Asigne los nombres **Reporte** y **Listado** a hoja1 y hoja2 de Excel.

Prueba.xlsm - ThisWorkbook (Código)

Workbook | Activate

```
Private Sub Workbook_Activate()
Application.ThisWorkbook.Sheets(1).Name = "Reporte"
Application.ThisWorkbook.Sheets(2).Name = "Listado"
End Sub
```

Pasos para ambos casos:

1. Desde la ventana **Explorador de proyectos**, seleccione haciendo doble clic en el objeto **ThisWorkBook**.
2. Seleccione **WorkBook** desde la lista de objetos.
3. Seleccione **Activate** desde la lista de procedimientos.
4. Coloque el código dentro de dicho procedimiento como se muestra en la imagen anterior.
5. Guarde el archivo de Excel como **Libro de Excel habilitado para macros**.
6. Salga de Excel y abra nuevamente el archivo de Excel para poder visualizar los resultados.

**Segundo:** todo objeto posee eventos, los cuales son considerados funcionalidades del objeto. Estos eventos normalmente se refieren al uso del ratón, el teclado u otros eventos propios del objeto, como abrir o cerrar una ventana, etc.

a. Vea una lista de eventos del control Button:

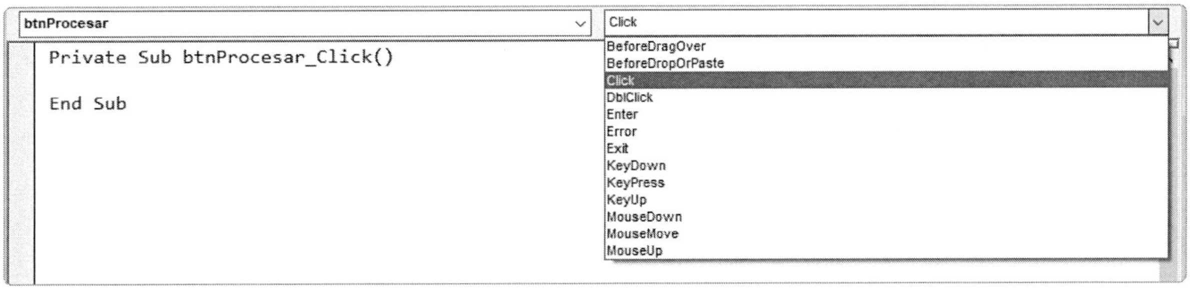


b. O la lista de eventos que ocurre en un control TextBox:

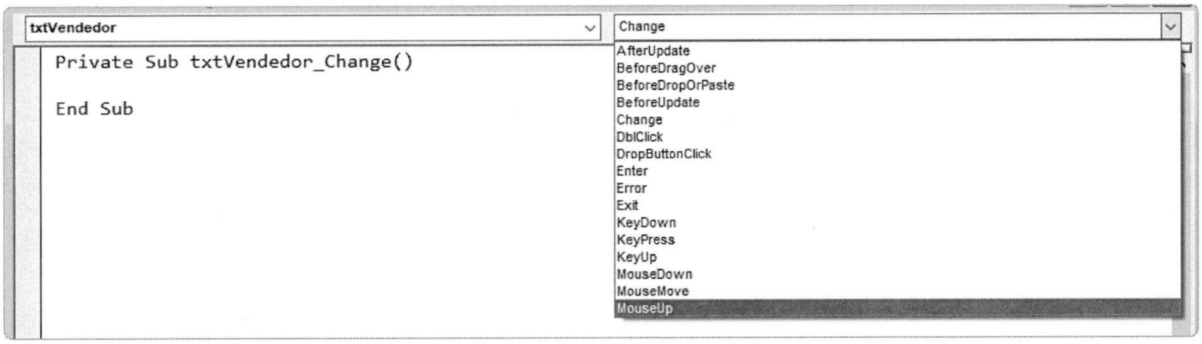


Al seleccionar un evento de la lista, VBA prepara un bloque de código llamado **Procedimiento** en el que se deben programar sentencias que solo se ejecutarán con la reacción al evento seleccionado. Desde aquí se puede mencionar que al salir de una ventana se puede emitir un mensaje, o que al validar un valor de un control TextBox, y no cumpla con lo solicitado, se puede terminar la aplicación.

# 6.2 Objeto Application

Representa la propia aplicación Excel y mayormente funciona como contenedor de otros objetos. En ocasiones no es necesario su especificación, ya que trabaja de forma predeterminada.

## 6.2.1 Propiedades

### A. ActiveCell

Representa la celda activa dentro de una hoja de Excel. Además, solo puede haber una celda activa por hoja.

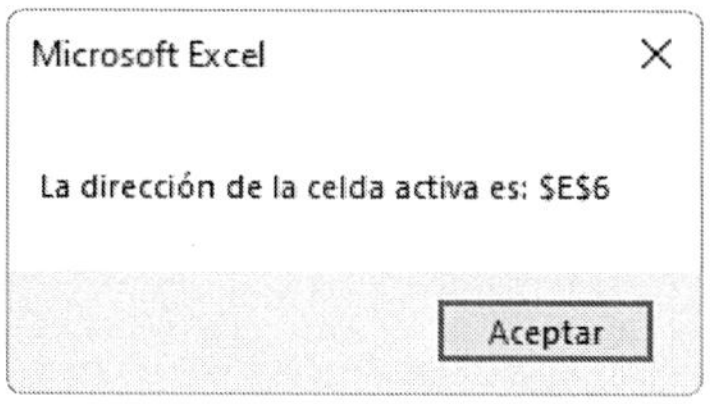


```
Sub celdaActiva()
    Dim celda As String
    celda = Application.ActiveCell.Address
    MsgBox "La dirección de la celda activa es: " & celda
End Sub
```

A continuación, se explicará el procedimiento del código mostrado:

1. Se comienza declarando la variable celda como **String** para poder almacenar el valor emitido por la propiedad **Address**.
2. Luego, la variable celda almacena información acerca de la celda activa, por ejemplo, **$E$6**, la cual indica que el cursor se encuentra en la celda **E6**.
3. Finalmente, se emite el mensaje con el valor detectado por la propiedad **address** mediante la sentencia **MsgBox "La dirección de la celda activa es: " & celda**; el símbolo **&** sirve como contenedor o unir dos o más elementos.

### B. ActiveSheet

Representa la hoja activa dentro de un libro de Excel. Se debe considerar que siempre habrá una hoja activa por cada libro de Excel.

A continuación, se mostrará un procedimiento que solicite al usuario una celda, la cual podrá ser considerada como activa dentro de la hoja actual:

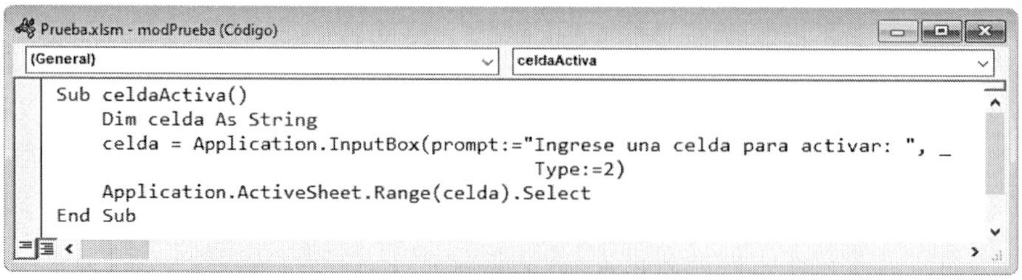

A continuación, se explicará el procedimiento del código mostrado:

1. Se inicia declarando la variable **celda**, en donde se almacena la ubicación que será considerada como activa. Se debe tener en cuenta que para especificar la celda se deberá introducir de la siguiente forma: **A13**.
2. Luego, se asigna el valor introducir por el usuario a la variable **celda**.
3. **InputBox** permite mostrar una ventana al usuario en la que podrá introducir cualquier tipo de valor.
4. Normalmente, para la especificación de una ventana de petición de valores se usa el **Type:=2**.

## C. ActiveWindow

Representa la ventana activa dentro del entorno Excel.

A continuación, se mostrará un procedimiento que permita mostrar el título del libro actual:

```
Prueba.xlsm - modPrueba (Código)
(General)    celdaActiva

Sub muestraTitulo()
    Dim libro As String
    libro = Application.ActiveWindow.Caption
    MsgBox "El nombre del libro es: " & libro
End Sub
```

A continuación, se explicará el procedimiento del código mostrado:

1. Se inicia declarando la variable **libro**, que tendrá la misión de almacenar el título del libro actual.
2. Luego, asigne a la variable **libro** el título del mismo a partir de la propiedad **ActiveWindow. Caption**.
3. Finalmente, muestre el título del libro mediante la impresión de la variable **libro** a través de la sentencia **MsgBox**.

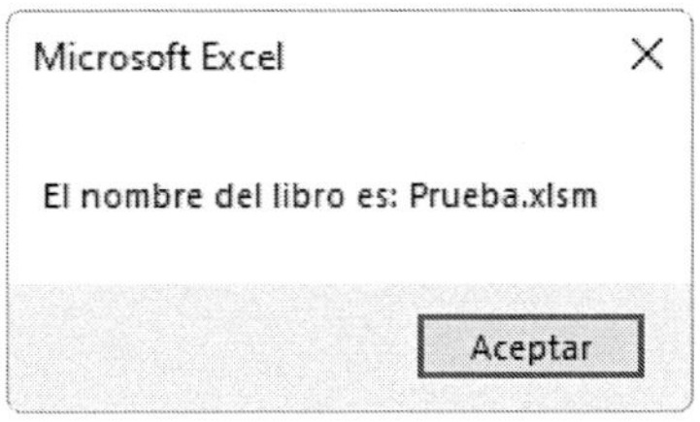


## D. ActiveWorkbook

Representa al libro activo dentro del entorno Excel.

A continuación, se mostrará un procedimiento que permita mostrar el nombre completo del libro actual:

```
Prueba.xlsm - modPrueba (Código)
(General)    celdaActiva

Sub muestraTitulo()
    Dim libro As String
    libro = Application.ActiveWorkbook.Name
    MsgBox "El nombre del libro es: " & libro
End Sub
```

A continuación, se explicará el procedimiento del código mostrado:

1. Se inicia declarando la variable **libro**, que tendrá la misión de almacenar el nombre del libro actual.
2. Luego, se asigna a la variable **libro** el nombre del mismo a partir de la propiedad **ActiveWindow. Name**.
3. Finalmente, se muestra el nombre del libro mediante la impresión de la variable **libro** a través de la sentencia **MsgBox**.

### E. Selection

Representa una o más celdas seleccionadas a partir de una hoja activa.

A continuación, se mostrará un procedimiento que permita mostrar la dirección de las celdas seleccionadas en la hoja actual de Excel:

```
Prueba.xlsm - modPrueba (Código)
(General)                          celdaActiva

Sub muestraRango()
    Dim rango As String
    rango = Application.Selection.Address
    MsgBox "El rango seleccionado es: " & rango
End Sub
```

A continuación, se explicará el procedimiento del código mostrado:

1. Se inicia declarando la variable **rango**, la cual permitirá almacenar la dirección de la celda o celdas seleccionadas.
2. Luego, se asigna a la variable **rango** la dirección exacta de las celdas seleccionadas de una hoja activa.
3. Asimismo, se debe tener en cuenta que primero se deben seleccionar una o más celdas desde la hoja de Excel.
4. Finalmente, se muestra la dirección de las celdas seleccionadas a partir de lo almacenado en la variable **rango** mediante la sentencia **MsgBox**.

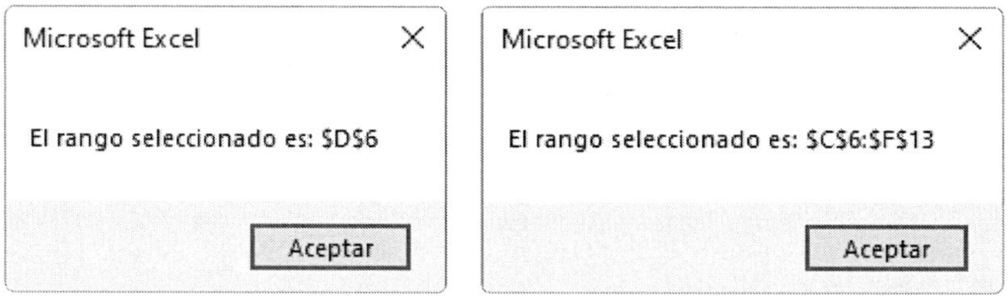


### F. ThisWorkbook

Representa el libro activo en la que se encuentra implementando el código VBA.

A continuación, se explicará el procedimiento:

1. Se inicia declarando la variable **nombre**, la cual permitirá almacenar el nombre del libro actual de Excel.
2. Luego, se asigna el nombre del libro a la variable **nombre** a partir de la propiedad **Name** del **ThisWorkbook**.

3. Finalmente, se imprime el nombre del libro a partir de lo almacenado en la variable **nombre** a través de la sentencia **MsgBox**.

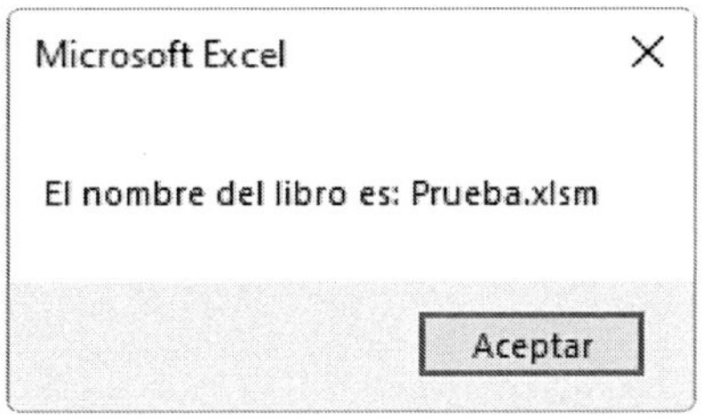


## G. MoveAfterReturn

Permite habilitar e inhabilitar el movimiento del cursor al presionar **Enter** después de introducir el valor en una celda.

A continuación, se mostrará un procedimiento que inhabilita y hablita el movimiento del cursor en una hoja de Excel:

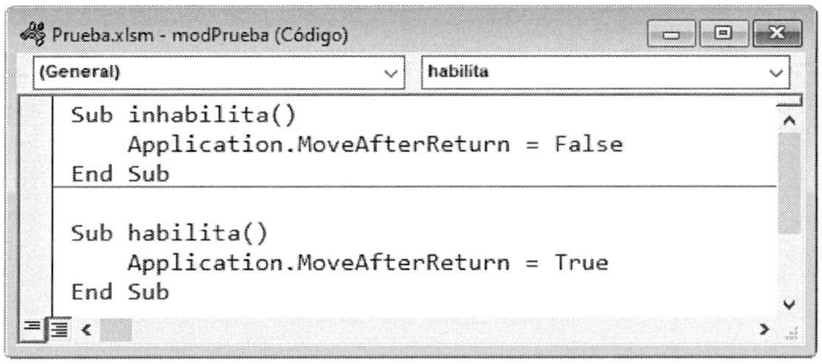


Explicación del código:

- `Application.MoveAfterReturn = False`

  Permite inhabilitar el movimiento del cursor al presionar la tecla **Enter**. Debido a esto, puede introducir valores y permanecer en la misma celda, la única forma de mover el cursor será por medio de las teclas direccionales.

- `Application.MoveAfterReturn = true`

  Es el valor por defecto, igualmente permite habilitar el movimiento del cursor hacia la celda inferior al presionar la tecla **Enter**.

## H. DisplayFormulaBar

Permite habilitar e inhabilitar la visualización de la barra de fórmulas en el libro de Excel.

A continuación, se mostrará un procedimiento que inhabilita y habilita la barra de fórmulas:

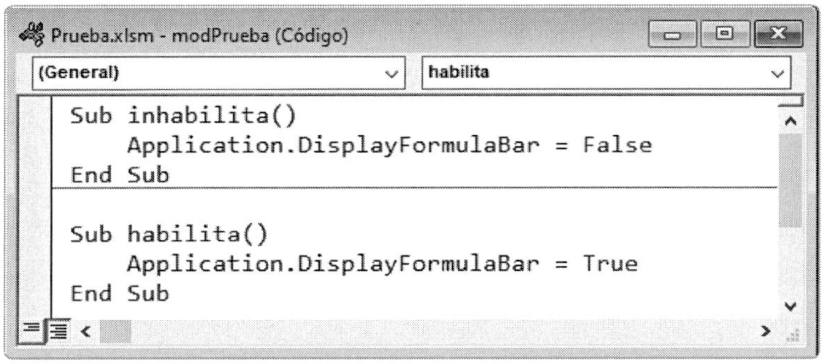

Explicación del código:

- `Application.DisplayFormulaBar = False`
  Permite ocultar la barra de fórmulas en el libro activo de Excel.
- `Application.DisplayFormulaBar = True`
  Es el valor por defecto, igualmente permite mostrar la barra de fórmulas en el libro activo de Excel.

### I. DisplayFullScreen

Permite habilitar e inhabilitar la maximización de la hoja de cálculo de un documento de Excel.

A continuación, se mostrará un procedimiento que inhabilita y habilita la maximización de la hoja de cálculo:

```
Sub restaura()
    Application.DisplayFullScreen = False
End Sub

Sub maximiza()
    Application.DisplayFullScreen = True
End Sub
```

Explicación del código:

- `Application.DisplayFullScreen = False`
  Permite restaurar a su estado normal la hoja de cálculo.
- `Application.DisplayFullScreen = True`
  Permite maximizar el tamaño de la hoja de cálculo ocupando toda la pantalla.

## 6.2.2 Métodos

### A. Quit

Método que permite salir de la aplicación Excel cerrando todos los libros y preguntando si guardará los cambios si los hubiera.

A continuación, se mostrará un procedimiento que permite cerrar la aplicación Excel mediante un cuadro de diálogo:

```
Sub salir()
    Dim r As Integer
    r = MsgBox("Esta seguro de salir", vbYesNo + vbCritical)
    If r = 6 Then
        Application.Quit
    End If
End Sub
```

A continuación, se explicará el procedimiento del código mostrado:

```
r = MsgBox("Esta seguro de salir")
```

1. Inicialmente, se declara la variable **r** de tipo entero, la cual permitirá almacenar la respuesta que el usuario seleccionará a partir de una ventana. La función **MsgBox** presentará una ventana condicional, en la cual el usuario seleccionará la opción Sí o No dependiendo de la opción que este determine. **vbYesNo** permite mostrar los botones, mientras que **vbCritical** muestra el símbolo tal como se muestra en la siguiente imagen:

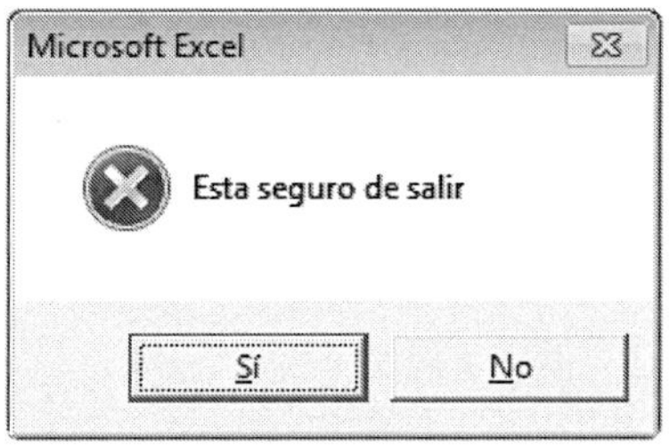


```
If r = 6 Then
```

2. Al seleccionar la opción **Sí**, se asigna el número seis a la variable **r**, mientras que al seleccionar **No** se le asignará el número siete.

```
Application.Quit
```

3. Método que permitirá salir de la aplicación Excel.

### B. OnTime

Método que permite ejecutar un proceso en un tiempo determinado.

A continuación, se mostrará un procedimiento que permita mostrar la fecha y hora actual después de 10 segundos de forma automática:

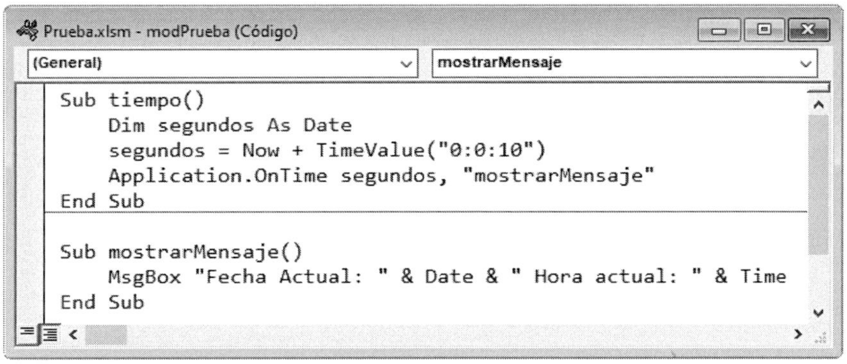


```
Sub tiempo()
    Dim segundos As Date
    segundos = Now + TimeValue("0:0:10")
    Application.OnTime segundos, "mostrarMensaje"
End Sub

Sub mostrarMensaje()
    MsgBox "Fecha Actual: " & Date & " Hora actual: " & Time
End Sub
```

Se deben tener en cuenta los siguientes aspectos:

a. El procedimiento **tiempo** tiene la misión de contabilizar los diez segundos e invocar al procedimiento **mostrarMensaje**.

b. Ambos procedimientos deben implementarse en un módulo.

c. Adicionalmente, considere que usando **Now+TimeValue** se programa un tiempo transcurrido a partir del actual, mientras que **TimeValue** se programa en una hora determinada.

A continuación, se explicará el procedimiento del código mostrado:

```
Dim segundos As Date
```

1. Se declara la variable **segundos**, que permitirá contabilizar los 10 segundos especificados en el problema. Se debe considerar que en VBA no existe el tipo de datos para tiempos, por lo tanto, solo debe declararse como **Date** para que el lenguaje entienda que hace referencia a una hora.

```
segundos = Now + TimeValue("0:0:10")
```

2. Se declara en la variable **segundos** el tiempo de 10 segundos, recuerde que **Now+TimeValue** especifica el tiempo transcurrido a partir del tiempo actual.

```
Application.OnTime segundos, "mostrarMensaje"
```

3. Finalmente, se invoca al método **OnTime**, el cual solicita el tiempo de espera y el procedimiento que ejecutará en dicho tiempo. Entonces, la variable **segundos** ya especifica los 10 segundos transcurridos, mientras que el nombre del procedimiento debe encerrarse entre comillas dobles para ser invocado.

```
MsgBox "Fecha Actual: " & Date & " Hora actual: " & Time
```

4. Cabe mencionar que en el procedimiento **mostrarMensaje** se invoca a la función **MsgBox** para mostrar la fecha actual por medio de la función **Date**, y la hora actual por medio de la función **Time**.

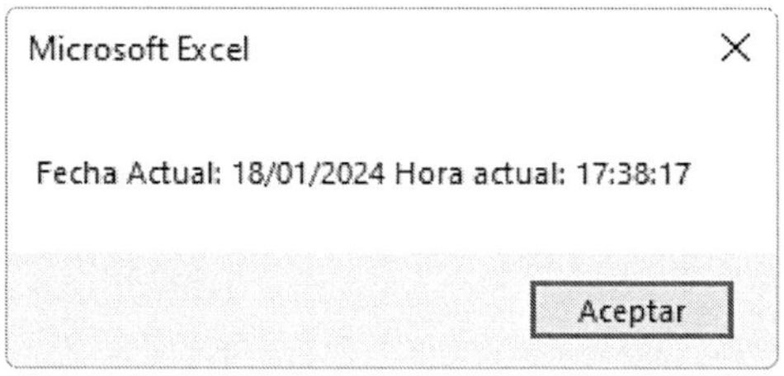


***Figura 39.*** Mensaje mostrado a partir de los 10 segundos

# 6.3 El objeto WorkBook

Representa un libro de Excel, a la colección de libros abiertos se le llama Workbooks.

## 6.3.1 Propiedades de WorkBook

### A. Count

Representa la cantidad total de libros abiertos. Debe considerar que el término "libro abierto" es la representación de la apertura de los archivos de Excel.

A continuación, se mostrará un procedimiento que indique el número de libros abiertos de Excel:

Explicación del código:

- La función **MsgBox** permite mostrar un mensaje de salida al usuario. Para este caso, el texto que se encuentra entre comillas es el mensaje mostrado al usuario.
- El símbolo **&** permite unir dicho texto a la propiedad **Count**, la cual se encarga de contar el número de libros abiertos. Para la prueba deberá abrir, por lo menos, dos veces la aplicación Excel y en una de ellas colocar el código presentado.

### B. Name

Representa el nombre del libro actual de Excel.

A continuación, se mostrará un procedimiento que muestre el nombre del libro:

**ThisWorkbook.Name** obtiene el nombre del libro actual, en el caso de no haber guardado el archivo el nombre mostrado es **Libro1**. Por otra parte, no se olvide de que el símbolo **&** permite concatenar dos o más elementos dentro de una misma sentencia.

### C. Path

Representa la ubicación del archivo de Excel a partir de las unidades de almacenamiento.

A continuación, se mostrará un procedimiento que muestre la ruta registrada para el libro actual:

Path obtiene la ruta del libro actual, pero se debe tener en cuenta que, para que exista una ruta, primero debe guardar el libro. De otra manera, el mensaje solo mostrará el texto "La ruta del archivo es: ".

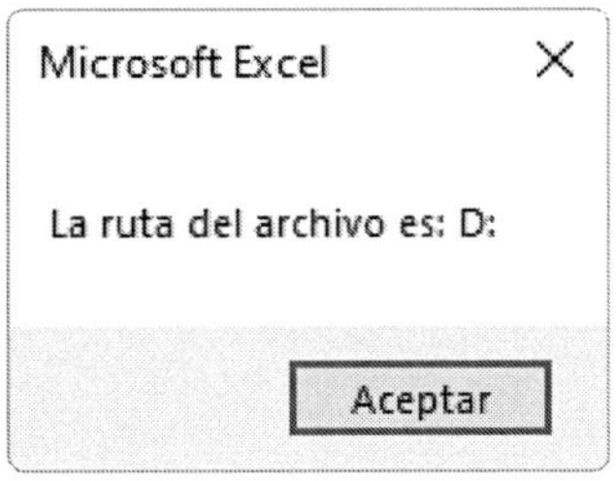


## 6.3.2 Métodos de WorkBook

### A. Open

Permite abrir un archivo de Excel. Se debe considerar que, para mostrar el contenido de un libro, primero se debe conocer la ruta exacta de donde proviene este.

A continuación, se mostrará un procedimiento que se encarga de abrir un libro en una ubicación determinada. Se debe tener cuidado con la ubicación, pues, de no encontrarla, podría generar un error en VBA.

```
Sub abrirArchivo()
    Workbooks.Open "D:\Excel\Libro.xlsx"
End Sub
```

Open permite abrir un archivo de Excel siempre y cuando se le especifique la ruta donde fue guardado el documento. Se debe tener en cuenta que, al abrir un archivo de Excel, automáticamente se convierte en el archivo activo.

### B. Add

Permite crear un nuevo libro de Excel. Se debe considerar que este será el libro activo.

A continuación, se mostrará un procedimiento que se encarga de agregar un libro al entorno de Excel:

```
Sub agregaLibros()
    Workbooks.Add
End Sub
```

El método Add crea un nuevo libro haciéndolo activo, debe tener en cuenta que cada libro genera un nuevo archivo de Excel.

### C. Activate

Permite activar un determinado libro siempre y cuando se encuentre abierto. Aquí se tienen dos posibilidades para la activación: la primera es por el número de orden de apertura de los libros, y la segunda por el nombre del mismo libro.

A continuación, se mostrará un procedimiento que permita activar el archivo **listado.xlsx**. Se debe tener en cuenta que el libro mencionado debe estar abierto, pero no activo.

```
Sub activaListado()
    Workbooks("listado.xlsx").Activate
End Sub
```

El método Activate ubica el cursor en el libro invocado, en este caso se invoca al archivo **listado.xlsx**. Se debe considerar que el archivo solicitado no necesariamente debe ser del tipo **xlsm**, sino que más bien debe ser solo un archivo existente en una misma carpeta. Si el libro invocado es el segundo abierto de una lista de libros, entonces el código se pudo haber escrito de la siguiente manera **WoorkBooks(2).Activate**.

### D. Close

Permite cerrar un determinado libro. Se debe tener en cuenta que desde un documento se puede cerrar cualquier libro abierto, inclusive este.

A continuación, se mostrará un procedimiento que permite cerrar el libro actual. El método close cierra el libro preguntando si desea guardar los cambios realizados. Debe tener en cuenta que, si no realiza ningún cambio al libro, el libro se cerrará automáticamente.

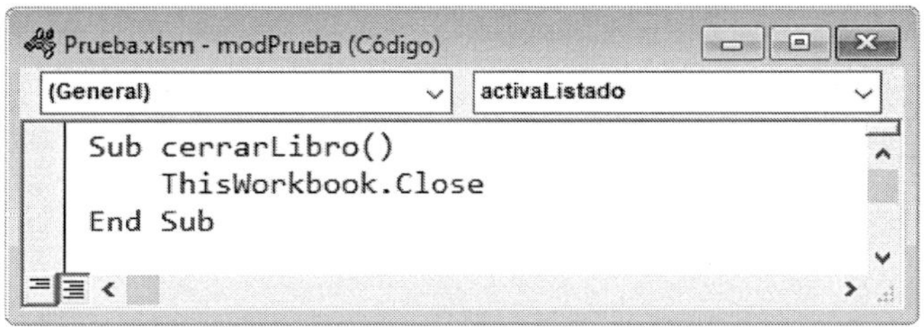


También se pueden cerrar otros archivos de Excel tal como se muestra en el siguiente código:

```
Sub cerrarLibro()
    Workbooks("listado.xlsx").Close SaveChanges:=False
End Sub
```

Explicación del código:

- El método **close** cierra el libro **listado.xlsx**.
- La opción **SaveChanges** permite guardar las modificaciones realizadas al libro mencionado.
- Cabe mencionar que, cuando se encuentra en la opción **False**, no guarda los cambios. En cambio, **True** guarda los cambios realizados sin necesidad de preguntarle al usuario.

### E. Save

Permite guardar los cambios en un determinado libro. Se debe tener en cuenta que guardará los cambios realizados al documento, para esto el libro deberá encontrarse previamente almacenado. Su función es parecida cuando se activa el botón **Grabar** de la barra de herramientas.

A continuación, se mostrará un procedimiento que permite guardar el libro activo. El método save permite almacenar los cambios en un documento previamente guardado sin necesidad de mostrar la ventana de diálogo de grabación.

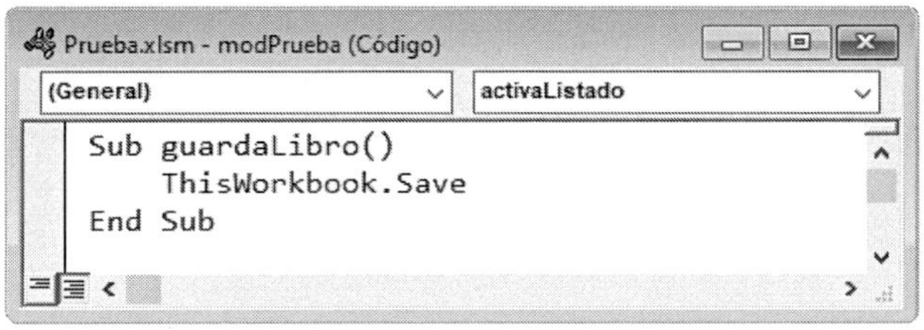

También se pueden usar los siguientes códigos para la misma acción:

**a.** Guardando desde el libro activo.

```
Sub guardaLibro()
        ActiveWorkbook.Save
End Sub
```

**b.** Guardando con la especificación del nombre del archivo y su extensión.

```
Sub guardaLibro()
    Workbooks("Save - WorkBook.xlsm").Save
End Sub
```

**c.** Guardando el libro que hace referencia al número de libro abierto. Aquí se debe tener en cuenta el número asignado en el orden de apertura de los libros.

```
Sub guardaLibro()
    Workbooks(1).Save
End Sub
```

### F. SaveAs

Permite crear un nuevo archivo a partir del archivo de Excel actual, es decir, duplicará el archivo original. Se debe tener en cuenta que el archivo original debe encontrarse previamente guardado. Su función es parecida al accionar del botón **Guardar como...** de la barra de herramientas.

A continuación, se mostrará un procedimiento que permita crear una copia de seguridad del libro de Excel activo. El método SaveAs permite guardar todo el archivo en uno nuevo, para ello debe especificar el nombre de dicho archivo.

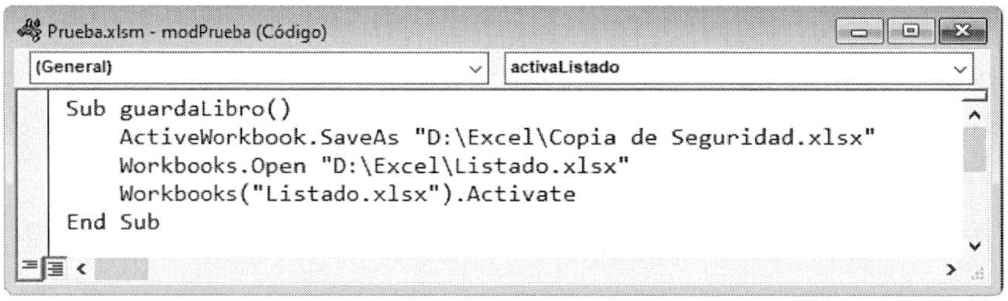


Explicación del código:

- Cuando un archivo de Excel es grabado con el método **SaveAs**. Este archivo se convierte en el libro activo y, por tanto, el archivo original se cierra para mostrar el nuevo documento.
- La propiedad **Open** permite abrir el archivo original que se cerró al guardar el documento con otro nombre.
- La propiedad **Activate** permite activar el libro abierto recientemente con el método **Open**.

También podría usar el método SaveAs de la siguiente manera:

```
Sub guardaLibro()
    ThisWorkbook.SaveAs "D:\Excel\Copia de Seguridad.xlsx"
    Workbooks.Open " "D:\Excel\Listado.xlsx"
    Workbooks("Listado.xlsx").Activate
End Sub
```

### G. SaveCopyAs

Permite crear una copia del libro actual. Se debe tener en cuenta que el libro a duplicar debe encontrarse previamente grabado.

A continuación, se mostrará un procedimiento que permita crear una copia de seguridad:

```
Sub crearCopia()
    ActiveWorkbook.SaveCopyAs "D:\Excel\Copia de Seguridad.xlsx"
End Sub
```

El método SaveCopyAs permite guardar todo el libro a uno nuevo. Asimismo, la diferencia con el método **SaveAs** es que el **SaveCopyAs** no activa ni muestra el archivo copiado, solo lo crea.

# 6.4 El objeto WorkSheets

El objeto WorkSheet representa una hoja de cálculo de Excel, mientras que a la colección de hojas se le llama WorkSheets, en la cual se muestran las siguientes propiedades y métodos.

## 6.4.1 Propiedades de WorkSheets

### A. Count

Representa el número total de hojas por libro, es decir, devolverá el valor numérico del número de hojas que contiene el libro actual. Debe tener en cuenta que la última versión de Excel solo tiene una hoja, en otras versiones de Excel el número total de hojas era tres.

A continuación, se mostrará un procedimiento que permita mostrar el número de hojas que tiene el documento de Excel actual:

```
Sub numeroHojas()
    MsgBox "La cantidad de hojas es: " & Worksheets.Count
End Sub
```

La cantidad de hojas varía dependiendo de la versión del Excel. La propiedad Count siempre devuelve un valor numérico entero.

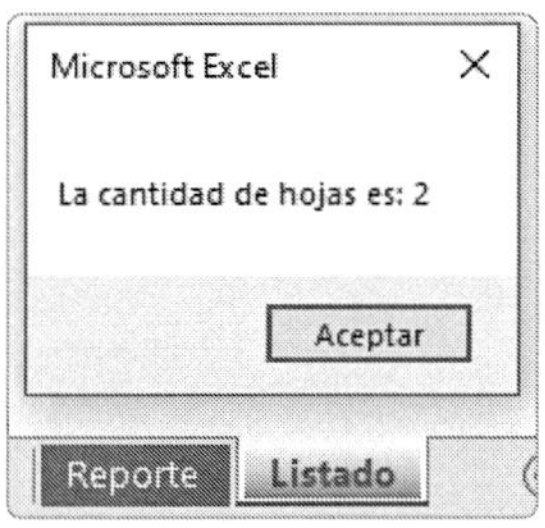


### B. Name

Representa el nombre de la hoja actual. Se deben considerar que el nombre predeterminado es **Hoja 1** y que puede ser modificado por el usuario haciendo clic derecho sobre la hoja y seleccionando **Cambiar nombre**, o, por medio del entorno VBA, modificando la propiedad Name desde la ventana de propiedades.

A continuación, se mostrará cómo mostrar el nombre de la hoja actual por medio de un procedimiento:

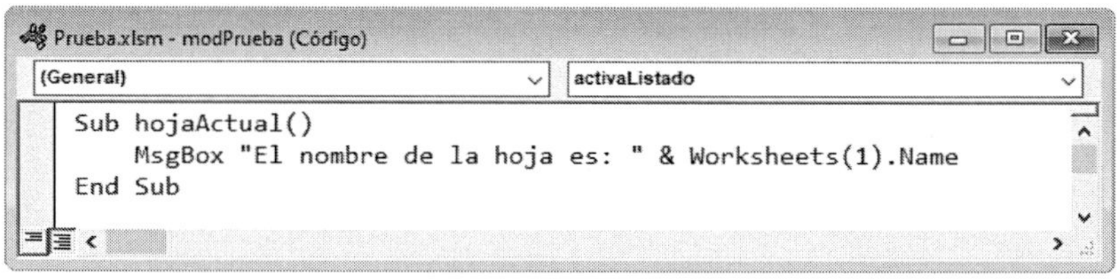


Se debe tener en cuenta que el nombre de la hoja es una propiedad del objeto **Worksheets** que puede ser modificada por el usuario, pero para VBA el nombre siempre será **Hoja1** o simplemente 1 si quiere tratarla por su índice. Por tal motivo, al invocar la propiedad **Name** se hace referencia al número de hoja del cual se quiere su nombre.

Otras opciones para la invocación del nombre de la hoja pueden ser:

**a.** Usando ActiveSheet, el cual hace referencia a la hoja actual:

```
Sub hojaActual()
            MsgBox "El nombre de la hoja es: " & ActiveSheet.Name
End Sub
```

**b.** Usando el objeto Hoja1 del conjunto de hojas:

```
Sub hojaActual()
      MsgBox "El nombre de la hoja es: " & Hoja1.Name
End Sub
```

**c.** Usando la propiedad Count del WorkSheets se puede obtener el nombre de la última hoja de un determinado libro activo:

```
Sub hojaActual()
      MsgBox "El nombre de la hoja es: " & _
                Worksheets(Worksheets.Count).Name
End Sub
```

**d.** Haciendo referencia a otro libro:

```
Sub nombreHoja()
      MsgBox "El nombre de la hoja es: " & _
                Workbooks("Libro2").Worksheets(1).Name
End Sub
```

## C. Next

Propiedad que permite devolver la próxima hoja.

A continuación, se mostrará un procedimiento que permita mostrar la siguiente hoja de un determinado libro:

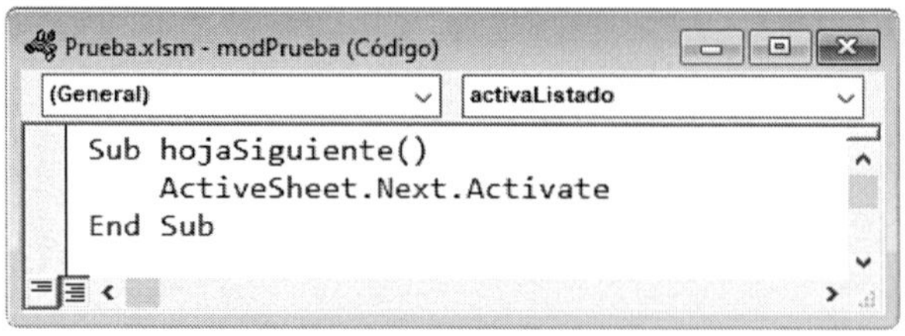


Se debe tener en cuenta que la propiedad **Next** permite ubicar datos de la próxima hoja, mientras que **Activate** lo hace activo de entre todas las hojas de un libro. En el caso de que no hubiera una hoja posterior se mostraría un error.

### D. Previous

Propiedad que permite volver a la hoja anterior.

A continuación, se mostrará un procedimiento que permita mostrar la hoja anterior desde una hoja actual en un determinado libro:

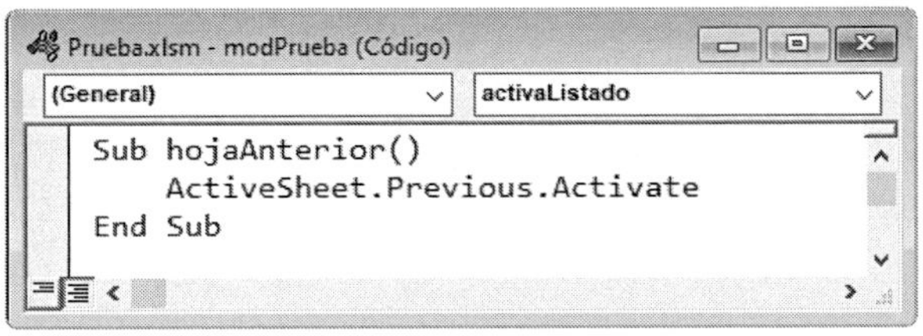


Se debe tener en cuenta que se usa el objeto **ActiveSheet** para moverse a las siguientes hojas y hacer que cada hoja siguiente sea la activa, y así poder desplazarse sin ningún problema por todas las hojas de un determinado libro.

### E. Index

Propiedad que permite devolver el número de hoja del conjunto de hojas de un mismo libro.

A continuación, se mostrará el procedimiento índice que devuelve el número de hoja en la que se encuentra el usuario:

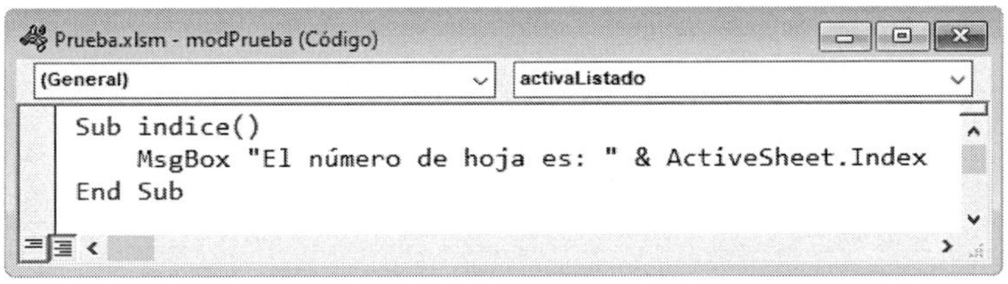


Index devuelve el número de índice asignado según la cantidad de hojas de un determinado libro.

En el siguiente código se muestra un mensaje, el cual se da única y exclusivamente cuando el usuario ha llegado a la última hoja de un libro:

```
Sub indice()
    Dim numero As Integer
    numero = ActiveSheet.Index
    If numero = Sheets.Count Then
       MsgBox "Usted se encuentra en la última hoja"
    End If
End Sub
```

## 6.4.2 Métodos de WorkSheets

### A. Activate

Permite activar una hoja de un conjunto de hojas en un determinado libro.

A continuación, se mostrará cómo mostrar el contenido de la hoja2 sabiendo que la hoja actual es la hoja1:

```
Sub activaHoja()
    Worksheets(2).Activate
End Sub
```

Activate es un método que no necesita parámetros, puesto que lo único que debe considerar es que se especifique correctamente el número de hoja a activar. En este caso, el número dos representa la segunda hoja de todo el libro.

### B. Add

Permite agregar un determinado número de hojas a un libro. Se debe tener en cuenta que el nombre por defecto de las hojas es "HojaN", donde N representa el número de hoja según un determinado libro.

A continuación, se mostrará el procedimiento que permite añadir una hoja al final de todas hojas del libro actual. Además, se deberá solicitar el nombre de la nueva hoja.

```
Sub agregaHoja()
    Dim nombre As String
    nombre = InputBox("Ingrese el nombre de la hoja nueva: ")
    Worksheets.Add(After:=Worksheets(Worksheets.Count)).Name = nombre
    Worksheets(1).Activate
End Sub
```

A continuación, se explicará el procedimiento del código mostrado:

1. Se inició declarando y asignando el nombre de la hoja por medio de la función **InputBox**, dicho nombre se almacenará en la variable **nombre**, que próximamente asignará a la nueva hoja.
2. Luego, se usa el método **Add**, el cual agregará una hoja nueva al inicio de las hojas, para modificar la posición use la opción **after**, la cual especifica la nueva posición de la hoja. Recuerde que **Worksheets.Count** determina el número total de hojas contenidas en el libro, lo que le permitirá ubicar la hoja nueva después de la última.

   La forma predeterminada de agregar una hoja nueva sería **Worksheets.Add**.

   **a.** En el caso de añadir una nueva hoja después de la hoja2 podría ser de la siguiente manera:

   ```
   Worksheets.Add(After:=Worksheets("Hoja2"))
   ```

   **b.** Si se quisiera agregar tres hojas al final, se podría usar el siguiente código:

   ```
   Worksheets.Add After:=Worksheets(Worksheets.Count), Count:=3
   ```

3. Finalmente, se devuelve la activación a la hoja inicial, puesto que cuando se agrega una nueva hoja esta será la activa.

### C. Delete

Permite eliminar una hoja del conjunto de hojas de un determinado libro.

A continuación, se mostrará un procedimiento que permite eliminar una hoja a partir de su número:

```
Sub eliminaHoja()
    Dim numero As Integer
    numero = InputBox("Ingrese número de hoja a eliminar: ")

    Application.DisplayAlerts = False
    Worksheets(numero).Delete
End Sub
```

A continuación, se explicará el procedimiento del código mostrado:

1. Se comienza solicitando el número de hoja que se desea eliminar, este se guardará en la variable número. Recuerde que la función **InputBox** permite mostrar un cuadro de entrada en la que el usuario podrá introducir valores.
2. Luego, se bloquean los mensajes enviados desde Excel mediante la propiedad **DisplayAlerts**.
3. Finalmente, se llega a eliminar la hoja seleccionada por el usuario. Recuerde que debe introducir el número de hoja y no el nombre, ya que la variable ha sido declarada como valor numérico entero.

# 6.5 El objeto Range

El objeto Range puede representar una celda específica, un conjunto de celdas, ya sea continuas o disjuntas, así como también toda una fila o columna. También es relevante mencionar que el objeto Range puede hacer referencia a celdas de otro libro.

## 6.5.1 Propiedades de Range

### A. Address

Representa la ubicación de la celda actual en una determinada hoja.

A continuación, se mostrará un procedimiento que permite mostrar la dirección de la celda activa:

```
Sub ubicacionCelda()
    MsgBox "La ubicación de la celda activa es:" & ActiveCell.Address
End Sub
```

La dirección de una celda está dada de la forma **$columna$fila**, de tal manera que la propiedad **Address** envía la dirección de la celda activa.

## B. Cells

Permite hacer referencia a un conjunto de celdas en una determinada hoja.

A continuación, se mostrará un procedimiento que permite seleccionar un conjunto de celdas:

```
Prueba.xlsm - modPrueba (Código)
(General)                         activaListado

Sub seleccionaCeldas()
    Range(Cells(6, 2), Cells(15, 4)).Select
End Sub
```

El objeto **Range** necesita de la ubicación inicial y final del rango, los cuales son especificados mediante **Cells**. De esta forma **(6,2)**, representa a la celda **B6**, mientras que **(15,4)** representa a la celda **D15**.

## C. End

Devuelve una ubicación al inicio o al final de un bloque de celdas seleccionadas.

A continuación, se mostrará cuatro procedimientos que permitan mover la celda activa por los extremos de un determinado conjunto de datos, el cual se mostrará a continuación:

```
Prueba.xlsm - modPrueba (Código)
(General)                         ultimaColumna

Sub primeraFila()
    Range("B5").End(xlUp).Offset(1, 0).Select
End Sub
Sub ultimaFila()
    Range("B5").End(xlDown).Select
End Sub
Sub primeraColumna()
    Range("B5").End(xlToLeft).Offset(0, 1).Select
End Sub
Sub ultimaColumna()
    Range("B5").End(xlToRight).Select
End Sub
```

Listado de clientes

| PEDIDO | CLIENTE | EMPLEADO | FECHA PEDIDO | FECHA ENTREGA | PAGO CARGO | PAÍS DESTINO |
|---|---|---|---|---|---|---|
| 10248 | Wilman Kala | Buchanan | 04/07/2009 | 01/08/2009 | S/. 32.38 | Finlandia |
| 10249 | Toms Spezialitäten | Suyama | 05/07/2009 | 16/08/2009 | S/. 11.61 | Alemania |
| 10250 | Hanari Carnes | Peacock | 08/07/2009 | 05/08/2009 | S/. 65.83 | Brasil |
| 10251 | Victuailles en stock | Leverling | 08/07/2009 | 05/08/2009 | S/. 41.34 | Francia |
| 10252 | Suprêmes délices | Peacock | 09/07/2009 | 06/08/2009 | S/. 51.30 | Bélgica |
| 10253 | Hanari Carnes | Leverling | 10/07/2009 | 24/07/2009 | S/. 58.17 | Brasil |
| 10254 | Chop-suey Chinese | Buchanan | 11/07/2009 | 08/08/2009 | S/. 22.98 | Suiza |
| 10255 | Richter Supermarkt | Dodsworth | 12/07/2009 | 09/08/2009 | S/. 148.33 | Suiza |
| 10256 | Wellington Importadora | Leverling | 15/07/2009 | 12/08/2009 | S/. 13.97 | Brasil |
| 10257 | HILARIÓN-Abastos | Peacock | 16/07/2009 | 13/08/2009 | S/. 81.91 | Venezuela |
| 10258 | Ernst Handel | Davolio | 17/07/2009 | 14/08/2009 | S/. 140.51 | Austria |
| 10259 | Centro comercial Moctezuma | Peacock | 18/07/2009 | 15/08/2009 | S/. 3.25 | México |
| 10260 | Ottilies Käseladen | Peacock | 19/07/2009 | 16/08/2009 | S/. 55.09 | Alemania |
| 10261 | Que Delícia | Peacock | 19/07/2009 | 16/08/2009 | S/. 3.05 | Brasil |
| 10262 | Rattlesnake Canyon Grocery | Callahan | 22/07/2009 | 19/08/2009 | S/. 48.29 | Estados Unidos |
| 10263 | Ernst Handel | Dodsworth | 23/07/2009 | 20/08/2009 | S/. 146.06 | Austria |

Primera fila
Última fila
Primera columna
Última columna

***Figura 40.*** Listado de clientes

Explicación del código:

- **xlUp:** permite ubicar el cursor al inicio de la fila, que en este caso es la región que contiene la celda **B5:** aquí se debe especificar que **xlUp**, normalmente, se ubicaría en la celda **B4**, por eso se aplica **Offset**, el cual permite mover la celda una fila posterior.

- **xlDown:** permite ubicar la celda activa en la última celda de la región perteneciente a la celda **B5**.
- **xlToLeft:** permite ubicar la celda activa al lado izquierdo de la región a partir de la celda **B5**, se usa **Offset(0,1)** para saltar una columna adelante.
- **xlToRight:** permite ubicar la celda activa en el lado derecho de la región perteneciente a la celda **B5**.

Asimismo, se puede implementar un procedimiento que permita seleccionar toda la última fila completa, para ello se tendría el siguiente código:

```
Sub ultimaFilaCompleta()
    Range("B20", Range("B20").End(xlToRight)).Select
End Sub
```

### D. Formula

Permite implementar una fórmula de Excel desde VBA. Se debe tener en cuenta que las funciones a utilizar deben ser reconocidas por VBA, y no por Excel.

A continuación, se mostrará cómo implementar un procedimiento que permita mostrar los totales por unidades y por coste de unos productos en un *minimarket*:

Prueba.xlsm - modPrueba (Código)

(General) | primeraFila

```
Sub generaCalculos()
    Range("D23").Formula = "=sum(D9:D22)"
    Range("E23").Formula = "=sum(E9:E22)"
End Sub
```

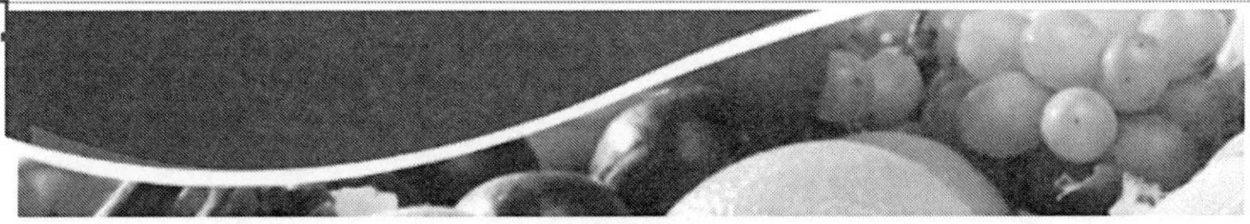

MINIMARKET

| Categoría | Producto | Unidades | Costo | |
|---|---|---|---|---|
| Lácteos | Queso Mozzarella Giovanni | 5 | S/. | 174.00 |
| Lácteos | Queso Cabrales | 12 | S/. | 168.00 |
| Granos/Cereales | Tallarines de Singapur | 10 | S/. | 98.00 |
| Frutas/Verduras | Manzanas secas Manjimup | 40 | S/. | 1,696.00 |
| Frutas/Verduras | Cuajada de judías | 9 | S/. | 167.40 |
| Frutas/Verduras | Manzanas secas Manjimup | 35 | S/. | 1,484.00 |
| Frutas/Verduras | Manzanas secas Manjimup | 35 | S/. | 1,484.00 |
| Condimentos | Salsa de pimiento picante de Luisiana | 15 | S/. | 252.00 |
| Pescado/Marisco | Crema de almejas estilo Nueva Inglaterra | 10 | S/. | 77.00 |
| Condimentos | Salsa de pimiento picante de Luisiana | 20 | S/. | 336.00 |
| Granos/Cereales | Raviolis Angelo | 15 | S/. | 234.00 |
| Granos/Cereales | Pan de centeno crujiente estilo Gustaf's | 6 | S/. | 100.80 |
| Repostería | Mermelada de Sir Rodney's | 40 | S/. | 2,592.00 |
| Lácteos | Camembert Pierrot | 40 | S/. | 1,088.00 |
| | Genera cálculos | 292 | S/. | 9,951.20 |

***Figura 41.*** Listado de productos

La propiedad Formula hace que en la celda especificada se ejecute una determinada función interpretada por Excel, así que para sumar todas las unidades se aplica la función **sum**, que es análoga a la función **suma** de Excel.

De la misma manera que se especificó en las unidades, ahora se hace referencia a las celdas que contienen los costes a sumar. Además, VBA envía a la celda de Excel la fórmula **=sum(E9:E22)**, mientras que Excel la recibe como **=Suma(E9:E22)**.

Finalmente, se podría usar el siguiente código para realizar la misma actividad:

```
Sub generaCalculos()
    Range("D9").End(xlDown).Offset(1, 0).Select
    ActiveCell.Formula = "=sum(D9:D22)"

    Range("E9").End(xlDown).Offset(1, 0).Select
    ActiveCell.Formula = "=sum(E9:E22)"
End Sub
```

## E. FormulaLocal

Se debe considerar que en VBA, para hacer referencia a las funciones de Excel, debe especificarse dicha función en formato VBA, es decir, que existe un juego de funciones análogas en VBA y Excel.

A continuación, se mostrará cómo implementar un procedimiento que permita calcular el total a pagar a cada docente y, al finalizar, mostrar el total pagado por la empresa:

Prueba.xlsm - modPrueba (Código)

(General) | primeraFila

```
Sub calculaPago()
    Range("M12").FormulaLocal = "=SUMA(D12:L12)"
    Range("M12").Select
    Selection.AutoFill Destination:=Range("M12:M42")

    Range("M43").FormulaLocal = "=SUMA(M12:M42)"
End Sub
```

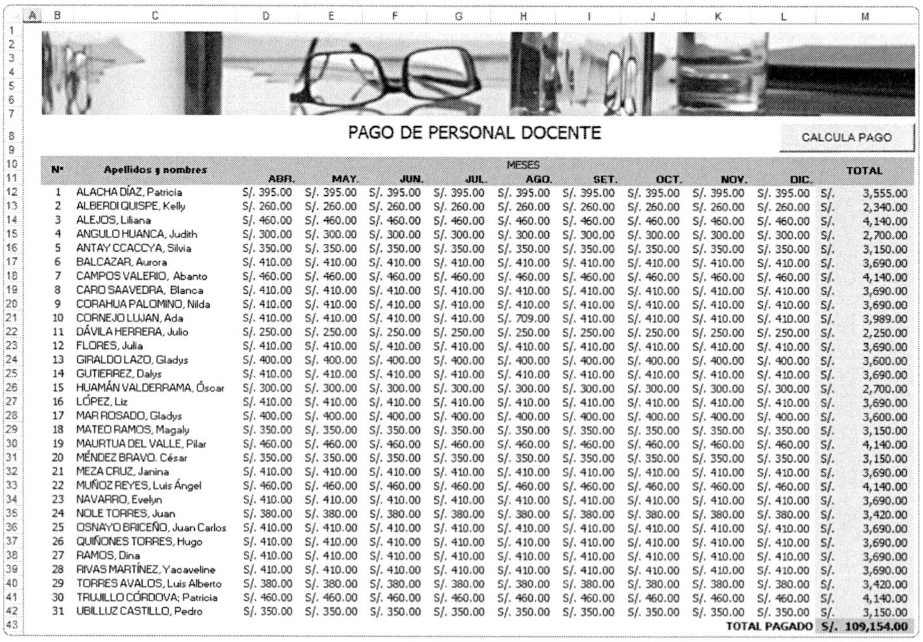

PAGO DE PERSONAL DOCENTE

CALCULA PAGO

| N° | Apellidos y nombres | ABR. | MAY. | JUN. | JUL. | AGO. | SET. | OCT. | NOV. | DIC. | TOTAL |
|---|---|---|---|---|---|---|---|---|---|---|---|
| 1 | ALACHA DÍAZ, Patricia | S/. 395.00 | S/. 395.00 | S/. 395.00 | S/. 395.00 | S/. 395.00 | S/. 395.00 | S/. 395.00 | S/. 395.00 | S/. 395.00 | S/. 3,555.00 |
| 2 | ALBERDI QUISPE, Kelly | S/. 260.00 | S/. 260.00 | S/. 260.00 | S/. 260.00 | S/. 260.00 | S/. 260.00 | S/. 260.00 | S/. 260.00 | S/. 260.00 | S/. 2,340.00 |
| 3 | ALEJOS, Liliana | S/. 460.00 | S/. 460.00 | S/. 460.00 | S/. 460.00 | S/. 460.00 | S/. 460.00 | S/. 460.00 | S/. 460.00 | S/. 460.00 | S/. 4,140.00 |
| 4 | ANGULO HUANCA, Judith | S/. 300.00 | S/. 300.00 | S/. 300.00 | S/. 300.00 | S/. 300.00 | S/. 300.00 | S/. 300.00 | S/. 300.00 | S/. 300.00 | S/. 2,700.00 |
| 5 | ANTAY CCACCYA, Silvia | S/. 350.00 | S/. 350.00 | S/. 350.00 | S/. 350.00 | S/. 350.00 | S/. 350.00 | S/. 350.00 | S/. 350.00 | S/. 350.00 | S/. 3,150.00 |
| 6 | BALCAZAR, Aurora | S/. 410.00 | S/. 410.00 | S/. 410.00 | S/. 410.00 | S/. 410.00 | S/. 410.00 | S/. 410.00 | S/. 410.00 | S/. 410.00 | S/. 3,690.00 |
| 7 | CAMPOS VALERIO, Abanto | S/. 460.00 | S/. 460.00 | S/. 460.00 | S/. 460.00 | S/. 460.00 | S/. 460.00 | S/. 460.00 | S/. 460.00 | S/. 460.00 | S/. 4,140.00 |
| 8 | CARO SAAVEDRA, Blanca | S/. 410.00 | S/. 410.00 | S/. 410.00 | S/. 410.00 | S/. 410.00 | S/. 410.00 | S/. 410.00 | S/. 410.00 | S/. 410.00 | S/. 3,690.00 |
| 9 | CORAHUA PALOMINO, Nilda | S/. 410.00 | S/. 410.00 | S/. 410.00 | S/. 410.00 | S/. 410.00 | S/. 410.00 | S/. 410.00 | S/. 410.00 | S/. 410.00 | S/. 3,690.00 |
| 10 | CORNEJO LUJAN, Ada | S/. 410.00 | S/. 410.00 | S/. 410.00 | S/. 410.00 | S/. 709.00 | S/. 410.00 | S/. 410.00 | S/. 410.00 | S/. 410.00 | S/. 3,989.00 |
| 11 | DÁVILA HERRERA, Julio | S/. 250.00 | S/. 250.00 | S/. 250.00 | S/. 250.00 | S/. 250.00 | S/. 250.00 | S/. 250.00 | S/. 250.00 | S/. 250.00 | S/. 2,250.00 |
| 12 | FLORES, Julia | S/. 410.00 | S/. 410.00 | S/. 410.00 | S/. 410.00 | S/. 410.00 | S/. 410.00 | S/. 410.00 | S/. 410.00 | S/. 410.00 | S/. 3,690.00 |
| 13 | GIRALDO LAZO, Gladys | S/. 400.00 | S/. 400.00 | S/. 400.00 | S/. 400.00 | S/. 400.00 | S/. 400.00 | S/. 400.00 | S/. 400.00 | S/. 400.00 | S/. 3,600.00 |
| 14 | GUTIERREZ, Dalys | S/. 410.00 | S/. 410.00 | S/. 410.00 | S/. 410.00 | S/. 410.00 | S/. 410.00 | S/. 410.00 | S/. 410.00 | S/. 410.00 | S/. 3,690.00 |
| 15 | HUAMÁN VALDERRAMA, Óscar | S/. 300.00 | S/. 300.00 | S/. 300.00 | S/. 300.00 | S/. 300.00 | S/. 300.00 | S/. 300.00 | S/. 300.00 | S/. 300.00 | S/. 2,700.00 |
| 16 | LÓPEZ, Liz | S/. 410.00 | S/. 410.00 | S/. 410.00 | S/. 410.00 | S/. 410.00 | S/. 410.00 | S/. 410.00 | S/. 410.00 | S/. 410.00 | S/. 3,690.00 |
| 17 | MAR ROSADO, Gladys | S/. 400.00 | S/. 400.00 | S/. 400.00 | S/. 400.00 | S/. 400.00 | S/. 400.00 | S/. 400.00 | S/. 400.00 | S/. 400.00 | S/. 3,600.00 |
| 18 | MATEO RAMOS, Magaly | S/. 350.00 | S/. 350.00 | S/. 350.00 | S/. 350.00 | S/. 350.00 | S/. 350.00 | S/. 350.00 | S/. 350.00 | S/. 350.00 | S/. 3,150.00 |
| 19 | MAURTUA DEL VALLE, Pilar | S/. 460.00 | S/. 460.00 | S/. 460.00 | S/. 460.00 | S/. 460.00 | S/. 460.00 | S/. 460.00 | S/. 460.00 | S/. 460.00 | S/. 4,140.00 |
| 20 | MÉNDEZ BRAVO. César | S/. 350.00 | S/. 350.00 | S/. 350.00 | S/. 350.00 | S/. 350.00 | S/. 350.00 | S/. 350.00 | S/. 350.00 | S/. 350.00 | S/. 3,150.00 |
| 21 | MEZA CRUZ, Janina | S/. 410.00 | S/. 410.00 | S/. 410.00 | S/. 410.00 | S/. 410.00 | S/. 410.00 | S/. 410.00 | S/. 410.00 | S/. 410.00 | S/. 3,690.00 |
| 22 | MUÑOZ REYES, Luis Ángel | S/. 460.00 | S/. 460.00 | S/. 460.00 | S/. 460.00 | S/. 460.00 | S/. 460.00 | S/. 460.00 | S/. 460.00 | S/. 460.00 | S/. 4,140.00 |
| 23 | NAVARRO, Evelyn | S/. 410.00 | S/. 410.00 | S/. 410.00 | S/. 410.00 | S/. 410.00 | S/. 410.00 | S/. 410.00 | S/. 410.00 | S/. 410.00 | S/. 3,690.00 |
| 24 | NOLE TORRES, Juan | S/. 380.00 | S/. 380.00 | S/. 380.00 | S/. 380.00 | S/. 380.00 | S/. 380.00 | S/. 380.00 | S/. 380.00 | S/. 380.00 | S/. 3,420.00 |
| 25 | OSNAYO BRICEÑO, Juan Carlos | S/. 410.00 | S/. 410.00 | S/. 410.00 | S/. 410.00 | S/. 410.00 | S/. 410.00 | S/. 410.00 | S/. 410.00 | S/. 410.00 | S/. 3,690.00 |
| 26 | QUIÑONES TORRES, Hugo | S/. 410.00 | S/. 410.00 | S/. 410.00 | S/. 410.00 | S/. 410.00 | S/. 410.00 | S/. 410.00 | S/. 410.00 | S/. 410.00 | S/. 3,690.00 |
| 27 | RAMOS, Dina | S/. 410.00 | S/. 410.00 | S/. 410.00 | S/. 410.00 | S/. 410.00 | S/. 410.00 | S/. 410.00 | S/. 410.00 | S/. 410.00 | S/. 3,690.00 |
| 28 | RIVAS MARTÍNEZ, Yacaveline | S/. 410.00 | S/. 410.00 | S/. 410.00 | S/. 410.00 | S/. 410.00 | S/. 410.00 | S/. 410.00 | S/. 410.00 | S/. 410.00 | S/. 3,690.00 |
| 29 | TORRES AVALOS, Luis Alberto | S/. 380.00 | S/. 380.00 | S/. 380.00 | S/. 380.00 | S/. 380.00 | S/. 380.00 | S/. 380.00 | S/. 380.00 | S/. 380.00 | S/. 3,420.00 |
| 30 | TRUJILLO CÓRDOVA; Patricia | S/. 460.00 | S/. 460.00 | S/. 460.00 | S/. 460.00 | S/. 460.00 | S/. 460.00 | S/. 460.00 | S/. 460.00 | S/. 460.00 | S/. 4,140.00 |
| 31 | UBILLUZ CASTILLO, Pedro | S/. 350.00 | S/. 350.00 | S/. 350.00 | S/. 350.00 | S/. 350.00 | S/. 350.00 | S/. 350.00 | S/. 350.00 | S/. 350.00 | S/. 3,150.00 |
| | | | | | | | | | | TOTAL PAGADO | S/. 109,154.00 |

***Figura 42.*** Listado de pagos

A continuación, se explicará el procedimiento del código mostrado:

```
Range("M12").FormulaLocal = "=SUMA(D12:L12)"
```

1. La celda M12 representa la primera posición del cálculo que debe realizar. Se debe considerar que la función **FormulaLocal** es como encontrarse en una hoja de Excel, por tanto, para sumar todas las cuantías del primer registro sería: **"=SUMA(D12:L12)"**.

```
Range("M12").Select
```

2. El objetivo es copiar la fórmula a las demás celdas como lo haría en una hoja de Excel, así que empiece por ubicarse en la celda donde se encuentra la fórmula implementada con la sentencia anterior.

```
Selection.AutoFill Destination:=Range("M12:M42")
```

3. Para copiar la fórmula a las demás celdas, se debe considerar la posición de todos los elementos a sumar y deberán ser adyacentes. **AutoFill** permite copiar la fórmula a una determinada posición llamada destino. Luego, debe especificar el rango de aplicación de la copia, en su caso desde **M12** hasta **M42**. Se debe tener en cuenta que para especificar las celdas de destino debe incluir la celda de la fórmula, es decir, **M12**.

```
Range("M43").FormulaLocal = "=SUMA(M12:M42)"
```

4. Finalmente, se aplica la fórmula usando la función **FormulaLocal** para especificar la función **Suma** como si estuviera en la hoja de Excel. Se debe tener en cuenta que **M43** es la celda donde se mostrará el resultado.

### F. FormulaR1C1

Establece una fórmula mediante la notación R1C1, donde R representa a las filas, mientras C representa a las columnas a partir de la celda actual.

A continuación, se mostrará un procedimiento que permita determinar la categoría y sección a partir del código asignado a los participantes de un evento sabiendo que la categoría se la determina el último carácter de su código, y la sección la determina el sexto carácter del lado izquierdo. Finalmente, se debe determinar el correo electrónico a partir de sus nombres, de forma que su correo se componga por la primera letra de su nombre más su apellido paterno.

```
Sub determinaValores()
    Range("D10").FormulaR1C1 = "=RIGHT(RC[-2])"
    Range("D10").Select
    Selection.AutoFill Destination:=Range("D10:D20")

    Range("E10").FormulaR1C1 = "=MID(RC[-3],6,1)"
    Range("E10").Select
    Selection.AutoFill Destination:=Range("E10:E20")

    Range("F10").FormulaR1C1 = "=LOWER(MID(RC[-3],
                                  SEARCH("" "", RC[-3],
                                  SEARCH("" "", RC[-3]) + 1), 1 + 1) &
                                  MID(RC[-3], RIGHT(1),
```

```
                              RIGHT(SEARCH("" "", RC[-3]) - 1))) &
                              ""@editorialmacro.com"""
    Range("F10").Select
    Selection.AutoFill Destination:=Range("F10:F20")
End Sub

Sub limpiarCeldas()
    Range("D10:F20").ClearContents
End Sub
```

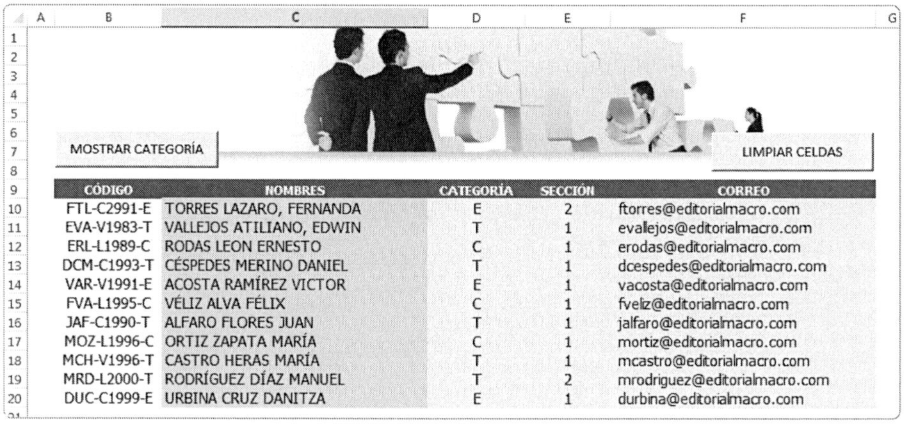


| CÓDIGO | NOMBRES | CATEGORÍA | SECCIÓN | CORREO |
|---|---|---|---|---|
| FTL-C2991-E | TORRES LAZARO, FERNANDA | E | 2 | ftorres@editorialmacro.com |
| EVA-V1983-T | VALLEJOS ATILIANO, EDWIN | T | 1 | evallejos@editorialmacro.com |
| ERL-L1989-C | RODAS LEON ERNESTO | C | 1 | erodas@editorialmacro.com |
| DCM-C1993-T | CÉSPEDES MERINO DANIEL | T | 1 | dcespedes@editorialmacro.com |
| VAR-V1991-E | ACOSTA RAMÍREZ VICTOR | E | 1 | vacosta@editorialmacro.com |
| FVA-L1995-C | VÉLIZ ALVA FÉLIX | C | 1 | fveliz@editorialmacro.com |
| JAF-C1990-T | ALFARO FLORES JUAN | T | 1 | jalfaro@editorialmacro.com |
| MOZ-L1996-C | ORTIZ ZAPATA MARÍA | C | 1 | mortiz@editorialmacro.com |
| MCH-V1996-T | CASTRO HERAS MARÍA | T | 1 | mcastro@editorialmacro.com |
| MRD-L2000-T | RODRÍGUEZ DÍAZ MANUEL | T | 2 | mrodriguez@editorialmacro.com |
| DUC-C1999-E | URBINA CRUZ DANITZA | E | 1 | durbina@editorialmacro.com |

***Figura 43.*** Listado de participantes

A continuación, se explicará el procedimiento del código mostrado:

```
Range("D10").FormulaR1C1 = "=RIGHT(RC[-2])"
Range("D10").Select
Selection.AutoFill Destination:=Range("D10:D20")
```

1. Se debe prestar atención a la posición inicial definido en la función **Range**, puesto que en este punto se puede determinar correctamente la función **FormulaR1C1**. Seguidamente, se especifica la función **RIGHT(RC[-2])**, la cual, según el gráfico mostrado y la celda actual, debe retroceder dos columnas para llegar al valor del código. En el caso de la fila, debe mantenerse en el mismo lugar, por eso no se aumenta ni disminuye **R**.
2. Luego, se programa como celda activa a **D10** para realizar la copia a los demás participantes. A partir de aquí se usa **AutoFill** especificando el rango de copia de **D10** hasta **D20**.

```
Range("E10").FormulaR1C1 = "=MID(RC[-3],6,1)"

Range("E10").Select

Selection.AutoFill Destination:=Range("E10:E20")
```

3. En la celda **E10** se debe mostrar la sección del participante. Para lograrlo, se usa la función **MID**, que representa al Extraer de Excel, el cual, en este caso, hace retroceder tres columnas para llegar al código del participante, y desde allí obtener la sección mediante los valores **6,1** sexta posición y un cáracter a partir de ahí. De la misma forma, se debe copiar la fórmula a los demás participantes usando **AutoFill**.

```
Range("F10").FormulaR1C1 = "=LOWER(MID(RC[-3],
                            SEARCH("" "", RC[-3],
                            SEARCH("" "", RC[-3]) + 1), 1 + 1) &
                            MID(RC[-3], RIGHT(1),
                            RIGHT(SEARCH("" "", RC[-3]) - 1))) &
                            ""@editorialmacro.com""
Range("F10").Select
Selection.AutoFill Destination:=Range("F10:F20")
```

4. Para la generación del correo electrónico se debe hacer uso de varias funciones, como **Lower**, para que el correo se genere en minúsculas; **Search**, para hallar los espacios en blanco dentro del nombre del participante; y **Mid** para extraer parte del texto. Debe recordar que el símbolo **&** permite unir o concatenar dos o más expresiones. Además, para especificar la doble comilla usada en Excel en el caso de VBA, se debe colocar doblemente; de esta forma, representar " " sería "" "".

## G. Value

Tiene un trabajo de asignación y recuperación de valor sobre una celda, es decir, se puede enviar un valor o especificar una fórmula tal como se realiza con la propiedad **Formula**. Así también se puede obtener un valor desde las celdas de la hoja de Excel hacia VBA.

A continuación, se mostrará un procedimiento que permita determinar las cuantías acumuladas de las unidades y los costes de una lista de productos:

Prueba.xlsm - modPrueba (Código)

(General) | determinaValores

```
Sub generaCalculos()
    Range("D23").Value = ""
    Range("E23").Value = ""

    Range("D9").End(xlDown).Offset(1, 0).Select
    ActiveCell.Value = "=sum(D9:D22)"

    Range("E9").End(xlDown).Offset(1, 0).Select
    ActiveCell.Value = "=sum(E9:E22)"
End Sub
```

MINIMARKET

| Categoría | Producto | Unidades | Costo |
|---|---|---|---|
| Lácteos | Queso Mozzarella Giovanni | 5 | S/. 174.00 |
| Lácteos | Queso Cabrales | 12 | S/. 168.00 |
| Granos/Cereales | Tallarines de Singapur | 10 | S/. 98.00 |
| Frutas/Verduras | Manzanas secas Manjimup | 40 | S/. 1,696.00 |
| Frutas/Verduras | Cuajada de judías | 9 | S/. 167.40 |
| Frutas/Verduras | Manzanas secas Manjimup | 35 | S/. 1,484.00 |
| Frutas/Verduras | Manzanas secas Manjimup | 35 | S/. 1,484.00 |
| Condimentos | Salsa de pimiento picante de Luisiana | 15 | S/. 252.00 |
| Pescado/Marisco | Crema de almejas estilo Nueva Inglaterra | 10 | S/. 77.00 |
| Condimentos | Salsa de pimiento picante de Luisiana | 20 | S/. 336.00 |
| Granos/Cereales | Raviolis Angelo | 15 | S/. 234.00 |
| Granos/Cereales | Pan de centeno crujiente estilo Gustaf's | 6 | S/. 100.80 |
| Repostería | Mermelada de Sir Rodney's | 40 | S/. 2,592.00 |
| Lácteos | Camembert Pierrot | 40 | S/. 1,088.00 |
| | Genera cálculos | **292** | **S/. 9,951.20** |

***Figura 44.*** Listado de productos

A continuación, se explicará el procedimiento del código mostrado:

```
Range("D23").Value = ""
Range("E23").Value = ""
```

1. La forma de limpiar la celda **D23** es enviando un valor vacío a dicha celda por medio de la propiedad Value. De la misma manera, se limpia el contenido de la celda **E23**.

```
Range("D9").End(xlDown).Offset(1, 0).Select
ActiveCell.Value = "=sum(D9:D22)"
```

2. Se debe ubicar al inicio de las unidades **(D9)** para poder llegar hasta la última de ellas **(xlDown)** y saltar una posición **(Offset(1,0))** para generar la suma de dichas cantidades usando la fórmula **=sum(D9:D22)**.

```
Range("E9").End(xlDown).Offset(1, 0).Select
ActiveCell.Value = "=sum(E9:E22)"
```

3. Al inicio de los costes **(E9)** para poder llegar hasta la última de ellas **(xlDown)** y saltar una posición **(Offset(1,0))** para generar la suma de dichos costes usando la fórmula **"=sum(E9:E22)"**.

## 6.5.2 Métodos de Value

### A. Activate

Método que permite hacer una celda especificada con el objeto **Range**, una celda activa.

A continuación, se mostrará el procedimiento que permite capturar el contenido de una determinada celda:

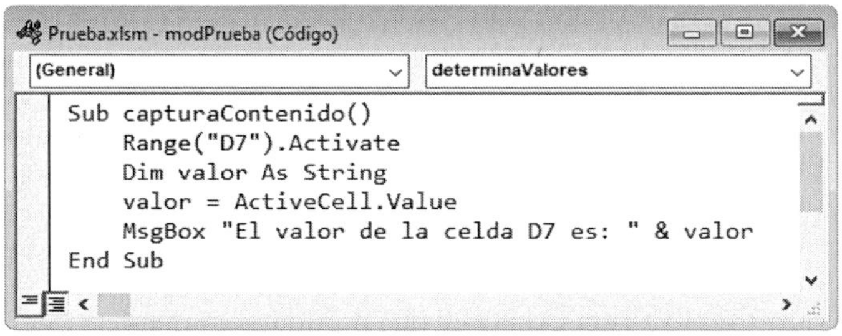


A continuación, se explicará el procedimiento del código mostrado:

1. Inicialmente, debe ubicarse en la celda **D7** para obtener su valor mediante la propiedad **Value**.
2. Luego, se muestra el valor contenido en la celda mediante la sentencia **MsgBox**. También se puede usar el siguiente procedimiento que enseña cómo mostrar la fecha actual desde VBA.

```
Sub enviaValor()
    Range("D7").Activate
    Range("D7").FormulaLocal = "=Hoy()"
End Sub
```

### B. Clear

Método que permite eliminar el contenido y el formato asignados a un determinado número de celdas.

A continuación, se mostrará un procedimiento que permita limpiar el contenido de un determinado rango de celdas:

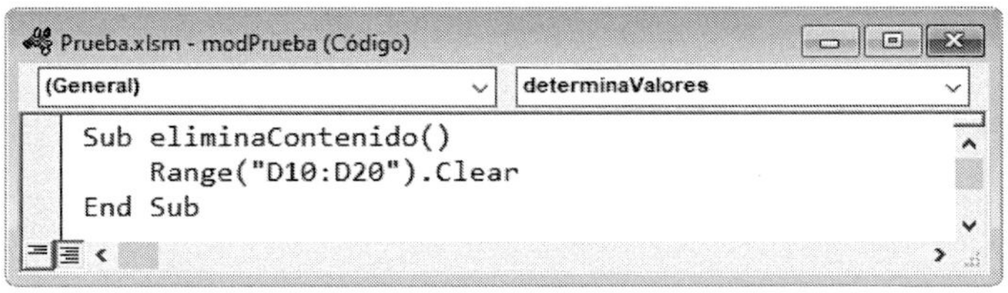


La propiedad **Clear** permite realizar una limpieza del contenido y también del formato que puede tener el rango de celdas especificado. Se debe tener en cuenta que también puede hacer la referencia de las celdas mediante el objeto **Cells**.

### C. ClearContents

Método que permite limpiar el contenido de un determinado rango de celdas especificado en el objeto **Range**.

A continuación, se mostrará un procedimiento que permita limpiar el contenido de un determinado rango de celdas:

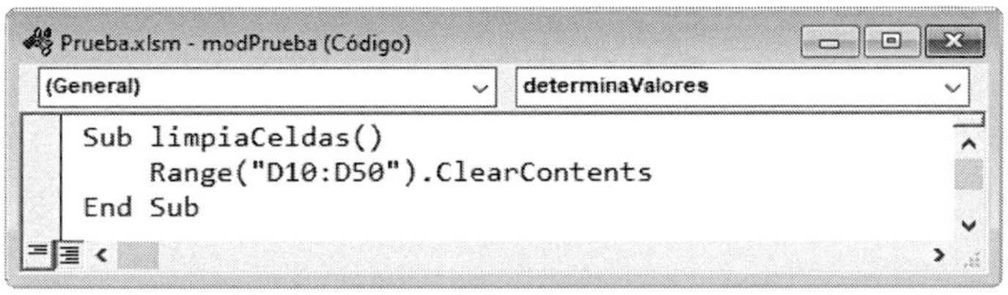


ClearContents es similar a la propiedad **Clear**, aunque la diferencia radica en que Clear limpia el contenido y el formato que se aplica al rango de celdas especificados, mientras que ClearContents solo borra el contenido de las celdas.

### D. Delete

Método que elimina un determinado número de celdas.

A continuación, se mostrará un procedimiento que permita eliminar un conjunto determinado de celdas:

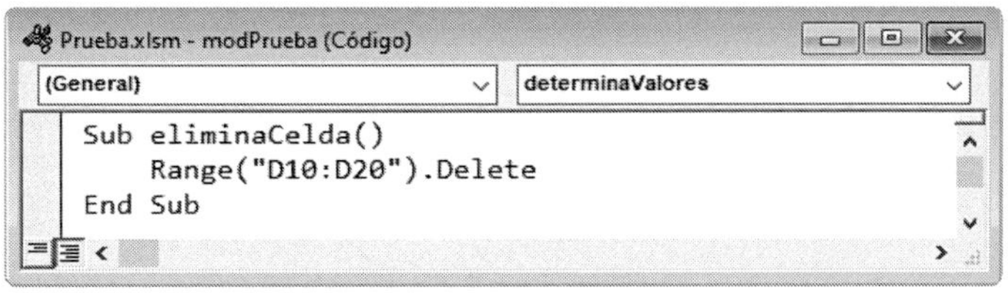


También se podría contar con los siguientes casos:

**a.** Si se necesita eliminar una fila completa, se podría usar el siguiente procedimiento:

```
Sub eliminaFila()
        Range("D10").Activate
        Selection.EntireRow.Delete
End Sub
```

**b.** Si se necesita eliminar una columna completa se podría usar el siguiente procedimiento:

```
Sub eliminaFila()
      Range("D10").Activate
      Selection.EntireColumn.Delete
End Sub
```

## 6.6 El objeto Cells

Cells cuenta con las mismas funcionalidades que el objeto **Range**, la diferencia es la especificación de las celdas; mientras que **Range** especifica directamente al rango, Cells lo hace por medio del número de fila y columna.

Al respecto, se puede decir que Cells ofrece la ventaja de recorrer varias celdas haciendo referencia a las filas y columnas por medio de una estructura repetitiva.

A continuación, se mostrará algunos ejemplos del objeto Cells:

**a.** Procedimiento que permita seleccionar todas las celdas de una determinada hoja.

```
Sub seleccionarTodo()
      Cells.Select
End Sub
```

**b.** Procedimiento que permita seleccionar la celda D2.

```
Sub seleccionarCeldaDos()
      Cells(2, 4).Select
End Sub
```

**c.** Procedimiento que permita limpiar el contenido solo para la celda D2.

```
Sub seleccionarRango()
      Cells(2,4).ClearContents
End Sub
```

**d.** Procedimiento que permita modificar el tipo de letra y tamaño de la celda D2.

```
Sub modificaFuente()
      Cells.Font.Name = "Arial"
      Cells.Font.Size = 10
End Sub
```

**e.** Procedimiento que permita asignar un valor número a la celda D2.

```
Sub asignaValor()
      Cells(2,4).Value = 200
End Sub
```

## 6.7 Listado de funciones VBA

A continuación, se listan las principales funciones VBA que permiten componer fórmulas en Excel. Cabe mencionar que se encuentran ordenadas de forma ascendente por la columna Función Excel.

| Función VBA | Función Excel |
|---|---|
| ABS | ABS |
| NOW | AHORA |
| RAND | ALEATORIO |
| RANDBETWEEN | ALEATORIO.ENTRE |
| YEAR | AÑO |
| ASC | ASC |
| LOOKUP | BUSCAR |
| HLOOKUP | BUSCARH |
| VLOOKUP | BUSCARV |
| CHAR | CARACTER |
| CELL | CELDA |
| QUOTIENT | COCIENTE |
| CONCATENATE | CONCATENAR |
| COUNT | CONTAR |
| COUNTBLANK | CONTAR.BLANCO |
| COUNTIF | CONTAR.SI |
| COUNTA | CONTARA |
| CONVERT | CONVERTIR |
| COS | COS |
| COSH | COSH |
| FIXED | DECIMAL |
| DELTA | DELTA |
| RIGHT, RIGHTB | DERECHA, DERECHAB |
| DAY | DIA |
| CHOOSE | ELEGIR |
| FIND, FINDB | ENCONTRAR, ENCONTRARB |
| INT | ENTERO |
| TRIM | ESPACIOS |
| ISTEXT | ESTEXTO |
| EXP | EXP |
| MID, MIDB | EXTRAE, EXTRAEB |
| FACT | FACT |
| DATE | FECHA |
| EDATE | FECHA.MES |
| DATEVALUE | FECHANUMERO |

| | |
|---|---|
| ROW | FILA |
| SEARCH, SEARCHB | HALLAR, HALLARB |
| HYPERLINK | HIPERVINCULO |
| HOUR | HORA |
| TODAY | HOY |
| EXACT | IGUAL |
| INDEX | INDICE |
| LEFT, LEFTB | IZQUIERDA, IZQUIERDAB |
| LEN, LENB | LARGO, LARGOB |
| CLEAN | LIMPIAR |
| LN | LN |
| LOG | LOG |
| LOG10 | LOG10 |
| GCD | M.C.D |
| LCM | M.C.M |
| MAX | MAX |
| GESTEP | MAYOR.O.IGUAL |
| UPPER | MAYUSC |
| MEDIAN | MEDIANA |
| MONTH | MES |
| MIN | MIN |
| LOWER | MINUSC |
| MINUTE | MINUTO |
| MODE | MODA |
| MODE.SNGL | MODA.UNO |
| DOLLAR | MONEDA |
| DOLLARDE | MONEDA.DEC |
| DOLLARFR | MONEDA.FRAC |
| MULTINOMIAL | MULTINOMIAL |
| FLOOR | MULTIPLO.INFERIOR |
| CEILING | MULTIPLO.SUPERIOR |
| NOT | NO |
| TIME | NSHORA |
| WEEKNUM | NUM.DE.SEMANA |
| ROMAN | NUMERO.ROMANO |
| OR | O |
| PMT | PAGO |
| PI | PI |
| POWER | POTENCIA |
| PRICE | PRECIO |
| PROB | PROBABILIDAD |
| PRODUCT | PRODUCTO |
| AVERAGE | PROMEDIO |

| ROUND | REDONDEAR |
|---|---|
| ROUNDUP | REDONDEAR.MAS |
| ROUNDDOWN | REDONDEAR.MENOS |
| REPLACE, REPLACEB | REEMPLAZAR, REEMPLAZARB |
| REPT | REPETIR |
| MOD | RESIDUO |
| IF | SI |
| SUM | SUMA |
| SUMSQ | SUMA.CUADRADOS |
| SUMPRODUCT | SUMAPRODUCTO |
| SUMIF | SUMAR.SI |
| SUBSTITUTE | SUSTITUIR |
| TEXT | TEXTO |
| TYPE | TIPO |
| TRUNC | TRUNCAR |
| VALUE | VALOR |
| AND | Y |
| FALSE | FALSO |
| TRUE | VERDADERO |

# 6.8 Casos desarrollados

## 6.8.1 Caso desarrollado 1: generación de hojas de cálculo

Una empresa de venta de licencias de software necesita mejorar la generación de los informes que realizan sus vendedores, los cuales cada fin de semana deben generar un informe de las ventas que realizaron durante la semana. Usted debe implementar una aplicación VBA que permita generar dichas hojas; para esto debe tener en cuenta los siguientes aspectos:

**a.** Debe usar funciones o procedimientos necesarios para la aplicación.

**b.** Se debe introducir el nombre del vendedor, así como el total de informes en una hoja de Excel; esto permitirá generar la numeración y las fechas correlativas mediante un botón. Asimismo, se debe validar la introducción del número total de reportes.

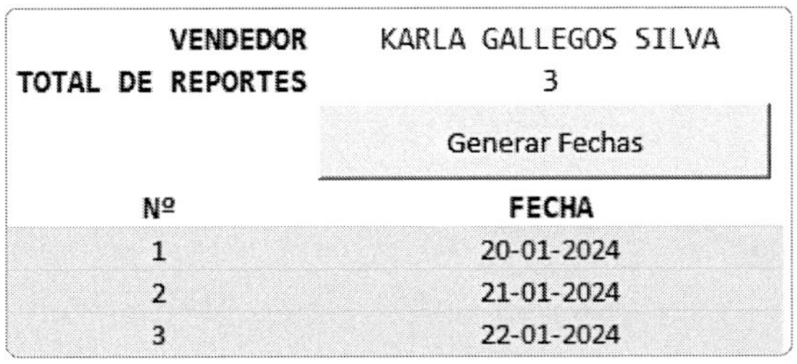


**c.** Una vez generadas las fechas se pueden crear las hojas en el documento de Excel mediante el botón Generar Hojas. Debe tener en cuenta que, de acuerdo con la cantidad de informes, se crearán las hojas asignando como nombre a las fechas que se generaron en el paso anterior.

**d.** Tiene que considerar que si el usuario coloca otro número en el total de informes, la aplicación deberá borrar las hojas creadas y volver a crearlas con los nuevo datos introducidos.

Pasos:

1. Diseñe el siguiente modelo de solución en Excel.

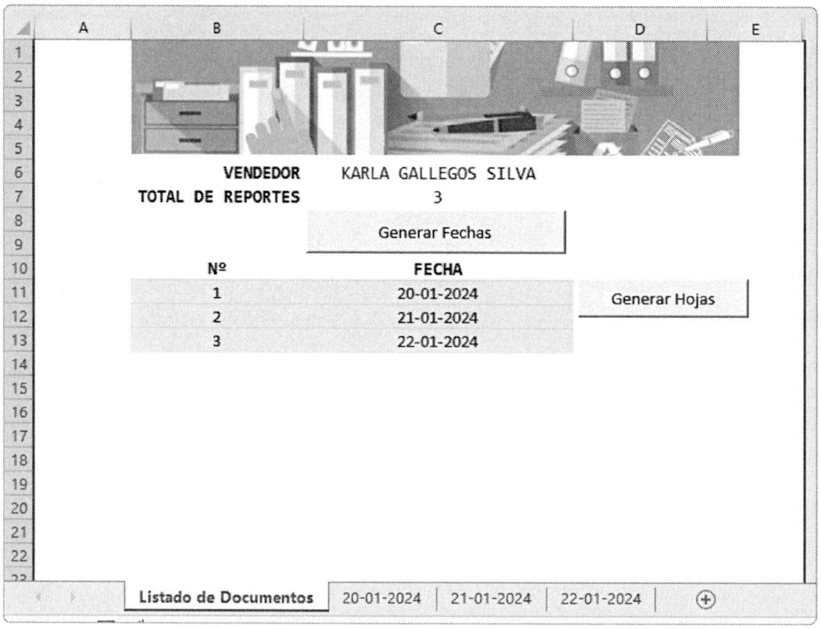


***Figura 45.*** Pantalla principal para agregar múltiples hojas

2. Tenga en cuenta que inicialmente la hoja debe contener la ficha **Listado de Documentos** y que los botones **Generar Fechas** y **Generar Hojas** se diseñan después de codificar en VBA.
3. Seleccione desde Excel **Ficha > Programador > Visual Basic**.
4. Agregue un módulo como se muestra en la siguiente imagen:

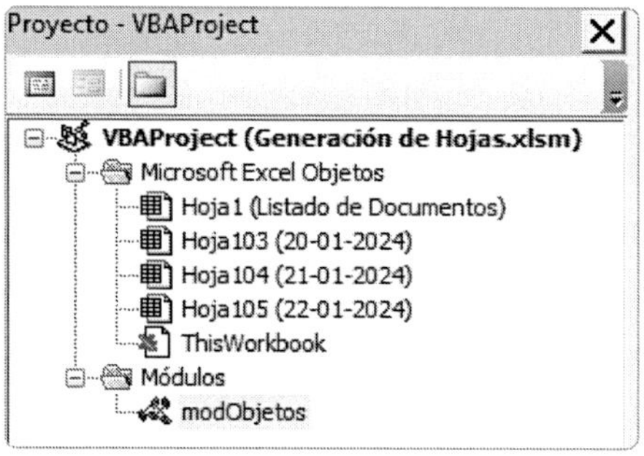


5. Añada el siguiente código al módulo **modObjetos**:

```
Sub generarFechas()
    Dim total As Integer
    Dim fecha As Date
    Dim i As Integer

    Call limpiarCeldas
```

```
    If Range("C7").Value = "" Then
        MsgBox "Debe ingresar un número total de Reportes"
        Range("C7").Activate
        Exit Sub
    End If

    total = Range("C7").Value
    fecha = Now

    For i = 1 To total
        Cells(10 + i, 2).Value = i
        Cells(10 + i, 3).Value = Format(DateAdd("d", i, fecha), "dd-mm-yyyy")

        Cells(10 + i, 2).Select
        With Selection.Interior
            .Pattern = xlSolid
            .ThemeColor = xlThemeColorAccent5
            .TintAndShade = 0.799981688894314
        End With
        With Selection.Borders(xlEdgeTop)
            .LineStyle = xlContinuous
            .ThemeColor = 1
            .TintAndShade = -0.14996795556505
        End With

    Cells(10 + i, 3).Select
        With Selection.Interior
            .Pattern = xlSolid
            .ThemeColor = xlThemeColorAccent5
            .TintAndShade = 0.799981688894314
        End With
        With Selection.Borders(xlEdgeTop)
            .LineStyle = xlContinuous
            .ThemeColor = 1
            .TintAndShade = -0.14996795556505
    End With
    Next

End Sub
```

```
Sub limpiarCeldas()
    For i = 1 To 20
        Cells(10 + i, 2).Select
        Cells(10 + i, 2).Clear
        With Selection
            .HorizontalAlignment = xlCenter
            .VerticalAlignment = xlCenter
        End With
        Cells(10 + i, 3).Select
        Cells(10 + i, 3).Clear
        With Selection
            .HorizontalAlignment = xlCenter
            .VerticalAlignment = xlCenter
        End With
    Next
End Sub

Sub generaHojas()
    Call eliminarHojas

    For i = 1 To 20
        nombre = Worksheets(1).Cells(10 + i, 3).Value
        If nombre <> "" Then
            Worksheets.Add(after:=Worksheets(Worksheets.Count)).Name = nombre
            Else
            Exit For
        End If
    Next
    Sheets(1).Activate
End Sub

Sub eliminarHojas()
    Dim ws As Worksheet
    Application.DisplayAlerts = False
    For Each ws In Sheets
      If ws.Name <> ActiveSheet.Name Then
        ws.Delete
      End If
    Next ws
    Application.DisplayAlerts = True
End Sub
```

A continuación se explicarán algunos códigos que se presentan:

```
If Range("C7").Value = "" Then
```

Evalúa si la celda **C7** de la hoja actual está vacía, la cual hace referencia a la introducción del total de informes. Si está vacía se envía un mensaje de error, se fuerza la ubicación en la celda **C7** para que el usuario introduzca un valor y Exit Sub expulsa del procedimiento para que no se realice ninguna actividad.

```
total = Range("C7").Value
For i = 1 To total
```

La variable **total** recibe el número total de informes que requiere el usuario. Esto permite recorrer desde la posición **1** hasta el valor de la variable total, la idea es generar el número y las fechas.

```
Cells(10 + i, 2).Value = i
```

La sentencia **Cells** permite hacer referencia a las celdas mediante la ubicación numérica de la fila y la columna. Esta sentencia en particular imprime los valores que genera la variable **i**.

```
Cells(10 + i, 3).Value = Format(DateAdd("d", i, fecha), "dd-mm-yyyy")
```

**DateAdd** es una función que permite generar fechas posteriores a partir de una especificación, ya sea por día, mes o año. Para este caso es por días, por ello se usó la letra "**d**" para definirla. La variable **i** pertenece al ciclo de repeticiones; por tanto, si la sentencia **FOR** realiza 5 ciclos, entonces se generarán 5 fechas. La función **Format** permite formatear las fechas generadas con el formato día, mes y año separados por un guion porque las hojas a crear no aceptan el símbolo *slash* (/) como nombre.

```
With Selection.Interior
  .Pattern = xlSolid
  .ThemeColor = xlThemeColorAccent5
  .TintAndShade = 0.799981688894314
End With
With Selection.Borders(xlEdgeTop)
   .LineStyle = xlContinuous
   .ThemeColor = 1
   .TintAndShade = -0.14996795556505
End With
```

La sentencia **With** permite simplificar la sentencia especificada, es decir, ya no deberá repetir ciertos códigos. Por ejemplo, las sentencias deberían mostrarse de la siguiente manera:

- `Selection.Interior.Pattern = xlSolid`
- `Selection.Interior.ThemeColor = xlThemeColorAccent5`
- `Selection.Interior.TintAndShade = 0.799981688894314`
- `Selection.Borders(xlEdgeTop).LineStyle = xlContinuous`
- `Selection.Borders(xlEdgeTop).ThemeColor = 1`
- `Selection.Borders(xlEdgeTop).TintAndShade = -0.14996795556505`

```
Cells(10 + i, 2).Select
Cells(10 + i, 2).Clear
With Selection
   .HorizontalAlignment = xlCenter
   .VerticalAlignment = xlCenter
End With
```

Permite limpiar las celdas donde se muestran el número y las fechas generadas. Asimismo, se centran los valores que puedan contener las celdas.

```
Worksheets.Add(after:=Worksheets(Worksheets.Count)).Name = nombre
```

Permite agregar una hoja al final de la hoja actual; para esto se le asigna el nombre que se encuentra en la hoja de Excel, es decir, las fechas generadas. **Exit For** permite salir del ciclo de repeticiones siempre y cuando no se haya llegado al final de las fechas.

1. Agregue el botón **Generar Fechas** desde la ficha **Programador > Insertar > Botón** y asígnele el procedimiento **generarFechas**.
2. Añada el botón **Generar Hojas** desde la ficha **Programador > Insertar > Botón** y asígnele el procedimiento **generaHojas**.
3. Finalmente, guarde el proyecto como tipo de **Libro de Excel habilitado para Macros**.

## 6.8.2 Caso desarrollado 2: recorrido de un conductor

Un conductor circula a una velocidad de 60 km/h y tarda 4 horas en llegar a su destino. ¿Qué tiempo tardará si cambia la velocidad a 100 km/h?

Para resolver este problema, usted debe implementar una aplicación VBA que permita generar dichas hojas de informe, por lo que debe tener en cuenta los siguientes aspectos:

a. Debe usar funciones o procedimientos necesarios para la aplicación.
b. Se debe introducir una prueba para el Conductor 1 en la que se registre el recorrido en kilómetros por hora y las horas que tarda en llegar. Por otra parte, el único dato que se necesita del Conductor 2 es saber a qué velocidad está circulando.
c. El objetivo es determinar cuándo tarda en llegar el Conductor 2 si solo se sabe el recorrido en kilómetros por hora.

Pasos:

1. Diseñe el siguiente modelo de solución en Excel.

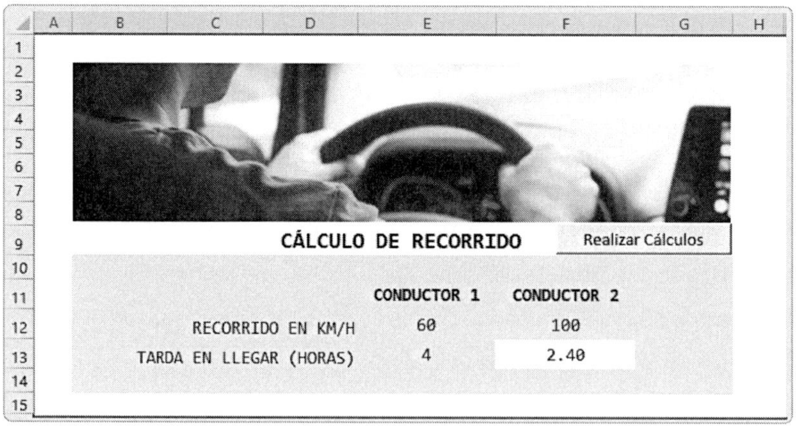


***Figura 46.*** Calcular el recorrido en Excel

2. Seleccione desde Excel **Ficha > Programador > Visual Basic**.
3. Agregue un módulo como se muestra en la siguiente imagen:

4. Añada el siguiente código al módulo **modObjetos**:

```
Sub calcularRecorrido()
    Range("F13").Select
    ActiveCell.Formula = "=(E13*E12)/F12"
    Selection.NumberFormat = "0.00"
End Sub
```

5. Agregue el botón **Realizar Cálculos** desde la ficha **Programador > Insertar > Botón** y asígnele el procedimiento **calcularRecorrido**.
6. Finalmente, guarde el proyecto como tipo de **Libro de Excel habilitado para Macros**.

### 6.8.3 Caso desarrollado 3: copia de seguridad de un libro

Implementar una aplicación que permita crear un archivo copia del libro actual de forma que, al presionar un botón, cree un archivo con el mismo contenido en el siguiente formato:

| Nombre del archivo original | Nombre de la copia |
|---|---|
| Informe01.xlsm | Copia_Informe2025.xlsm |

Se debe tener en cuenta que el archivo original puede encontrarse en cualquier ubicación del sistema operativo y que la copia se genera automáticamente en la misma ubicación del archivo original.

Pasos:

1. Desde VBA haga doble clic sobre **ThisWorkbook**, asegúrese de que el objeto debe encontrarse en **General**, mientras que en **Propiedades** debe estar seleccionado **Declaraciones**.
2. Ahora agregue un procedimiento llamado **copiaLibro**, para lo cual se debe seleccionar **Procedimiento** del menú **Insertar**.

3. Agregue el siguiente código:

```
Informe01.xlsm - ThisWorkbook (Código)
(General)                    copiaLibro

Public Sub copiaLibro()
 paginaActual = ActiveWorkbook.Path
 miLibro = paginaActual + "\" + ActiveWorkbook.Name
 miNuevoLibro = Mid(miLibro, 1, Len(miLibro) - 5) & _
                     "_" + Format(Date, "DD-MM-YYYY") + ".xlsm"
 ActiveWorkbook.SaveCopyAs Filename:=miNuevoLibro
 MsgBox ("Copia de archivo correcta..!!")
End Sub
```

4. En Excel se debe invocar el procedimiento mediante un botón. Para esto ubíquese en la ficha **Programador > Insertar > Botón de Controles de formulario >**, arrastre un marco en la hoja de Excel formando un rectángulo y al soltarlo seleccione el procedimiento **copiaLibro** y presione el botón **Aceptar**.
5. Seguidamente, haga clic derecho sobre el botón y seleccione la opción **Modificar texto > asígnele el texto Generar copia de archivo**.
6. Antes de probar la aplicación debe guardar la hoja de Excel. Para esto presione **F12** desde Excel, asigne un nombre al libro, por ejemplo **Informe01**, y en el tipo seleccione **Libro de Excel habilitado para macros**. Para este ejercicio es muy importante el nombre del archivo, puesto que de aquí se desprende el nombre de la copia del archivo.
7. Finalmente, pruebe la acción presionando sobre el botón **Generar copia de archivo**.

## 6.8.4 Caso desarrollado 4: cronómetro

Un entrenador de fútbol necesita controlar el tiempo de sus jugadores ante las diferentes pruebas que realizan. Usted debe implementar una aplicación VBA que permita mostrar la hora actual y un cronómetro virtual, el cual permita determinar el tiempo consumido por cada prueba. Para esto debe tener en cuenta los siguientes aspectos:

a. Debe usar funciones o procedimientos necesarios para la aplicación.
b. Inicialmente, se debe mostrar casillas para el tiempo inicial, el tiempo final y el cronómetro. La idea es que al presionar el botón INICIAR se muestre la hora actual y el crónometro se active. Al presionar el botón PARAR deberá calcular el tiempo final, es decir, la suma del tiempo inicial y el tiempo especificado en el cronómetro.

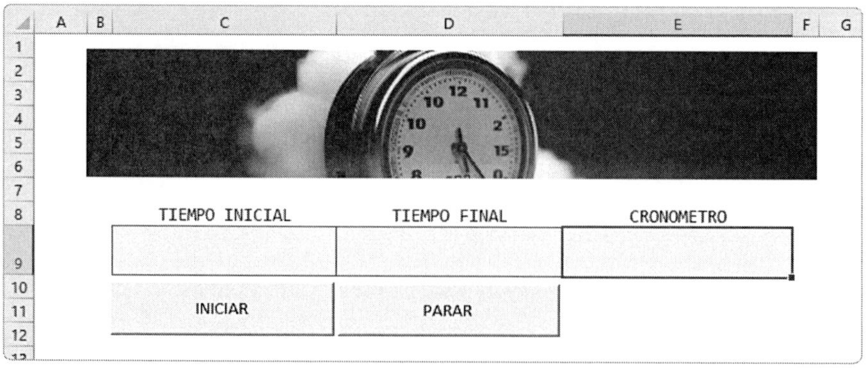

Pasos:

1. Diseñe el siguiente modelo de solución en Excel.

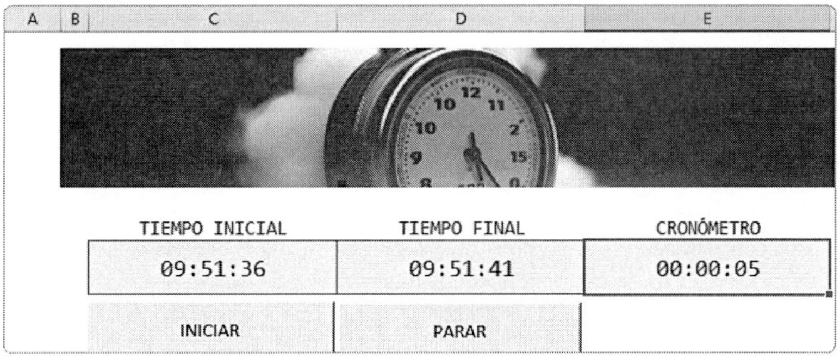


***Figura 47.*** Pantalla principal de cronómetro

2. Tenga en cuenta que inicialmente los botones **INICIAR** y **PARAR** se diseñan después de codificar en VBA.
3. Seleccione desde Excel **Ficha > Programador > Visual Basic**.
4. Agregue un módulo como se muestra en la siguiente imagen:

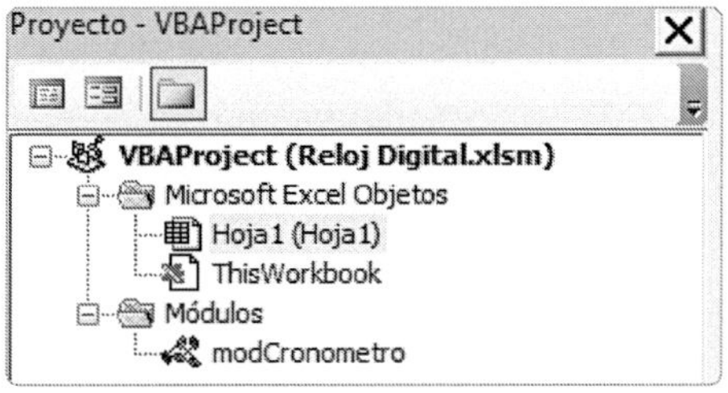


5. Agregue el siguiente código al módulo **modCronometro**:

```
Dim segundos As Date, contador As Date

Sub detenerCronometro()
    Application.OnTime segundos, "actualizaTiempo", , False
End Sub
Sub actualizaTiempo()
    Application.Range("E9").Value = FormatDateTime(Now -
                        CDate(Application.Range("C9").Value), vbLongTime)
    segundos = Now + (1 / 86400)
    Application.OnTime segundos, "actualizaTiempo"
End Sub

Sub IniciaTiempo()
    Call actualizaTiempo
    contador = Now
    Application.Range("C9").Value = FormatDateTime(contador, vbLongTime)
    Application.Range("D9").ClearContents
End Sub
```

```
Sub detenerTiempo()
    Call detenerCronometro
    Application.Range("D9").Value = FormatDateTime(Now(), vbLongTime)
    Application.Range("E9").Value =
                FormatDateTime(CDate(Application.Range("D9")) -
                CDate(Application.Range("C9")), vbLongTime)
End Sub
```

A continuación, se explicará el código mostrado:

```
Dim segundos As Date, contador As Date
```

La variable segundos y contador deben ser declaradas de forma GLOBAL, es decir, fuera de todos los procedimientos. Esto se realiza para que todos los procedimientos puedan tener la información que contengan dichas variables.

```
Application.OnTime segundos, "actualizaTiempo", , False
```

Esta línea programa la ejecución del procedimiento **"actualizaTiempo"** de acuerdo con los segundos especificados.

```
Application.Range("E9").Value = FormatDateTime(Now - CDate(Application.Ran-
ge("C9").Value), vbLongTime)
```

Asigna a la celda **E9** los segundos transcurridos a partir de la hora mostrada en la celda **C9**, aquí hay que tener en cuenta que la hora podría mostrarse con la fecha, para esto se usa la función **vbLongTime**.

```
segundos = Now + (1 / 86400)
```

Sentencia que determina la cantidad de segundos transcurridos a partir del total de segundos del día, es decir, **86400** entre 3600 representa las 24 horas del día.

```
Call actualizaTiempo
```

Sentencia que permite invocar el procedimiento **actualizaTiempo**.

6. Agregue el botón **INICIAR** desde la ficha **Programador > Insertar > Botón** y asígnele el procedimiento **IniciaTiempo**.
7. Añada el botón **PARAR** desde la ficha **Programador > Insertar > Botón** y asígnele el procedimiento **detenerTiempo**.
8. Finalmente, guarde el proyecto como tipo de **Libro de Excel habilitado para Macros**.

### 6.8.5 Caso desarrollado 5: encuestas

La empresa Survimo, dedicada a la ejecución de encuestas a nivel nacional, sabe que las encuestas son clave para la toma de decisiones comerciales de las empresas. Usted debe implementar una aplicación VBA que permita desplazarse por los resultados de una encuesta realizada a una determinada empresa. Para esto debe tener en cuenta los siguientes aspectos:

**a.** Debe usar funciones o procedimientos necesarios para la aplicación.

**b.** Se debe hacer con un archivo de Excel con hojas referentes a la encuesta. La primera hoja será de ayuda al usuario, la segunda mostrará los valores obtenidos en la encuesta y la tercera mostrará el gráfico y las estadísticas de la encuesta.

**c.** Deben colocarse botones de desplazamiento entre las hojas.

Pasos:

**1.** Diseñe el siguiente modelo de solución en Excel.

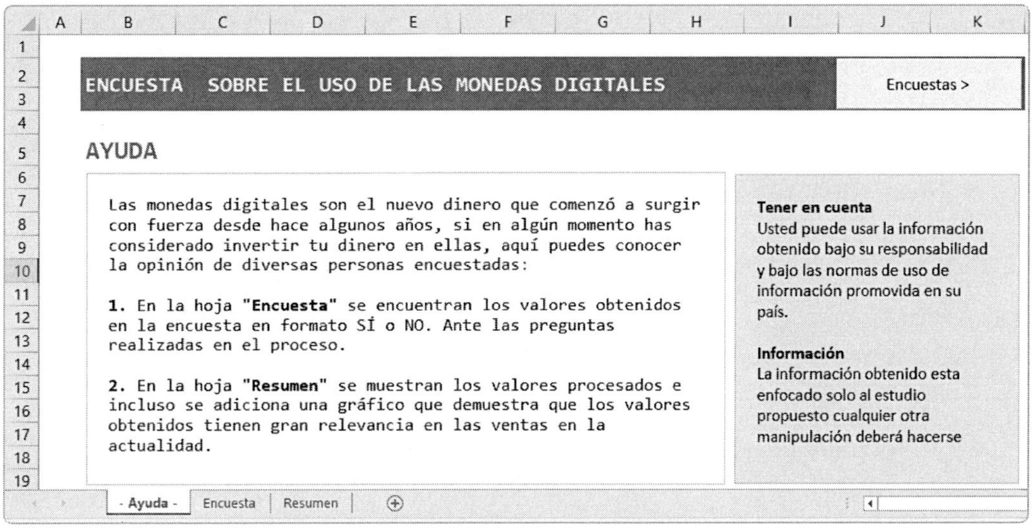


*Figura 48.* Hoja de ayuda en Excel

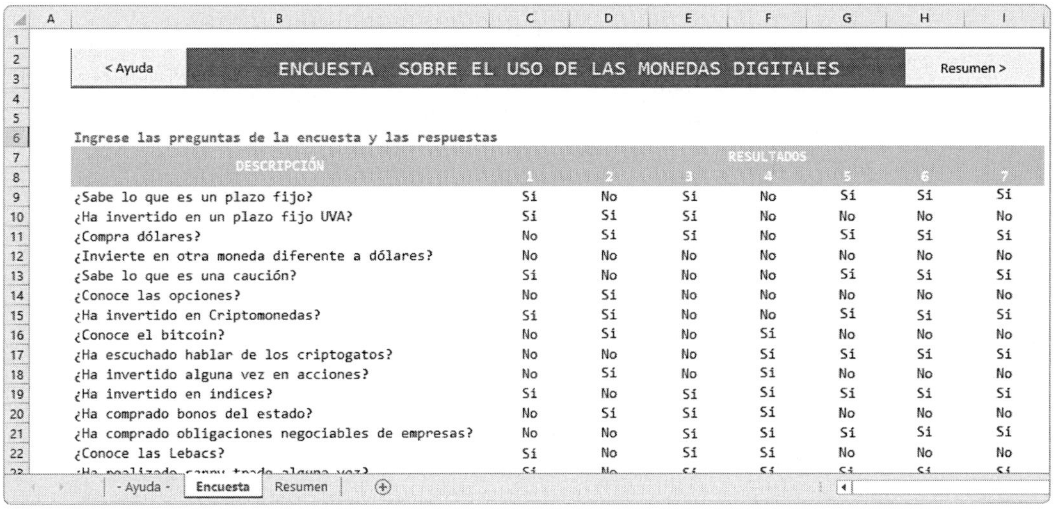

*Figura 49.* Hoja de encuestas en Excel

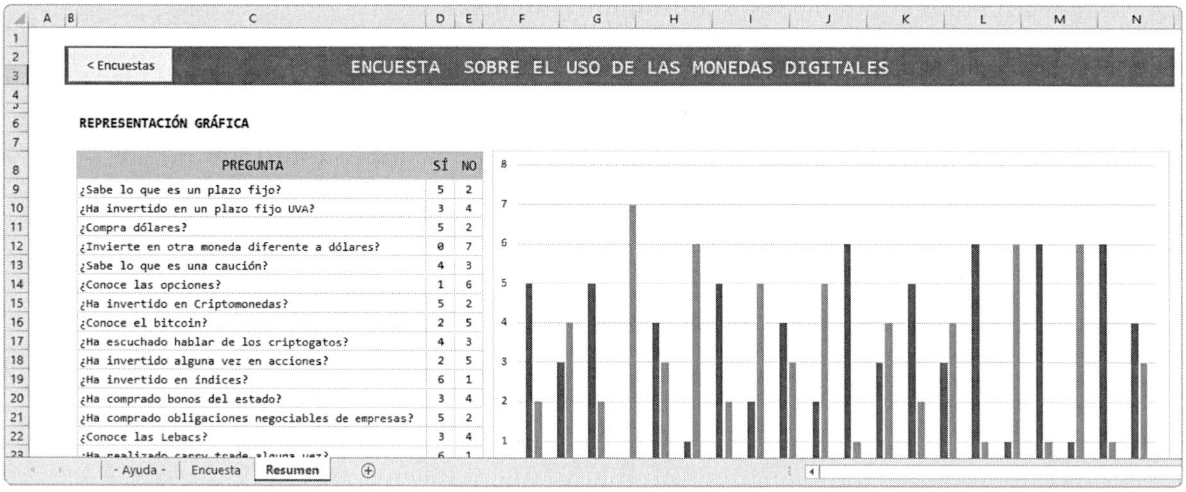


*Figura 50.* Hoja de resumen en Excel

2. Tenga en cuenta que inicialmente todos los botones mostrados en las hojas se diseñan después de codificar en VBA.
3. Seleccione desde Excel **Ficha > Programador > Visual Basic**.
4. Agregue un módulo como se muestra en la siguiente imagen:

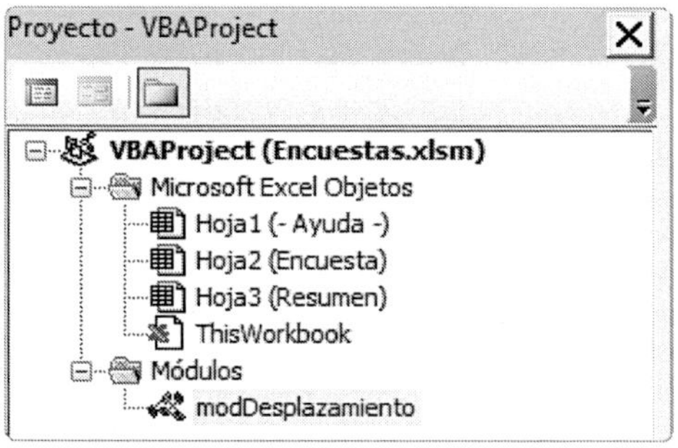


5. Añade el siguiente código al módulo **modDesplazamiento**:

```
Sub hojaSiguiente()
    ActiveSheet.Next.Activate
End Sub
Sub hojaAnterior()
    ActiveSheet.Previous.Activate
End Sub
```

6. Agregue el botón **Encuestas** y **Resumen** de la hoja **Encuesta** desde la ficha **Programador > Insertar > Botón** y asígnele el procedimiento **hojaSiguiente**.
7. Agregue el botón **Ayuda** y **Encuestas** de la hoja **Resumen** desde la ficha **Programador > Insertar > Botón** y asígnele el procedimiento **hojaAnterior**.
8. Finalmente, guarde el proyecto como tipo de **Libro de Excel habilitado para Macros**.

# CAPÍTULO 7

# UserForm y objetos visuales

## 7.1 UserForm

Proporciona un mecanismo para implementar aplicaciones VBA de forma gráfica, muchas veces es reconocida como Interfaz Gráfica de Usuario o simplemente GUI. A partir de este punto, se pueden crear aplicaciones basadas en formularios e integrarlas a las hojas de Excel de la forma que crea conveniente. Por otra parte, los UserForm permiten una interacción integrada con el usuario, es decir, que es la única forma de que el usuario final proporcione información a los programas en VBA.

**A. Pasos para crear un UserForm en VBA:**

1. Insertar un UserForm al libro de trabajo.
2. Agregar los controles visuales al UserForm.
3. Mediante las propiedades modelar los controles y el mismo formulario para que pueda ser legible para el usuario.
4. Agregar funciones o procedimientos a los controles.
5. Enlazar el formulario a la hoja de Excel mediante un botón.

## B. Ejemplo del uso del UserForm

En esta imagen se presenta un formulario que solicita algunos datos, los cuales pueden ser enviados a una hoja de Excel o simplemente manejarlos directamente desde el formulario.

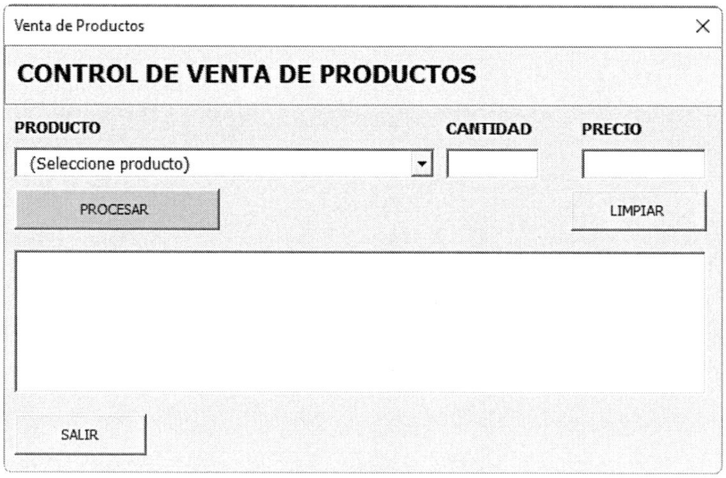


*Figura 51.* Formulario de ventas

En la siguiente imagen se muestran los datos que se visualizan en el formulario, los cuales son enviados a la hoja de Excel con datos listos para la impresión. La función principal de VBA es el uso de los datos que se encuentran en las hojas de cálculo como si fueran fuentes de datos y viceversa. Las hojas se pueden llenar con datos proporcionados desde los UserForm. Por lo tanto, en este capítulo se verá la integración de los UserForm y las hojas de cálculo.

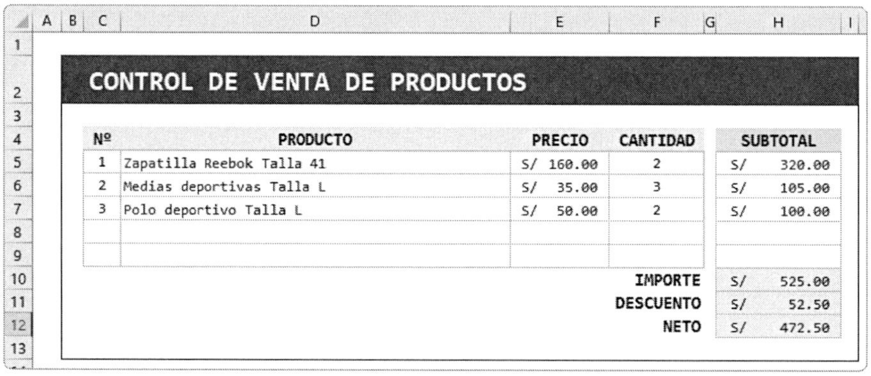

CONTROL DE VENTA DE PRODUCTOS

| Nº | PRODUCTO | PRECIO | CANTIDAD | SUBTOTAL |
|---|---|---|---|---|
| 1 | Zapatilla Reebok Talla 41 | S/ 160.00 | 2 | S/ 320.00 |
| 2 | Medias deportivas Talla L | S/ 35.00 | 3 | S/ 105.00 |
| 3 | Polo deportivo Talla L | S/ 50.00 | 2 | S/ 100.00 |
| | | | | |
| | | | | |
| | | | IMPORTE | S/ 525.00 |
| | | | DESCUENTO | S/ 52.50 |
| | | | NETO | S/ 472.50 |

*Figura 52.* Registro de ventas en Excel

# 7.2 Administración de UserForm en VBA

En este punto, se presentarán algunas funcionalidades que presentan los UserForm debido a que es importante reconocer cómo se pueden gestionar los formularios en VBA.

## 7.2.1 Agregar un UserForm

Los UserForm representan la forma visual de mostrar una aplicación en VBA, lo cual genera más interactividad entre el usuario y la aplicación. Con respecto a la cantidad de formularios en un proyecto VBA, no hay límite, puesto que se agregan formularios de acuerdo con las necesidades del proyecto.

1. A continuación, se indicarán algunas formas de agregar un UserForm desde el entorno VBA:
   a. Desde el menú **Insertar** seleccione la opción **UserForm**.

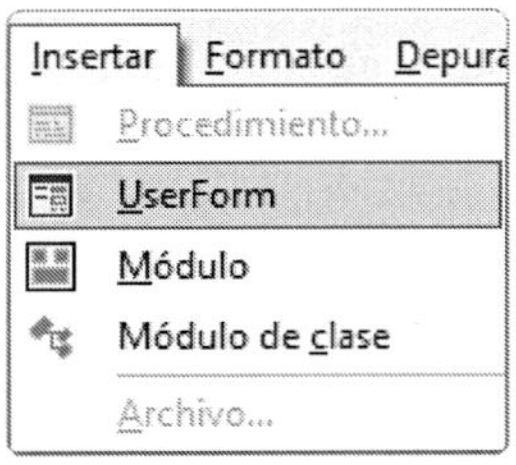


   b. Desde el panel **Explorador de proyectos**, haga clic derecho, seleccione **Insertar > UserForm**.

2. Al agregar un Userform, el aspecto completo del entorno VBA se muestra de la siguiente manera:

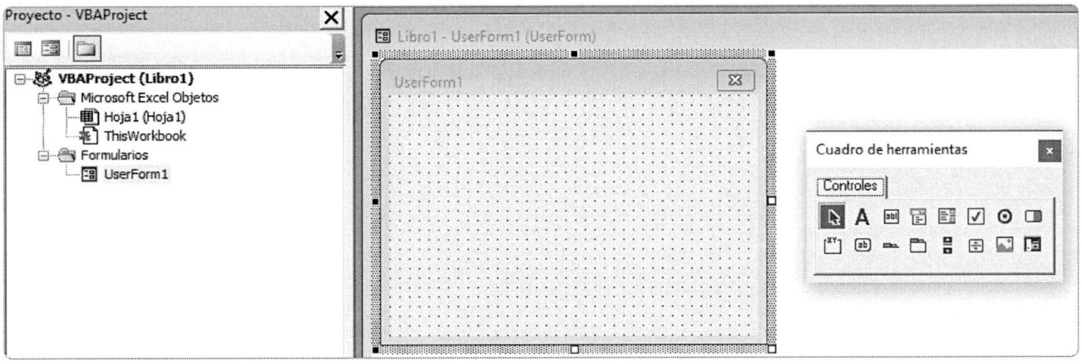


3. Asimismo, en el **Explorador de proyectos** todos los formularios se muestran dentro de una carpeta llamada **Formularios**. Esta organización ya viene predeterminada por VBA con el fin de mantener ordenados los objetos del proyecto VBA.

### 7.2.2 Modificar el nombre del UserForm

En vista de que se pueden agregar muchos UserForm al proyecto, se debe considerar el asignar un nombre adecuado a cada UserForm. Para cambiar el nombre del UserForm se deben seguir los siguientes pasos:

1. Seleccione un UserForm desde la ventana **Explorador de proyectos**.
2. Ubique **(Name)** en las propiedades y modifique su nombre. Se recomienda que dicho nombre comience con la palabra frm, tal como se muestra en la siguiente imagen como **frmPago** o **frmVenta**.

### 7.2.3 Eliminar un UserForm

Se deben seguir los siguientes pasos:

1. Seleccione un UserForm desde la ventana **Explorador de proyectos**.
2. Haga clic derecho sobre dicho UserForm y seleccione la opción **Quitar**, normalmente está acompañada del nombre que se le asignó al UserForm.
3. A la pregunta "¿Desea exportar <Nombre del Formulario> antes de quitarlo?" seleccione **No** para eliminarlo definitivamente.

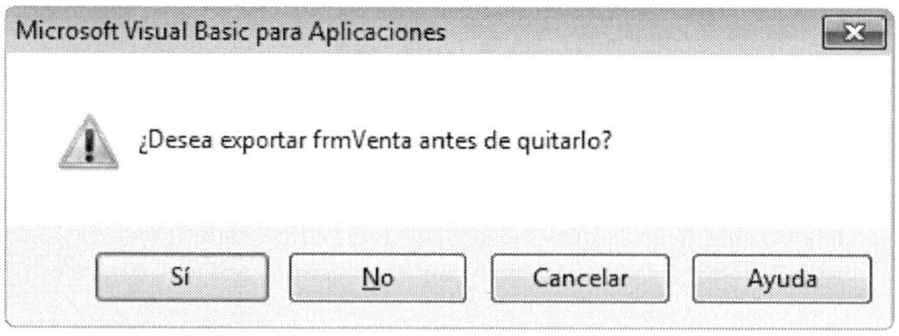


### 7.2.4 Ejecutar un UserForm

El término ejecutar hace referencia al aspecto final que tendrá el UserForm frente al usuario. También se puede especificar cómo visualizar el diseño final del proyecto.

Para ejecutar se realizarán los siguientes pasos:

1. Haga doble clic sobre un UserForm desde la ventana **Explorador de proyectos**. Esto hará que dicho UserForm sea el activo.
2. Luego, realice cualquiera de las siguientes opciones:
   a. Presione **F5**.

b. Desde el menú **Ejecutar > Ejecutar**.

c. Haga clic en el botón ▶ que se encuentra en la barra de herramientas estándar del entorno VBA.

Por otra parte, para salir del modo de Ejecución se puede realizar cualquiera de las siguientes opciones:

a. Puede cerrar directamente la ventana del UserForm.

b. También podría seleccionar el botón ■ desde la barra de herramientas estándar del entorno VBA.

## 7.2.5 Asociar el formulario a la hoja de Excel

En la mayoría de ocasiones, un UserForm se asociará a una hoja de Excel con la idea de enviar información o mostrar algún resultado esperado.

A continuación, se mostrará cómo invocar un formulario desde la hoja de Excel.

### A. Por medio de un botón

1. Desde la ficha **Programador**, seleccione la opción **Botón** de los **Controles del formulario** que se encuentra dentro de **Insertar**, y arrastre formando un cuadro en la hoja de Excel.

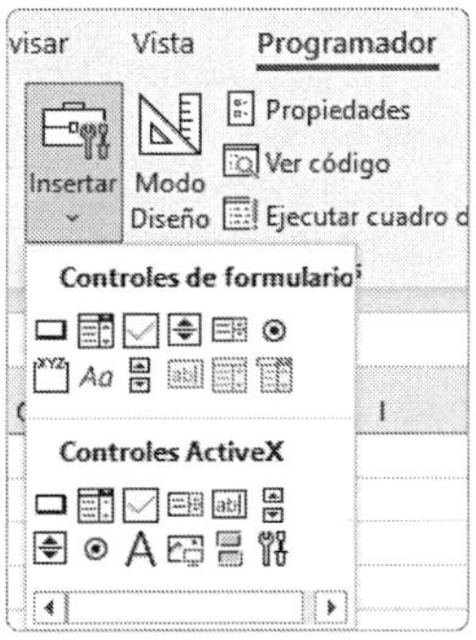


2. Se visualizará la siguiente ventana, desde la cual debe seleccionar el botón **Nuevo**:

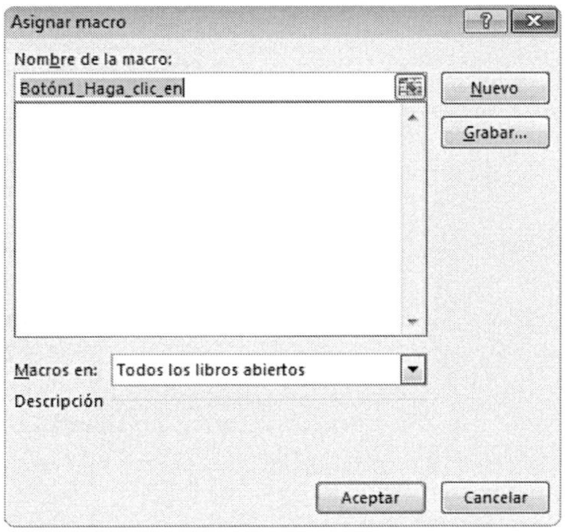


3. Luego, invoque el UserForm por medio de código VBA, el cual se muestra en la siguiente imagen:

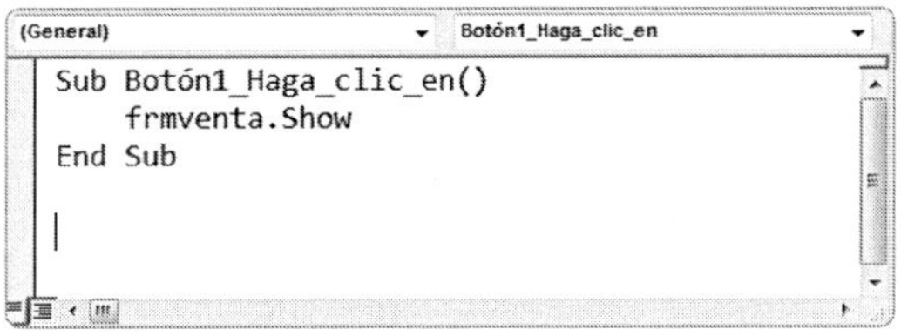

**.Show** es una propiedad que permite mostrar un objeto visual del tipo UserForm, lo contrario a la muestra se llama ocultar al UserForm, es decir, cuando hay varios UserForm todos no pueden mostrarse al mismo tiempo, así que se puede usar el siguiente código **frmVenta.Hide** para administrarlo de la mejor manera.

4. Finalmente, modifique el texto que se visualiza en el botón, pues inicialmente el texto se muestra como "Botón 1". Para modificarlo, haga clic derecho sobre el botón y seleccione **Modificar texto**, que queda de la siguiente manera:

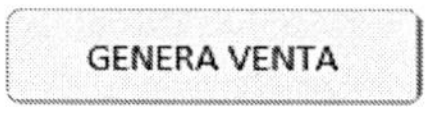


**B. Por medio de una imagen**

1. Agregue una imagen a la hoja de Excel.
2. Haga clic derecho sobre dicha imagen y seleccione **Agregar macro…**
3. Los pasos siguientes son los mismos aplicados en "Por medio de un botón".

**C. Por medio de una forma**

1. Agregue una forma a la hoja de Excel.
2. Haga clic derecho sobre dicha forma y seleccione **Agregar macro…**
3. Los siguientes pasos son los mismos aplicados en "Por medio de un botón".

# 7.3 Tiempos en la programación

Cuando se implementa una aplicación VBA se trabajará en dos tiempos: en el primer tiempo se diseñará la aplicación; y en el segundo se verán los resultados. De acuerdo con este último, se modificará o no la aplicación, de tal manera que cumpla con los objetivos específicos del problema. A estos tiempos se les llama tiempo de diseño y tiempo de ejecución, respectivamente.

## 7.3.1 Tiempo de diseño

Se le llama así cuando el programador coloca los controles sobre el UserForm, cambia las propiedades de dichos controles y asigna código VBA en algunos controles.

En la siguiente imagen se observa un UserForm en tiempo de diseño. Además, se debe comprobar que todos los controles se puedan manipular, es decir, que se pueda mover, copiar o eliminar.

***Figura 53.*** Tiempo de diseño

### 7.3.2 Tiempo de ejecución

Se le llama así cuando el UserForm está preparado para la exposición frente al usuario final, por lo que se podrá usar la aplicación de la manera que crea conveniente.

***Figura 54.*** Tiempo de ejecución

### 7.3.3 Pasar del tiempo de diseño a ejecución y viceversa

Pasar del tiempo de diseño al tiempo de ejecución se puede realizar de cualquiera de las siguientes maneras:

a. Presione **F5**.

b. Desde el menú, seleccione **Ejecutar > Ejecutar**.

c. Seleccione el botón ▶ desde la barra de herramientas estándar del VBA.

Por otra parte, para pasar del tiempo de ejecución al tiempo de diseño se debe cerrar la ventana del UserForm, o presionar el botón ■ desde el cuadro de herramientas estándar de VBA.

## 7.4 Nomenclatura de nombres a objetos

Antes de pasar a explicar todos los controles que posee VBA, se deben considerar los nombres que se les dará a dichos controles, pues, así como las variables tienen un nombre que las definen, se debe asignar un nombre a todos los controles dentro del UserForm.

Asimismo, se debe mencionar que para asignar nombres de los controles existe una nomenclatura, la cual permite identificar con qué tipo de control se está trabajando. Esta nomenclatura sugiere usar tres letras significativas de los controles, tal como se verá en la siguiente tabla:

***Tabla 1.*** Nomenclatura de nombres

| CLASE | PREFIJO | EJEMPLO |
|---|---|---|
| UserForm | frm | `frmVenta` |
| Etiqueta (Label) | lbl | `lblTotal` |
| Cuadro de Texto (TextBox) | txt | `txtFecha` |
| Botón de Comando (CommandButton) | btn<br>cmd | `btnCalcular`<br>`cmdCalcular` |
| Cuadro de Lista (ListBox) | lst | `lstPaises` |
| Cuadro combinado (ComboBox) | cbo | `cboProductos` |

| Casilla de Verificación (CheckBox) | chk | `chkEstado` |
|---|---|---|
| Botón de opción (OptionButton) | opt | `optCasado` |
| Imagen (Image) | img | `imgFoto` |
| Marco (Frame) | fra | `fraEstadisticas` |

Fuente. Elaboración propia

## 7.5 Principales controles visuales y sus propiedades

En la siguiente imagen se muestran los controles visuales del Cuadro de Herramientas, compuesto por dieciséis iconos:

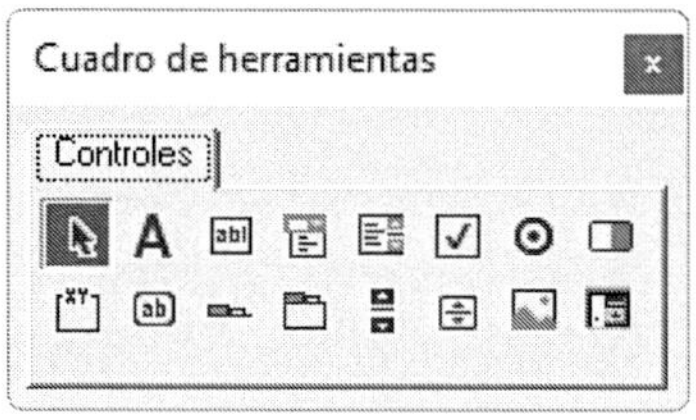


A partir de la imagen anterior se elaboró una lista de los controles con sus principales propiedades:

***Tabla 2.*** Lista descriptiva de los controles visuales

| Control | Nombre del Control | Descripción |
|---|---|---|
|  | Select Objects | Permite seleccionar los objetos colocados en un UserForm. Asimismo, este control permite anular la selección de otro control. |
|  | Label | Permite colocar textos estáticos dentro de UserForm. Normalmente, es usado para títulos o mensajes dentro del formulario. |
|  | TextBox | Permite introducir un valor textual dentro del formulario. Es la única forma de pasar información desde el usuario a la aplicación. Se podría agregar información de la descripción del producto, la introducción de la edad del empleado, etc. |
|  | ComboBox | Cuadro combinado que permite mostrar una lista de opciones que solo pueden ser seleccionadas. Se podría usar para seleccionar elementos conocidos, como estados civiles o la categoría de los empleados. |
|  | ListBox | Cuadro de lista que permite mostrar información en forma de lista de opciones. Normalmente, se usa para la impresión de resultados. |
|  | CheckBox | Cuadro de comprobación que permite colocar opciones que pueden ser seleccionadas por medio de un *check*. Se podría usar para opciones, como tipo de empleado, categorías de productos, etc. |

|  | OptionBox | Botón de opción que permite colocar opciones que pueden ser seleccionadas por medio de un clic. Tener en cuenta que solo se puede seleccionar una de las opciones, no se pueden seleccionar varias al mismo tiempo. Se podría usar para opciones, como tipo de sexo, ya que solo se elige una. |
|---|---|---|
|  | ToggleButton | Botón Alternar |
|  | Frame | Marco que permite organizar los objetos dentro del UserForm. |
|  | CommandButton | Botón de comando que permite generar una acción a partir de un código VBA asignado. |
|  | TabStrip | Barra de tabulaciones |
|  | Multipage | Páginas múltiples que permiten generar cierta organización entre los objetos del UserForm. |
|  | ScrollBar | Barra de desplazamiento que permite mostrar una barra que facilita desplazarse por los controles, como el cuadro de lista. |
|  | SpinButton | Botón numérico que permite controlar los valores ascendentes o descendentes que se asignan a un cuadro de texto. |
|  | Image | Permite colocar una imagen en el formulario. |

Fuente. Elaboración propia

## 7.5.1 Control UserForm

Este Control es el principal elemento contenedor de otros controles, desde aquí se diseñan entornos de usuario de acuerdo con la necesidad de la aplicación. Al insertar un nuevo UserForm al proyecto se deben tener en cuenta los siguientes aspectos:

**a.** Tiene un nombre inicial predeterminado llamado UserForm1.

**b.** Tiene un alto y ancho asignado de forma estándar.

c. Presenta una rejilla que es invisible al ejecutarlo. Esta rejilla solo es visible en el tiempo de diseño del Userform y su misión es ayudar a modelar los controles contenidos dentro de él.

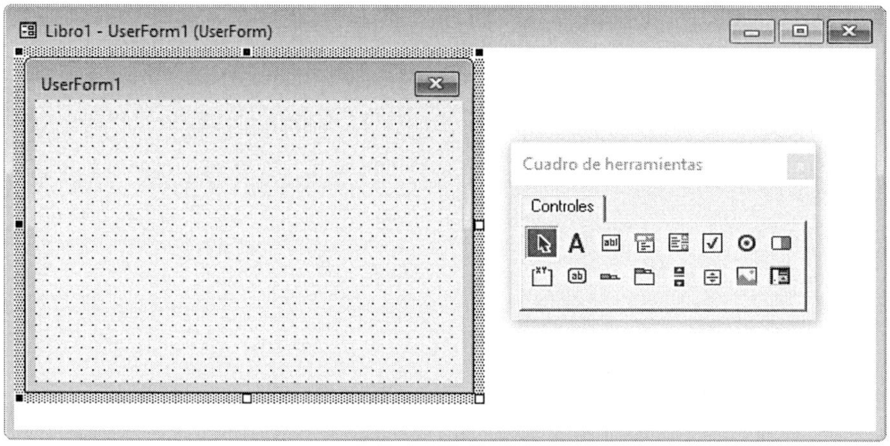


***Figura 55.*** Aspecto inicial del UserForm

A continuación, se escribirán las opciones de configuración del UserForm:

a. **Modificar ancho y alto del UserForm en tiempo de diseño**

   Se debe tener en cuenta que al crear un nuevo UserForm presenta un tamaño inicial, el cual puede ser modificado de acuerdo con la necesidad de la aplicación. La modificación del alto y ancho es como cambiar las dimensiones de una ventana de Windows, es decir, buscar las flechas de cambio desde los bordes de la ventana.

b. **Modificar el alto y ancho de la cuadrícula del UserForm en tiempo de diseño**

   Se deben seguir los siguientes pasos:

   1. Desde el menú seleccione **Herramientas > Opciones > Ficha General**.
   2. Modifique las unidades de la cuadrícula según su conveniencia.

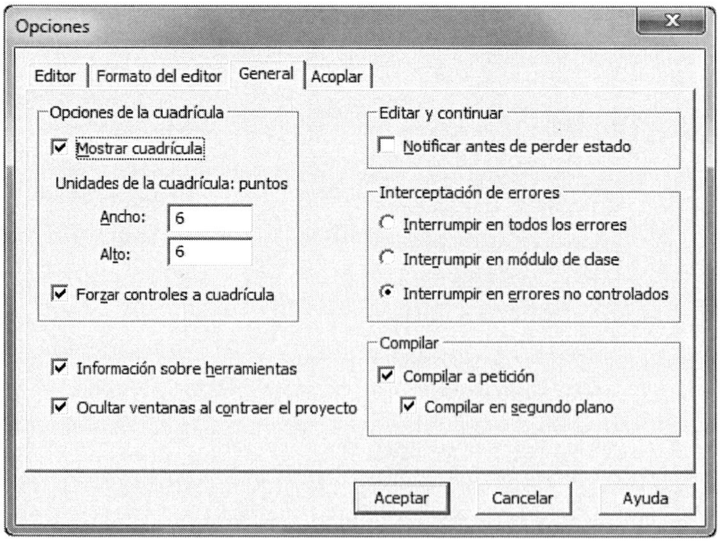

A continuación, se describirán sus principales propiedades:

a. **(Name):** es el nombre que se le asignará al objeto de tipo Form. Según la nomenclatura de nombres deberá empezar con frm, por ejemplo, frmVenta, frmPago, etc. Es muy importante asignar un nombre al UserForm, ya que la hoja de Excel necesitará asociarse a él y lo hará por su nombre.

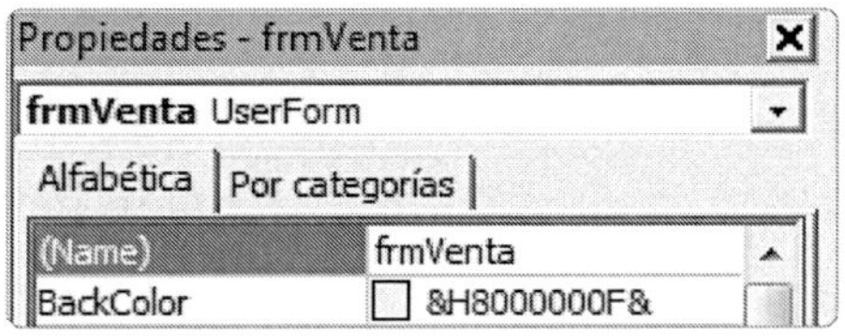


Entonces, para comprobar el nombre asignado al UserForm, se debe comprobar que debajo del título se encuentra el texto "frmVenta", el cual representa al nombre del control UserForm que el programador ha asignado, mientras que UserForm indica el tipo de control.

b. **BackColor:** define el color de fondo del control UserForm. Tenga en cuenta que si coloca una imagen de fondo, el color queda rezagado, ya que se estarían superponiendo.

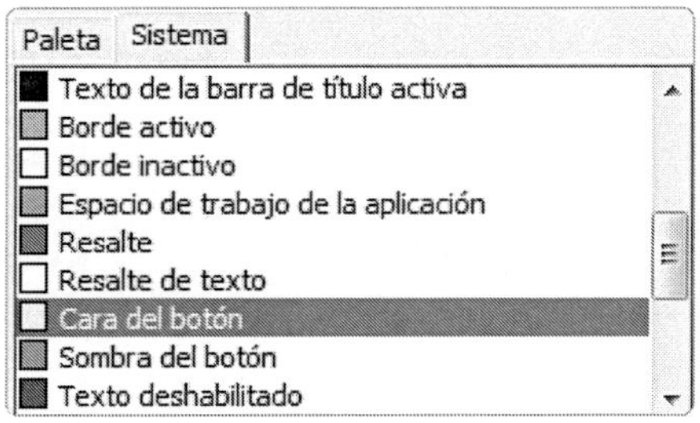


Tenga en cuenta que la ficha **Paleta** de colores presenta 48 colores de tipo RGB, mientras que **Sistema** muestra los colores propios del sistema.

c. **BorderStyle:** activa un estilo de borde del control UserForm. Uno de estos estilos no permite la modificación del alto y ancho del UserForm.

d. **Caption:** permite definir el título del control UserForm. Desde aquí se podrá identificar qué tipo de aplicación está desarrollando.

e. **Height:** permite definir la altura en píxeles del control UserForm.

f. **Picture:** permite definir una imagen de tipo JPG o PNG para el fondo del UserForm.

***Figura 56.*** UserForm asignado con imagen de fondo

Si desea eliminar la imagen de fondo, tendrá que presionar la tecla **Suprimir** sobre el texto (Mapa de Bits) de la propiedad **Picture**.

g. **PictureSizeMode:** determina la forma en la que la imagen se adaptará al UserForm. Presenta las siguientes opciones:
   - **fmPictureSizeModeClip:** imagen de modo normal.
   - **fmPictureSizeModeStretch:** imagen controlada por el tamaño del UserForm.
   - **fmPictureSizeModeZoom:** imagen expandida en alto y ancho sobre el UserForm.

h. **StartUpPosition:** define la posición inicial del control UserForm frente a la pantalla al pasar al tiempo de ejecución.

i. **Width:** define el ancho en píxeles del control UserForm.

## 7.5.2 Control Label

Es también llamada Control de Etiqueta, la cual permite mostrar textos estáticos dentro del UserForm; estos no podrán ser modificados en tiempo de ejecución.

En el siguiente UserForm se identificarán cuáles son controles de tipo Label:

***Figura 57.*** Controles Label en el UserForm de venta de productos

Se puede identificar como controles Label a VENTA DE PRODUCTOS, DESCRIPCIÓN, CANTIDAD, Subtotal $, 450.00, 22.50, Neto a pagar y $ 427.50.

A continuación, se describirán sus principales propiedades:

a. **(Name):** es el nombre que se le asignará al objeto de tipo Label, según la nomenclatura de nombres deberá empezar con lbl, por ejemplo, lblTitulo, lblPension, etc. Se recomienda que asigne nombres a aquellas etiquetas Label que participen en la solución del problema. Entonces, en la etiqueta "VENTA DE PRODUCTOS" no será necesaria asignarle un nombre porque solo es un título, mientras que 450.00 sí debe un nombre, por ejemplo, lblSubtotal.

b. **AutoSize:** permite ajustar el marco que controla el ancho de las etiquetas sobre el contenido del mismo.

c. **BackColor:** permite asignar un color de fondo al marco que controla el alto y ancho del control Label.

**d. BackStyle:** permite definir el estilo de fondo que puede tener el control Label. En este caso, se tiene lo siguiente:

- **fmBackStyleOpaque:** muestra el color de fondo asignado en la propiedad **BackColor**. Este es el valor estándar.
- **fmBackStyleTransparent:** permite hacer transparente el contenido del marco que controla al Label, sirve principalmente cuando se quiere eliminar el color de fondo del label.

**e. BorderColor:** permite definir un color al borde del marco que controla al Label, siempre y cuando la propiedad **BorderStyle** se encuentre en **fmBorderStyleSingle**.

**f. BorderStyle:** permite definir si se va a visualizar el marco del control Label. En caso de seleccionar **fmBorderStyleNone**, no podrá visualizar el color del borde.

**g. Caption:** representa el contenido textual que se muestra en el control Label, esto permitirá modificar el contenido inicial del control llamado "Label 1".

**h. ControlTipText:** es la definición de un texto de ayuda sobre el control Label, este mostrará la posición del ratón sobre dicho control. Su característica principal es que aparece un texto en un marco de relleno amarillo.

**i. Enabled:** permite bloquear la selección del control Label, pero si por la estructura dicho control ya se encuentra bloqueado, no será necesario activar esta propiedad. La única diferencia es que **Enabled=True** muestra de color gris al control Label.

**j. Font:** permite modificar la fuente, el estilo y el tamaño del texto mostrado en el control Label. Es similar al cambio de fuente realizado en Microsoft Word.

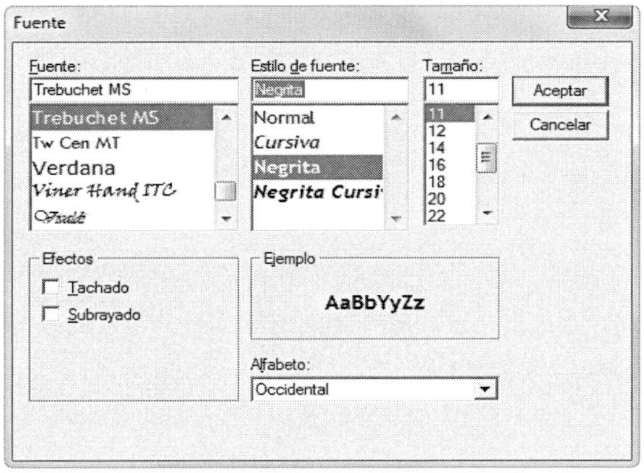


**k. ForeColor:** permite asignar un color al texto mostrado en el control Label.

**l. TextAlign:** determina la alineación del texto con respecto al marco del control Label.

**m. Visible:** determina si el control Label es visible o no en tiempo de ejecución. La visibilidad hace que el control no sea visible.

**n. WordWrap:** permite visualizar el texto en más de 2 líneas del objeto Label.

### 7.5.3 Control TextBox

También llamado Caja de Texto o Cuadro de Texto, en la cual puede introducir o registrar un valor que será usado en el código VBA; esta es la única forma de solicitar directamente información al usuario. El valor introducido puede ser de cualquier tipo.

En el siguiente UserForm se identificarán cuáles son controles de tipo TextBox:

***Figura 58.*** Controles TextBox en el UserForm de venta de productos

A continuación, se describirán sus principales propiedades:

a. **(Name):** es el nombre que se le asignará al control de tipo TextBox. Según la nomenclatura debe empezar con txt, por ejemplo, txtCantidad.
b. **BackColor:** permite definir el color de fondo del control TextBox, siempre y cuando la propiedad **BackStyle** sea **fmBackColorOpaque**.
c. **BackStyle:** permite definir el estilo del control TextBox, el cual puede ser transparente u opaco.
d. **BorderColor:** permite definir un color de borde al control TextBox siempre y cuando la propiedad **BorderStyle** sea **fmBorderStyleSingle**.
e. **BorderStyle:** permite definir un estilo de borde del control TextBox.
f. **ControlTipText:** permite mostrar un texto informativo al posicionar el ratón por encima del control TextBox.
g. **Enabled:** permite habilitar o inhabilitar el acceso al control TextBox, normalmente se mantiene bloqueado para que el usuario no introduzca valores y se habilita de acuerdo con una condición de registro. El valor estándar es **Enabled=True**.
h. **Font:** permite definir el tipo de letra, estilo y tamaño del texto contenido dentro del control TextBox.
i. **ForeColor:** permite definir un color para el texto contenido dentro del control TextBox.
j. **Height:** permite definir la altura del marco que contiene un control TextBox. Normalmente, es definido por el tamaño de la fuente que contiene el control, pero puede ser modificado por el programador.
k. **Locked:** permite bloquear y desbloquear el acceso al texto del control TextBox. Es parecido al trabajo que realiza la propiedad **Enabled**. Sin embargo, la propiedad Locked sí permite establecer el cursor dentro del control TextBox bloqueado.

l. **MaxLength:** permite definir una longitud de caracteres dentro del control TextBox. Así se tiene lo siguiente:
   - Si se registra la edad de un empleado, el máximo de longitud sería 2 para permitir el acceso desde 0 a 99 años.
   - Si se registra el número de DNI de un trabajador, se podría definir a **MaxLenght=8**.

   Se debe tener en cuenta que la propiedad **MaxLenght** no realiza validaciones sobre los valores registrados en el control, solo limita la cantidad de caracteres a introducir. Las confirmaciones se realizarán más adelante con la estructura condicional **If**.

m. **MultiLine:** permite habilitar la introducción de valores en varias líneas del control textBox, por lo tanto, se pueden registrar observaciones o descripciones sobre un asunto particular. En ocasiones se usa para imprimir muchos resultados como parte de la solución de un problema.

n. **PasswordChar:** permite definir un símbolo que enmascarará a cualquier carácter introducido en el control TextBox. Aquí se especifica con qué símbolo se debe enmascarar. El más común es el asterisco (*), pero eso dependerá del criterio del programador.

o. **ScrollBars:** permite asignar barras de desplazamiento sobre la caja de texto, normalmente se especifican las barras cuando la propiedad **MultiLine** se encuentre en **True**. La propiedad presenta las siguientes opciones:
   - 0 fmScrollBarsNone (sin barras).
   - 1 fmScrollBarsHorizontal (solo barra horizontal).
   - 2 fmScrollBarsVertical (solo barra vertical).
   - 3 fmScrollBarsBoth (ambas barras).

p. **Text:** permite asignar un valor al control TextBox, normalmente esta propiedad debe encontrarse vacía, pues el usuario introducirá un valor en tiempo de ejecución, a menos que se trate de un valor predeterminado que el usuario podrá modificar.

q. **TextAlign:** permite alinear el texto contenido en el control TextBox. Se tienen las siguientes opciones:
   - 1 fmTextAlignLeft
   - 2 fmTextAlignCenter
   - 3 fmTextAlignRight

r. **Width:** permite definir el ancho del control TextBox, inicialmente este presenta un valor estándar para todos los controles TextBox incorporados al UserForm.

s. **WordWrap:** permite mostrar el texto en dos o más líneas sin necesidad de activar la propiedad **MultiLine**, todo dependerá del ancho que se especifique al control TextBox.

### 7.5.4 Control CommandButton

Es también llamado Botón de Comando por su traducción en español, o simplemente Botón, el cual permitirá accionar algún evento dentro del UserForm. Normalmente, está asociado a un código que lo implementará de acuerdo con la necesidad de la aplicación.

En el siguiente UserForm se identificarán cuáles son controles de tipo CommandButton:

***Figura 59.*** Controles CommandButton en el UserForm de venta de productos

Se identificó como controles CommandButton a PROCESAR, LIMPIAR y SALIR.

A continuación, se describirán sus principales propiedades:

**(Name):** es el nombre que se le asignará al control de tipo CommandButton. Según la nomenclatura de nombres debe empezar con btn, por ejemplo, btnProcesar, btnLimpiar o btnSalir.

**BackColor:** permite asignar un color de fondo al botón, el cual se podría dar en botones que tienen diferentes prioridades en una aplicación.

**Cancel:** permite accionar un botón con la tecla **Esc**, el valor predeterminado es **False**. Además, dentro de un UserForm solo puede haber un botón con la propiedad **Cancel=True**.

**Caption:** permite modificar el contenido textual del control botón, es decir, es el título que se mostrará en el botón.

**ControlTipText:** permite mostrar un mensaje de apoyo al usuario al posicionar el ratón encima del botón.

**Default:** permite accionar un botón con la tecla **Enter**. El valor predeterminado es False. Además, se debe tener en cuenta que dentro de un UserForm solo puede haber un botón con la propiedad **Default=True**.

**Font:** permite definir el tipo de fuente, estilo y tamaño del texto mostrado en el control botón de comando.

**ForeColor:** permite asignar un color de texto al texto mostrado dentro del control botón de comando.

**Picture:** permite asignar una imagen de tipo JPG o GIF al control botón de comando. La imagen asignada puede tener diferentes posiciones dentro del botón, la cual puede ser modificada con la propiedad **PicturePosition**.

**PicturePosition:** permite asignar una posición dentro del marco que presenta el control botón de comando.

**WordWrap:** permite la escritura de dos a más líneas dentro del control botón de comando.

### 7.5.5 Control ListBox

Es también llamado Cuadro de Lista, el cual tiene como función mostrar una lista de textos, una debajo de otra como un listado. Se debe tener en cuenta que cada elemento registrado en el control ListBox tiene una ubicación que no puede ser ocupada por otra, esta es llamada índice.

En el siguiente UserForm se identificarán cuáles son controles de tipo ListBox:

***Figura 60.*** Control ListBox en el UserForm de venta de productos

A continuación, se describirán sus principales propiedades:

a. **(Name):** es el nombre que se le asignará al control ListBox. De acuerdo con la nomenclatura de nombres debe usar la palabra lst, por ejemplo, lstVendedores.

b. **BackColor:** define un color de fondo para el control ListBox.

c. **ColumnCount:** determina la cantidad de columnas que puede tener un control ListBox. El valor predeterminado es 1.

d. **ControlTipText:** define un cuadro informativo al usuario; esto se da cuando se posiciona el ratón encima del control ListBox.

e. **Enabled:** permite bloquear los valores dentro del control ListBox haciendo que el usuario no pueda seleccionar ningún elemento de la lista. El valor predeterminado es **True**.

f. **Font:** define el tipo de fuente, estilo y tamaño de los textos colocados dentro del control ListBox.

g. **ForeColor:** define el color de texto de los elementos que contienen el control ListBox.

h. **ListStyle:** define la forma en la que se presenta el contenido del control ListBox. Se tiene a **fmListStylePlain** como valor predeterminado:

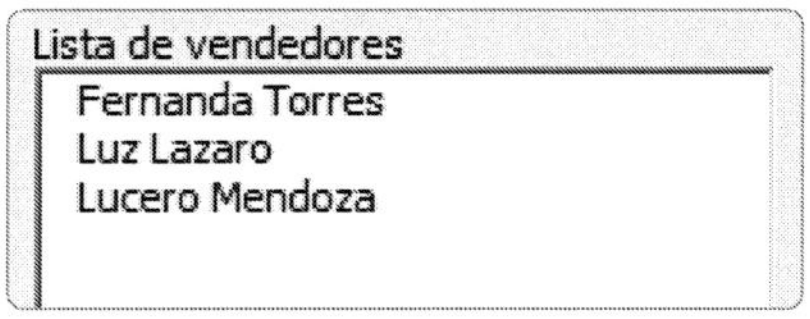


***Figura 61.*** (0) fmListStylePlain

El valor **fmListStyleOption** presenta la siguiente forma:

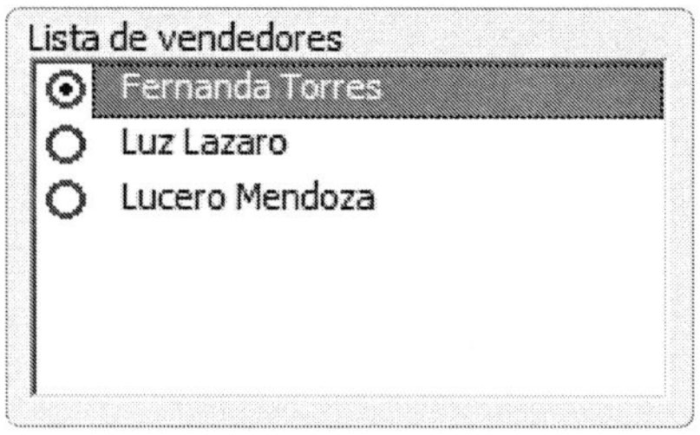


***Figura 62.*** (1) fmStyleOption

i. **MultiSelect:** define la forma de selección de los elementos contenidos en el control ListBox. Presenta las siguientes opciones:
   - **0: fmMultiSelectSingle:** es el valor predeterminado, el cual permite seleccionar los elementos del control ListBox de uno en uno.
   - **1: fmMultiSelectMulti:** permite seleccionar varios elementos del control ListBox.
   - **2: fmMultiSelectExtended:** permite seleccionar varios elementos del control ListBox usando la tecla **Shift**.

j. **TextAlign:** define la alineación de los textos mostrados en el control ListBox.

## 7.5.6 Control ComboBox

Es también llamado Cuadro Combinado, el cual presenta una lista de opciones desplegables. Las características que presenta son similares a las del control ListBox.

En el siguiente UserForm se identificarán cuáles son controles de tipo ComboBox:

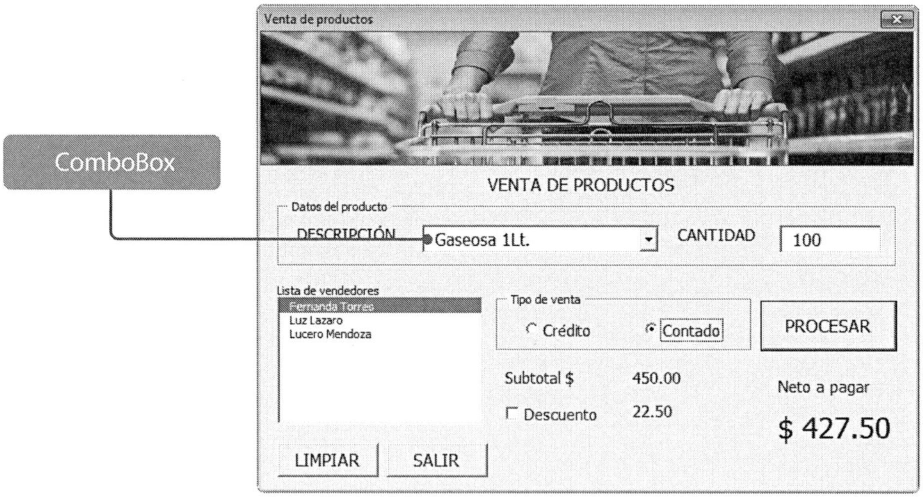


***Figura 63.*** Control ComboBox en el UserForm de venta de productos

A continuación, se describirán sus principales propiedades:

a. **(Name):** es el nombre que se le asignará al control ComboBox. De acuerdo con la nomenclatura de nombres debe usar la palabra cbo. Por ejemplo, cboDescripcion.

b. **DropButtonStyle:** define el estilo de botón para el despliegue de los elementos del control ComboBox; además, presenta las siguientes opciones:

- **0: fmDropbuttonStylePlain** 
- **1: fmDropButtonStyleArrow** 
- **2: fmDropButtonStyleEllipsis** 
- **3: fmDropButtonStyleReduce** 

## 7.5.7 Control Frame

También llamado Marco, el cual permite seccionar un área dentro del control UserForm.

En el siguiente UserForm se identificarán cuáles son controles de tipo Frame:

***Figura 64.*** Control Frame en el UserForm de venta de productos

A continuación, se describirán sus principales propiedades:

a. **(Name):** es el nombre que se le asignará al control Frame. En muchas ocasiones no será necesario asignarle un nombre a menos que necesite bloquear todo el Frame.
b. **Caption:** permite definir el título que presenta el control Frame.
c. **Enabled:** permite bloquear todo el contenido del control Frame. El valor predeterminado es True.
d. **Font:** permite modificar el tipo de fuente, estilo y tamaño del texto mostrado en el título del control Frame.

## 7.5.8 Control OptionButton

Es también llamado Botón de Opción, el cual permite asignar opciones predeterminadas en una aplicación. La característica principal es que solo se puede seleccionar una de las opciones, por ejemplo, el estado civil de un empleado.

En el siguiente UserForm se identificarán cuáles son controles de tipo OptionButton:

***Figura 65.*** Control OptionButton en el UserForm de venta de productos

A continuación, se describirán sus principales propiedades:

a. **(Name):** es el nombre que se le asignará al control OptionButton. Según la nomenclatura de nombres, se debe iniciar con la palabra opt, por ejemplo, optCredito u optContado.
b. **Caption:** permite definir el título que presenta el control OptionButton.

## 7.5.9 Control CheckBox

Es también llamado Casilla de Comprobación, o simplemente Casilla, el cual permite asignar opciones predeterminadas en una aplicación; pero la diferencia con el control OptionButton es que con el control CheckBox se pueden seleccionar más de dos opciones, por ejemplo, seleccionar las preferencias de un usuario.

En el siguiente UserForm se identificarán cuáles son controles de tipo Checkbox:

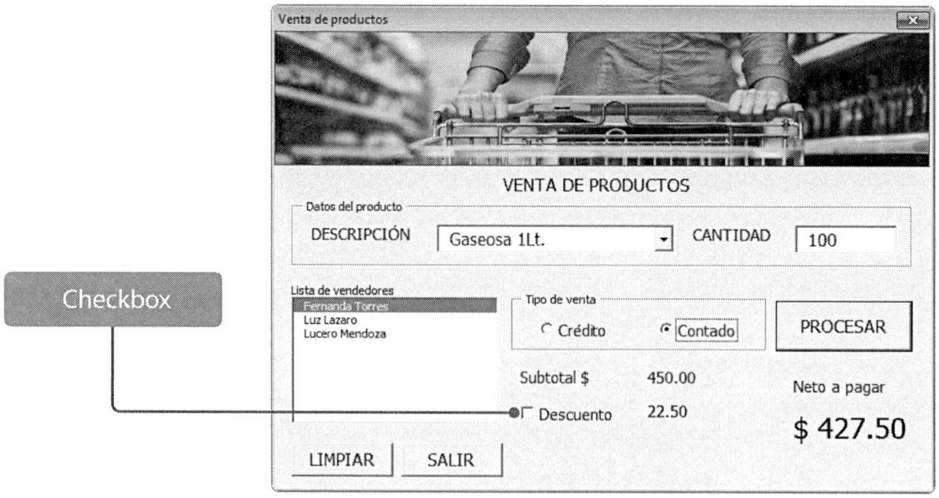


***Figura 66.*** Control CheckBox en el UserForm de venta de productos

A continuación, se describirán sus principales propiedades:

a. **(Name):** es el nombre que se le asignará al control CheckBox. Según la nomenclatura, debe comenzar con la palabra chk, por ejemplo, chkDescuento.
b. **Caption:** permite definir el título que presenta el control CheckBox.

## 7.5.10 Control de imagen

Este control permite incorporar una imagen como un control común dentro del UserForm.

En el siguiente UserForm se identificarán cuáles son controles de tipo Image:

***Figura 67.*** Control de imagen en el UserForm de venta de productos

A continuación, se describirán sus principales propiedades:

a. **(Name):** es el nombre que se le asignará al control Image. Según la nomenclatura de nombres, se debe iniciar con la palabra img; además, mientras que la imagen no sea partícipe del código VBA no será necesario asignar un nombre.
b. **Picture:** permite asignar una imagen de tipo JPG o GIF al control Image. Debe tener en cuenta que la imagen seleccionada tiene un tamaño original, por lo que se verá reflejado en el marco del control Image; para modificar dicho tamaño use la propiedad **PictureSizeMode**.
c. **PictureAlignment:** permite alinear la imagen que se encuentra dentro del marco del control Image.
d. **PictureSizeMode:** permite adaptar el tamaño de la imagen frente al marco del control Image.

## 7.6 Agregar los controles visuales al UserForm

Añadir un control visual al UserForm permitirá implementar un diseño de solución a sus aplicaciones. Se debe tener en cuenta este diseño debe desarrollarse enfocado en el usuario final, ya que él le dará el uso necesario en el proceso de negocio. Por lo tanto, se deben tomar a todos los controles del UserForm como una sola unidad, es decir, se debe implementar pensando en un objetivo claro y específico: vender un producto, enumerar órdenes de pedido, registrar los datos de los clientes, etc.

A continuación, se mostrará cómo añadir uno o más controles al UserForm:

1. Arrastrar desde el cuadro de herramientas hacia el UserForm permite agregar un solo control.
2. Si hace doble clic sobre un control desde el cuadro de herramientas, podrá agregar varios controles del mismo tipo con solo hacer clic sobre el UserForm. Cuando termine de añadir los controles necesarios, seleccione el control **Seleccionar objetos** que se encuentra al inicio del cuadro de herramientas. Esto hará que finalice el agregado múltiple.
3. Finalmente, si ya tiene los controles dentro del UserForm, podrá duplicarlos presionando la tecla **Ctrl** y, sin soltar, arrastrar por el UserForm.

## 7.7 Ventana de código

La ventana de código muestra la fuente de la programación en VBA, a partir de aquí se puede hacer uso de toda la funcionalidad VBA. Esta ventana es única para todo tipo de control tal como se observa en la siguiente imagen:

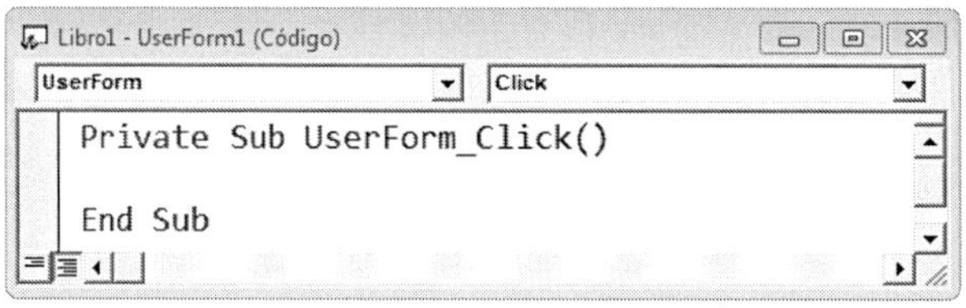


Presenta algunas partes que se debe considerar, ya que será su plataforma de código de VBA.

a. 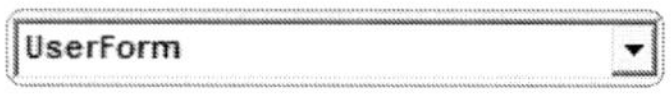

**Listado de controles**, desde aquí se puede seleccionar cualquier control agregado al UserForm.

b. 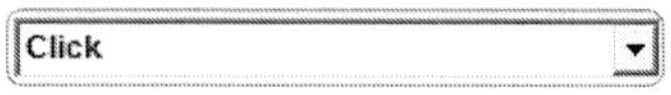

**Listado de eventos**, desde aquí se puede seleccionar algún evento del control seleccionado desde la lista de controles.

Cuando se selecciona un determinado control y un evento, el bloque de código se presenta de la siguiente manera:

```
Private Sub UserForm_Click()
   'Código del procedimiento
End Sub
```

Donde:

- **Private:** es la visibilidad del procedimiento. De forma predeterminada siempre aparecerá Private en cada uno de los controles.
- **Sub:** indica el inicio del procedimiento.
- **UserForm:** es el nombre del control en la cual se programará código VBA.
- **Click:** es el evento seleccionado para un determinado control, que se aplicará en tiempo de ejecución.

- **Código del procedimiento:** es el código VBA que presenta un determinado control.
- **End Sub:** indica la finalización del procedimiento.

Cuando se presente demasiado código dentro del contenedor se puede resumir mostrando un solo procedimiento o mostrando todos mediante el botón.

# 7.8 Casos desarrollados

## 7.8.1 Caso desarrollado: control de registro de colaboradores

Implemente una aplicación que permita registrar los datos de los colaboradores de una empresa; para ello, se deberán introducir los apellidos y nombres del colaborador. Luego, se debe generar su correo electrónico, el cual se compone de la primera letra de su nombre y las cuatro primeras letras de su apellido en minúsculas. Asimismo, debe tener en cuenta los siguientes aspectos:

**a.** Implemente en Excel el siguiente entorno. Recuerde que la información del empleado se introducirá desde el formulario, usted no debe rellenarlo desde Excel. Asimismo, el botón de "Agregar colaborador" se crea después de colocar todo el código VBA.

*Figura 68.* Registro de colaboradores en Excel

**b.** Diseñe el siguiente UserForm.

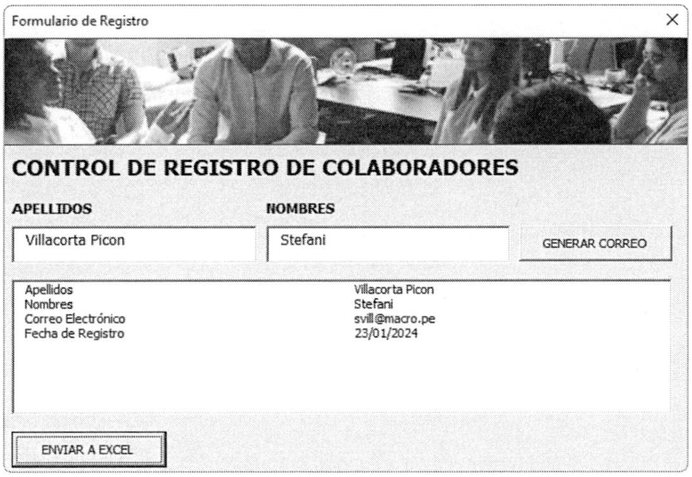


**c.** En el formulario de registro solo se deben introducir los apellidos y nombres, con el botón GENERAR CORREO se deberá mostrar la información del colaborador, así como su correo generado y la fecha actual de registro en un cuadro de lista, como se muestra en el formulario anterior.

**d.** El botón ENVIAR A EXCEL permitirá llevar toda la información generada a la hoja de Excel.

e. Debe generar un número de registro para el colaborador, de tal forma que si no hay colaboradores registrados comenzará en uno, y si ya hay registros se debe tomar el ultimo código registrado y aumentar en uno.
f. Los apellidos y nombres deben llegar a Excel en mayúsculas.
g. Use funciones y procedimientos necesarios para la solución.

Pasos:

1. Diseñe el modelo de la aplicación tanto en la hoja de Excel como en el UserForm.
2. Asigne las siguientes propiedades a los siguientes controles:

| Control | Propiedad | Valor |
|---|---|---|
| **UserForm1** | (name)<br>Caption | frmRegistro<br>Formulario de Registro |
| **Label1** | Caption | CONTROL DE REGISTRO DE COLABORADORES |
| **Label2** | Caption | APELLIDOS |
| **Label3** | Caption | NOMBRES |
| **CommandButton1** | (Name)<br>Caption<br>Default | btnGenerar<br>GENERAR CORREO<br>True |
| **ListBox1** | (Name) | lstResumen |
| **CommandButton2** | (Name)<br>Caption | btnEnviar<br>ENVIAR A EXCEL |
| **TextBox1** | (Name) | txtApellidos |
| **TextBox2** | (Name) | txtNombres |

3. Haga doble clic sobre el botón **GENERAR CORREO** y coloque el siguiente código:

```
Private Sub btnEnviar_Click()
    Dim apellidos As String
    Dim nombres As String
    Dim correo As String
    Dim fecha As Date
    Dim uFila As Integer
    Dim numero As Integer

    apellidos = txtApellidos.Text
    nombres = txtNombres.Text
    correo = generarCorreo(apellidos, nombres)
    fecha = mostrarFechaActual()

    uFila = determinarUltimoRegistro
```

```
    If (uFila = 11) Then
        numero = 1
    Else
        numero = Cells(uFila - 1, 2).Value + 1
    End If
    Cells(uFila, 2).Value = numero
    Cells(uFila, 3).Value = UCase(apellidos)
    Cells(uFila, 4).Value = UCase(nombres)
    Cells(uFila, 5).Value = fecha
    Cells(uFila, 6).Value = correo

End Sub

Private Sub btnGenerar_Click()
    Dim apellidos As String
    Dim nombres As String
    Dim correo As String
    Dim fecha As Date

    apellidos = txtApellidos.Text
    nombres = txtNombres.Text
    correo = generarCorreo(apellidos, nombres)
    fecha = mostrarFechaActual()

    lstResumen.Clear
    lstResumen.ColumnCount = 2
    lstResumen.AddItem "Apellidos"
    lstResumen.List(0, 1) = apellidos
    lstResumen.AddItem "Nombres"
    lstResumen.List(1, 1) = nombres
    lstResumen.AddItem "Correo Electrónico"
    lstResumen.List(2, 1) = correo
    lstResumen.AddItem "Fecha de Registro"
    lstResumen.List(3, 1) = fecha
End Sub

Function generarCorreo(ByVal apellidos, ByVal nombres)
    generarCorreo = LCase(Left(nombres, 1) & _
                    Left(apellidos, 4)) & "@macro.pe"
End Function
```

```
Function mostrarFechaActual()
    mostrarFechaActual = Date
End Function

Function determinarUltimoRegistro()
    uFila = Sheets(1).Cells(Rows.Count, 2).End(xlUp).Offset(1, 0).Row
    determinarUltimoRegistro = uFila
End Function
```

A continuación, se explicarán algunas sentencias del código:

`Private Sub btnEnviar_Click()`

Permite enviar la información generada a la hoja de Excel. Se debe tener en cuenta que en Excel ya debe estar implementado el espacio para los registros provenientes del formulario.

`correo = generarCorreo(apellidos, nombres)`

La variable **correo** guarda la información enviada por la función **generarCorreo**. Esta función solo devolverá el correo únicamente si se le envía los apellidos y nombres del colaborador.

`fecha = mostrarFechaActual()`

La variable **fecha** guarda la información enviada por la función **mostrarFechaActual**. Esta función no necesita parámetros, por esa razón los paréntesis no tienen contenido.

`uFila = determinarUltimoRegistro`

La variable **uFila** guarda la información del número de fila que se encuentra vacío. Esto lo devuelve la función **determinarUltimoRegistro**.

`If (uFila = 11) Then numero = 1`

Se compara el número guardado en **uFila** a la **fila 11** para asignar el número uno, ya que se asume que no hay registros aún y, por ser el primero en registrarse, se le asignará el número uno.

`Else numero = Cells(uFila - 1, 2).Value + 1`

En caso contrario, se asume que sí hay registros en la hoja de Excel. Por tanto, se debe obtener el último código del colaborador, por esa razón, a la variable **uFila** se le resta uno. Se debe tener en cuenta que el número dos representa la columna donde se encuentran los números de registros. Se suma un valor una vez que se haya capturado el último valor.

`Cells(uFila, 2).Value = numero`

Esta sentencia envía el número generado a la columna dos y la fila que se encuentra vacía, el cual se debe al valor de la variable **uFila**.

```
Cells(uFila, 3).Value = Ucase(apellidos)
```

Esta sentencia ubica los apellidos en la columna tres, **uFila** lo ubica en la celda vacía consecutiva, tenga en cuenta que **uCase** convierte a mayúsculas los apellidos.

```
Private Sub btnGenerar_Click()
```

Permite obtener la información introducida en el formulario y, a partir de esta información, genera el correo desde la función y obtiene la fecha actual a partir de una función. Se debe tener en cuenta que esta información será enviada a la lista en columnas de dos.

```
lstResumen.Clear
```

Esta sentencia permite limpiar la lista para un próximo registro de colaborador.

```
lstResumen.ColumnCount = 2
```

Esta sentencia define dos columnas en la lista. Normalmente, la lista se presenta en una columna, al colocar dos se genera una matriz, por lo que para enviar información se tiene que especificar a qué fila y columna quiere colocar la información de la lista.

```
lstResumen.AddItem "Apellidos"
lstResumen.List(0, 1) = apellidos
```

Estas sentencias permiten colocar la palabra **Apellidos** en la primera columna de la lista y el valor de la variable **apellidos** en la columna dos. Esta referencia se hace colocando **0** como la primera fila y **1** como la primera columna. Tenga en cuenta que las filas siempre comienzan en cero y las columnas en uno.

```
Function generarCorreo(ByVal apellidos, ByVal nombres)
```

La función **generarCorreo** obtiene el correo del colaborador a partir de los apellidos y nombres.

```
generarCorreo = LCase(Left(nombres, 1) & Left(apellidos, 4)) & "@macro.pe"
```

Se debe tener en cuenta que **Lcase** convierte el texto en minúsculas, y **Left** obtiene los primeros caracteres del lado izquierdo de una variable textual.

```
Function determinarUltimoRegistro()
```

Función que permite determinar el número de fila donde se puede colocar la nueva información.

```
uFila = Sheets(1).Cells(Rows.Count, 2).End(xlUp).Offset(1, 0).Row
```

Esta sentencia determina qué fila se encuentra vacía para poder colocar la nueva información. **Rows.Count** determina cuántos registros hay en una columna determinada, para este caso se usa la columna **2** porque allí se encuentran los números de registros. **End(xlUp)** indica que el final se encuentra arriba, es decir, en los números superiores de la fila de Excel. **Offset** permite saltar de una celda a otra, esto dependerá de hacia dónde quiere dirigir los datos, mientras que **1,0** significa que bajará una posición en la fila.

4. Agregue un botón desde la opción **Insertar** de la ficha **Programador**.

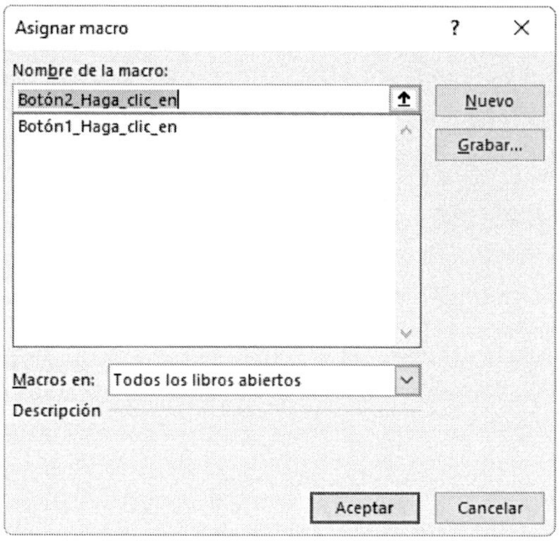


5. Seleccione el botón **Nuevo** y coloque el siguiente código:

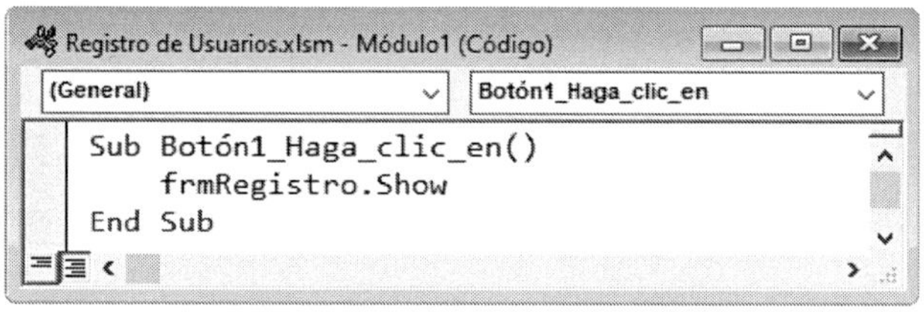


6. Luego, cambie el título de botón por "Agregar Colaborador".
7. Pruebe la aplicación presionando sobre el botón **Agregar Colaborador** de Excel.